岩波文庫

34-004-1

リヴァイアサン

(一)

ホッブズ著
水田洋訳

岩波書店

LEVIATHAN

Thomas Hobbes

1651

ホッブズ像(ウィリアム・ドブスンの絵にもとづく J. ポスルワイトの版画. 1828－46年頃)

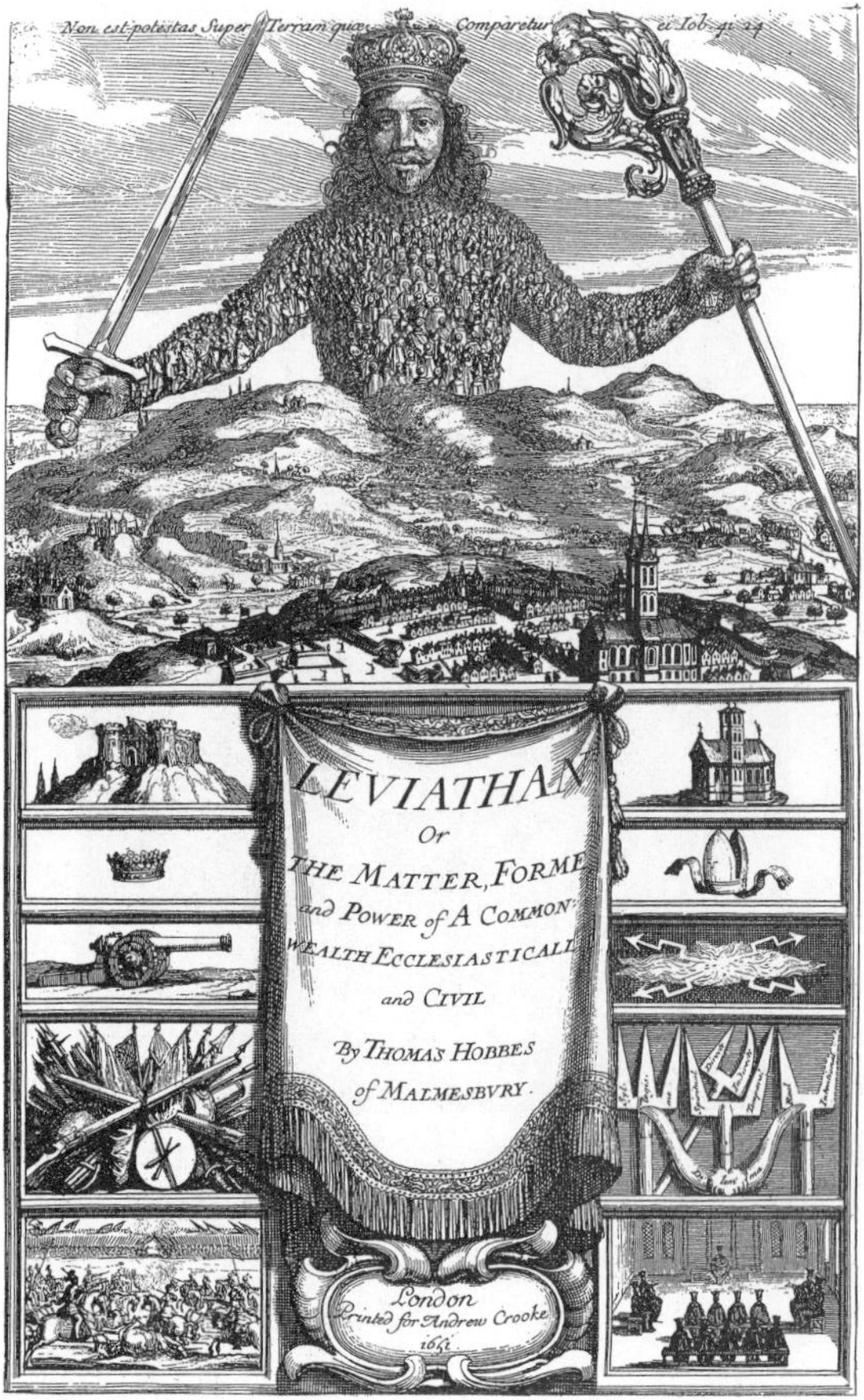
Non est potestas Super Terram quæ Comparetur ei Iob. 41. 24
LEVIATHAN
Or
THE MATTER, FORME
and POWER of A COMMON-
WEALTH ECCLESIASTICALL
and CIVIL
By THOMAS HOBBES
of MALMESBVRY.
London
Printed for Andrew Crooke
1651.

初 版 口 絵

例言

一、翻訳にあたって使用した原典は、つぎのとおりである。

1. *Leviathan, or The Matter, Forme, & Power of a Common-Wealth Ecclesiasticall and Civill.* By Thomas Hobbes of Malmesbury. London, Printed for Andrew Crooke, at the Green Dragon in St. Pauls Church-yard, 1651.（初版Aと略す）
2. *Ibid.*, Printed for Andrew Crooke, at the Green Dragon in St. Pauls Church-yard, 1651.（初版Bと略す）
3. *Ibid.*, Printed for Andrew Crooke, at the Green Dragon in St. Pauls Church-yard, 1651.（初版Cと略す）
4. *Leviathan or The Matter, Forme & Power of a Common-Wealth, Ecclesiasticall and Civill.* Ed by A.R. Waller, Cambridge University Press, 1904.（ケンブリジ版と略す）
5. *Hobbes's Leviathan*, reprinted from the edition of 1651, with an essay by the late W. G. Pogson Smith, Oxford 1909.（オクスフォード版と略す）
6. *Leviathan, sive de materia, forma & potestate civitatis ecclesiasticae et civilis.* Authore

Thoma Hobbes, Malmesburiensi, Amstelodami, apud Joannem Blaev. M.DC.LXX.

7. *Leviathan : of van de stoffe, gedaente, ende magt van de kerckelycke ende wereltlycke regeeringe.* Tot Amsterdam, By Jacobus Wagenaar, Anno 1667.

8. *Leviathan oder Stoff, Form und Gewalt eines bürgerlicher und kirchlichen Staates.* Herausgeben und eingeleitet von Iring Fetscher (übersetzt von Walter Euchner), Neuwied und Berlin, 1966.

9. *Léviathan traité de la matière, de la forme et du pouvoir de la république ecclésiastique et civile*, traduit de l'anglais, annoté et comparé avec texte latin par François Tricaud. Paris, 1971.

以上のうち、1は初版であるが、2と3はその偽版とされていて、Hugh Macdonald and Mary Hargreaves : *Thomas Hobbes. A bibliography*, London, 1952の42・43・44である。三者は、口絵、扉のデザイン、最初のページのデザインが、それぞれちがっているだけでなく、本文にもこまかい点にちがいがある。そのうえ、ほんものの初版とみられる1のなかにも、異版があるのではないかとおもわれる。ハワード・ウォリンダーの死によって、あたらしい著作集の出版計画が中断されたままの現在では、この最後の点をたしかめる方法がない(できるだけおおくの初版本を比較してみるか、原稿にさかのぼるかという、日本では困難な方法をのぞいて)ので、ここでは、訳者所有の1と、初版によるふたつの新版4と5を、主として使用した。

6のラテン語訳もまた、一六七八年のロンドン版およびモルズワース編の全集版と完全におなじではなく、9のトゥリコーのフランス訳は、訳注でラテン語版を引用するときに、6によるといいながら、他の版を使用していることがある。しかし、ここでは6だけによった。

7・8・9は、オランダ訳、ドイツ訳、フランス訳であり、それぞれ原文の理解についておしえられるところがあった。とくに、フランス訳は、多数の注でラテン語版とのくわしい比較をおこなっていて、有益であった。ただし、もちろん、見解をことにする点も、けっしてすくなくはないので、これらの訳書に全面的に依拠するわけにはいかなかった。

二、原書欄外の見だしは、《　》にいれて、本文中の適当な場所に挿入したが、訳文の構成上、げんみつに原典に対応させることはできなかったし、見だしではなく注として、聖書の引照箇所を示したものは、アスタリスクの有無にかかわらず、見だしと同様にあつかった。

三、原書でキャピタルだけで組まれている単語は、ゴシック活字で示し、イタリックは、固有名詞のばあいは特に示さず、引用文のばあいは「　」にいれ、強調のばあいは傍点で示した。

四、訳注は三種類あって、訳者によるかんたんな補足は、本文中に〔　〕で挿入し、ややくわしい説明(聖書からの引用をふくむ)は、章末にまとめ、さらに、ラテン語版とのちがいは、巻末にまとめた。ただし、本文の理解についてラテン語版を根拠としたばあいは、章末の注でそのことをしめした。

五、聖書からの引用は、すべてホッブズ独自の翻訳なので、そのまま訳し、訳注で現行訳を示したが、ばあいによってはキング・ジェイムズ版からの訳文をあげた。現行訳というのは New English Bible のことであって、邦訳は、旧約について岩波文庫版を参照した。

六、固有名詞のかな表記は、できるだけ原発音に近づけたが、聖書にでてくるものについては、しばしば慣用にしたがった。モーシェは前者の、エヴァは後者の例である。

目次

第一部 細目（原書のみだしによる）

——第一部おわり——

第二・三・四分冊目次

（第二分冊）

第二部　コモン－ウェルスについて

（第三分冊）

第三部　キリスト教のコモン－ウェルスについて

（第四分冊）

リヴァイアサン

(一)

リヴァイアサン

すなわち、教会的および市民的
国家の質料、形相、および力

マームズベリのトマス・ホッブズ著

ロンドン、聖ポール・チャーチャード、
青竜商標、アンドルウ・クルック発行、
一六五一年

わたくしのもっとも尊敬する友人
ゴドルフィンのフランシス・ゴドルフィン氏(1)に

尊敬する友よ
あなたのきわめてりっぱなご令弟、シドニー・ゴドルフィン氏(2)は、在世中には、わたくしの諸研究を、なんらかの価値あるものとお考えくださって、そのうえあなたもご存じのとおり、氏の好意的な評価というじっさいの証言を、わたくしに恵与されました。それらの証言は、それら自体ですでに偉大なものであり、かれのりっぱな人格によって、さらに偉大なものとなりました。というのは、人の気持を、神への奉仕あるいはかれの国への奉仕に、市民社会(3)あるいは私的交友関係にむかわせるあらゆる徳性(4)が、かれの会話のなかに、必要にせまられて獲得されたり、事情に応じてよそおわれたりしたものとしてではなく、内在的で、かれの本性の高邁な資質のなかにかがやいているものとして、あきらかにあらわれていたからであります。したがってわたくしは、かれに対する尊敬と感謝をもって、そしてあなた自身に対する愛着の情をもって、コモン－ウェルス(5)についてのわたくしの論述を、つつしんであなたにささげます。それを世間がどのようにうけいれるか、また、それに好意をもつようにみえるであろう人びとを、世間がどう批評する(6)であろうかを、わたくしは知りません。なぜなら、一方の側ではあまりにおおくの自由を、他方の側ではあまりにおおくの権威を、それぞれ主張する人びとにかこまれているともいえますので、両者の剣先のあいだを傷つかずに通過するのは、困難であるからです。しかし、それでも、わたくしはおもうのですが、政治権力《シヴィル・パワ》をおしすすめようという努力が、政治権力によって非難されることはないでしょうし、私人たちがそれをとがめて、その権力がおおきすぎるとおもわれると、申したてることもないでしょう。そのうえ、わたくしは、権力をもつ人びとについてではなく、権力の座について（抽象的に）かたっているのであり、（ローマのカピトール神殿において、そのなかにいた人びとを、かれらがかれらであるゆえにではなく、かれらがそこにいたゆえに、自分たちのさけび声で防衛した、あの単純で非党派的な被造物[7]と同様に）その外にいる人びと、あるいはなかにいて（もしそのような人びとがいるとすれば）外の人びとに味方する人びとをのぞけば、だれをおこらせることもないと、わたくしはおもいます。おそらく、もっともおこらせるのは、聖書のうちのある本文でしょう。それらはわたくしによって、ふつうに他の人びとによって引用されるばあいの慣行とは、ちがった目的のために引用されています。しかし、わたくしはそのことを、十分な謙虚さをもっておこないましたし、また（わたくしの主題への関連で）必要にせまられておこなったのです。なぜなら、それらの本文は、敵の外郭陣地であって、そこからかれらは政治権力を論難するのだからです。もし、ここにのべたことにもかかわらず、わたくしのしごとが、一般にけなされるのを、あなたがごらんになったならば、あなたはどうぞそれに加わらないで、わたくしが自分の諸意見を愛する男であるといって下さい。そして、わたくしが、ご令弟を尊敬し、あなたを尊敬し、それにもとづいて、友よ、わたくしが現在そうであるように、あなたのもっとも謙虚な、もっとも従順なしもべであるという資格を(あなたのご了解なしに)借取したという、わたくしのことばを、すべて真実とおもって下さい。

パリ、[8] 一六五一年四月一五—二五日、[9] ト・ホッブズ

(1) Francis Godolphin, 1605-67 は、コーンウォール州の名門、ゴドルフィン家の出身で、サー・ウィリアム・ゴドルフィンの長男。内乱中はシリー島総督であり、一六六〇年に、チャールズ二世によって、バス騎士に叙せられた。

(2) Sidney Godolphin, 1610-43 は、前者の弟で、一六二八年にヘルストン選出の議員となり、ひきつづき短期議会および長期議会にも参加した。ストラフォードの支持者としてしられ、長期議会における最後の王党議員の一人であったが、内乱がはじまると、コーンウォールで兵をあつめて参戦し、チャグフォード村の戦闘で射殺された。遺言によってホッブズに二百ポンドをおくり、ホッブズは『リヴァイアサン』の結論においても、かれに言及している。一六三〇年代には、ふたりはともに(ホッブズの論敵クラランダンも)、フォークランド子爵を中心とする知的サークル(グレイト・テュウ・サークル)に属していた。

(3) Civill Society の訳語。このことばは、イギリスでは一六世紀末ごろ(リチャード・フッカー)から、フランスでは société civile として一七二六年ごろ(Claude Buffier, *Traité de la*

société civile, Paris 1726.)から、またドイツでは大陸法学の文献で一七世紀ごろから societas civilis として、つかわれるようになった。それは大体において、一方ではローマ法＝市民法＝財産法の支配する社会を、他方では、結社＝小集団としての society と区別された大集団としての社会(現代用語としての社会は、この意味でしかつかわれない)をさすものであって、たとえばガルヴェは、ファーガスンやマクファーランのドイツ訳にあたって、原文に civil ということばがなくても bürgerlich Gesellschaft としている。ところがヘーゲルとマルクスによって、この用語法の伝統が切断されて、bürgerlich Gesellschaft は、いわゆるブルジョア社会として、主として否定的な意味でつかわれるようになった。日本ではさらに用語法が混乱して、資本主義の矛盾がまだ露呈しない近代初期の西ヨーロッパ社会をさすことがおおい。ホッブズおよびその後の啓蒙思想家がこのことばをつかうばあい、それが日本で市民社会の原型を想定している場所と時期に一致するために、日本的な意味でつかわれているのだと誤解されがちである。なお、シヴィルということばについてオースティンが、非軍事的、非教会的、非刑事的などの十二の意味をあげているのは、市民社会の性格規定にも、役だつであろう。

（4）vertue は、マキアヴェルリのヴィルトゥのように、道徳というよりも能力の意味でつかわれることがある。二三八ページをみよ。

（5）Common-wealth は、この訳書ではコモン－ウェルスとかな書きにする。このことばは、文字どおりの「共同の富」すなわち民富あるいは国民経済の意味でつかわれたり、ちょうどホッブズが出あったイギリス革命期の共和政治のことであったりするが、ホッブズの用語法は、そのいずれでもない。かれがラテン語版でキウィタス(都市)ということばを、これにあてているように、コモン-ウェルスとは、ローマの都市国家に代表される政治社会なのである(ロックも同様な説明をしている)。ただ、国家あるいは政治社会と訳してしまうと、第三部の表題の「キリスト教的コモン-ウェルス」の訳語がいささか内容にそぐわないものになり、かつ、他方では、シヴィルを政治的とすることがおおいので、原語のままとした。

(6)　reflect on には、「熟考する」と「非難する」というふたつの意味がある。

(7)　紀元前三九〇年に、ガリア人がローマに侵入し、カピトールにたてこもるローマ軍を夜襲したが、ユーノの神の使とされる鵞鳥がなきさわいだため、ローマ兵が気づいて防戦し、ついに撃退した。Titus Livius, *Ab urbe condita*, V. 37.

(8)　ホッブズは一六四〇年に、内乱の開始にさきだって、フランスに亡命し、『リヴァイアサン』をパリで書いた。しかし、一六五一年の暮には帰国し、『リヴァイアサン』もほぼ同時にロンドンで出版される。

(9)　四月二五日はグレゴリウス暦、一五日は旧暦の日づけ。

序説

自然（神がそれによってこの世界をつくったし、それによってこの世界を統治している、その技術《アート》）は、人間の技術によって、他のおおくのものごとにおいてのように、人工的動物をつくりうるということにおいても、模倣される。すなわち、生命は四肢の運動にほかならず、その運動のはじまりが、内部のある主要な部分にある、ということをみれば、すべての自動機械 *Automata*（時計がそうするように発条《ばね》と車でみずから動く機関《エンジン》）が、人工の生命をもっていると、われわれがいってはいけないわけがあろうか。心臓は何かといえば、ひとつの発条にほかならず、神経はといえば、それだけの数の紐にほかならず、そして関節は、それだけの数の車にほかならず、これらが全身体に、製作者 Artificer によって意図されたとおりの運動を、与えるのではないだろうか。技術はさらにすすんで、自然の理性的でもっともすぐれた作品である、人間を模倣する。すなわち、技術によって、コモン－ウェルスあるいは国家《ステート》（ラテン語ではキウィタス）とよばれる、あの偉大なリヴァイアサン[1]が、創造されるのであり、それは人工的人間[2]にほかならない。ただしそれは、自然人よりも形がおおきくて力がつよいのであって、自然人をそれが保護し防衛するようにと、意図されている。そして、そのなかで、主権 *Soveraignty* は全身体に生命と運動を与えるのだから、人工の魂であって、為政者たち *Magistrates* とその他の司法と行政の役人たちは、人工の関節である。賞罰(それによって主権の地位にむすびつけられて、それぞれの関節と四肢は、自己の義務を遂行するために動かされる)は、神経であって、自然の身体においてと、おなじことをする。すべての個々の構成員の富と財産は、力であり、人民福祉 *Salus Populi*(人民の安全)は、それの業務であり、それが知る必要のあるすべてのことを、それに対して提示する顧問官たちは、記憶であり、公正 *Equity* と諸法律は、人工の理性と意志であり、和合は健康、騒乱は病気で、内乱は死である。さいごに、この政治体の諸部分を、はじめてつくり、あつめ、結合した協定 *Pacts* と信約 *Covenants*[3] は、創造において神が宣告したあの命令 *Fiat* すなわち人間をつくろうということばに、似ている。

この人工的人間の本性を叙述するために、私は、

第一に、それの素材 *Matter* と製作者、それらはともに人間である。

第二に、どのようにして、どういう諸信約によって、それはつくられるか、主権者の諸権利および正当な権力あるいは権威 *Authority* とは何か、そして、何がそれを維持し、解体するか。

第三に、キリスト教的コモン-ウェルスとは何か。

さいごに、暗黒の王国とは何か。

を考察したい。

第一に関しては、賢明さ *Wisdome* は、書物を読むことによってではなく、人びとを読む《リード》〔知る〕

ことによって獲得されるのだという格言が、近ごろおおいに利用されている。そのけっかとして、たがいに相手の背後で無慈悲に非難しあうことによって、自分が人びとのなかに読みとったとおもうことを示して、おおいによろこんでいる人びとがあり、こういう人びとは、その大部分は、そうするよりほかに、賢明であることの証拠を提出することができないのである。しかし、近ごろでは理解されていない、もうひとつの格言があって、もし人びとがその労をとりさえしたならば、それによって、ほんとうにおたがいを読むことを、まなびえたであろう。それは、汝自身を読め *Nosce teipsum, Read thy self* (4) という格言であり、それが意味したのは、今日つかわれているように、権力をもった人びとの、その下位の人びとに対する野蛮な状態を黙認することでも、ひくい地位のものの、優越者に対する無礼なふるまいを奨励することでもなく、つぎのことをわれわれにおしえることであった。すなわち、あるひとりの人間の諸思考と諸情念が、他のひとりの人間の諸思考と諸情念に類似しているために、だれでも自分のなかをみつめて、自分が思考し判断し推理し希望し恐怖し等々するときに、何をするか、それはどういう根拠によってかを、考察するならば、かれはそうすることによって、同様なばあいにおける他のすべての人びとの諸思考と諸情念がどういうものであるかを、読み、知るであろう、ということである。私がいうのは、すべての人において同一の、意欲 *desire*, 恐怖、希望等々の、諸情念の類似性のことであって、諸情念の諸対象、つまり意欲され、恐怖され、希望され等々されるものごとの、類似性のことではない。というのは、後者は、個人的体質と個別的な教育が、たいへん多様なものとするし、われわれの知識からたいへん容易にかくされるので、現実にみられるように、欺瞞と虚偽とごまかしと誤謬の諸学説によって汚れ混乱させられている人間の心の諸性格は、心を探求する人にだけ、読むことができるのだからである。またわれわれはときどき、人びとの諸行為によって、かれらの意図を発見するが、それでも、それらを、われわれ自身の諸行為と比較することなく、事情を変更させうるすべての状況を区別することなしに、そうすることは、暗号書なしに暗号を解読することであって、たいていは、読む人自身が善人であるか悪人であるかに応じて、信頼しすぎるか疑いすぎるかして、あざむかれる。

しかし、ある人が他人を、その諸行為によってどんなに完全に読むとしても、それはかれの知人についてしか役にたたず、そういう人はきわめてすくない。全国民を統治すべき人は、かれ自身のなかに、あれこれの特定の人ではなく、人類を読まなければならない。そうすることはむずかしいだろうし、どんな言語や科学をまなぶよりもむずかしいにしても、私が自分の読みかたを整然とかつ明瞭に、示してしまってからならば、他の人にのこされた苦労は、かれ自身のなかにおなじことをみいださないかどうかを、考察することだけであろう。というのは、この種の学説には、このほかの論証の余地はないからである。

（1）Leviathan は Behemoth とともに、ヨブ四〇―四一にでている。「地上にはかれとならぶものはなく、かれはおそれをもたないようにつくられている。かれはすべての高いものごとを軽蔑し、あらゆる高慢の子たちの王である」(四一・三三―三四)。聖書のリヴァイアサンは、人間の力をこえた、きわめてつよい動物であるが、神の力はこの動物をもたおすのだとされ、神の偉大さをしめす例なのである　詩七四、イザイア二七・一をもみよ)。なお、ビヒモスを、ホッブズは、イギリス革命史の著作の題名としているから、かれにとっては、ともに国家をあらわすものだったと考えられるが、前者はいわば理論的に構成され、後者は革命の現実のなかで観察されたという点では対照的である。

(2) 政治機構を political body として、人体 natural body に対比することは、当時の思想の特徴のひとつであり、ホッブズの友人であるウィリアム・ハーヴィも、医学者の側から、『動物の心臓および血液の運動にかんする解剖学的研究』*Exercitatio anatomica de motu cordis et sanguinis in animalibus*, Francofordiae 1628. の献辞で、「陛下は心臓において、人体の本源、および同時にご自身の王権の象徴を、ごらんになるでしょう」とのべている。しかし、ここからただちに、いわゆる国家有機体説がでてくるわけではなく、ホッブズが身体と機械との対比をおこなっていることからもわかるように、逆に人間を一種の機械として理解しようという傾向がうまれてきた。いずれにしても、このような対比には、運動をどう理解するかという関心があり、やがて経済循環が、とくに血液＝貨幣のながれとして考察されるようになる。ホッブズは第十五章と第二十九章で、社会あるいはコモン－ウェルスを建築にたとえているが、そこには運動への考慮はない。

(3) Covenant は、ここでは、現在のイギリス法でのように、とくに書面契約を意味するのではない。Covenant と Pact が、契約 Contract の特殊なばあいであることについては、第十四章にホッブズ自身の説明がある。それによれば、契約の両当事者の一方がすでに履行し、将来における相手の履行を信頼して期待するばあいが、協定または信約なのである。

（4）アポロンの神殿にかかげられた標語で、ソークラテースがこのことを強調した。この格言は、「汝自身を知れ」と訳されるのがふつうであり、原語(nosce, read)には、両方の意味があるが、ここでは読書との対比なので、「読め」と訳した。

第一部　人間について

第一章　感覚について

人間の諸思考について、私はそれらを、まず単独で、そのあとで系列 *Trayne* において、すなわち相互依存において、考察しようとおもう。単独では、それらはひとつひとつ、われわれの外部にある物体の、ある性質《クオリテイ》あるいは他の偶有性《アクシデント》の表象 *Representation* または現われ *Appearance* であり、この物体はふつう、対象 *Object* とよばれる。その対象が、目や耳やその他の人体の諸部分に作用し、そして作用の多様性によって、現象の多様性をうみだすのである。

それらのすべての根源は、われわれが感覚《センス》とよぶものである（なぜならば、人間の心のなかの概念は、どんなものでも、はじめに感覚の諸機関に、全体としてあるいは一部ずつ、生じたのだからである）。のこりのものはすべて、その根源から、ひきだされる。

感覚の自然的原因をしることは、さしあたっての仕事にひじょうに必要というわけではなく、それに私は別のところで、このことについてくわしく書いておいた[1]。そうではあるが、私の現在の方法の、どんな部分も欠如させないために、私はここで、そのことについてかんたんにのべよう。

感覚の原因は、外部の物体すなわち対象であって、それが、それぞれの感覚に固有の機関を、味覚と触覚のばあいのように直接に、または視覚、聴覚、嗅覚のばあいのように間接に、圧迫するのである。この圧迫は、身体の神経やその他の筋や薄膜の媒介によって、内部へ継続されて頭脳と心臓にいたり、そこに抵抗あるいは反対圧力、あるいは心臓が自己を解放するための努力を、ひきおこす。その努力は、外へむかっているので、なにか外部の物質《マター》のようにみえるのである。そしてこの外観 *seeming* あるいは想像 *fancy* が、人びとが感覚とよぶものなのであり、それは目については光あるいは形をもった色、耳については音、鼻についてはにおい、舌と口蓋については味、そして身体の他のすべてについては、熱さ冷たさ固さ柔らかさおよびその他の、われわれが触感によって区別するような、諸性質のなかにある。感覚しうる *Sensible* とよばれる諸性質は、すべて、それらをひきおこす対象のなかにあるが、しかしその物質の、それだけおおくのそれぞれの運動にほかならず、それらの運動によって、対象がわれわれの機関をさまざまに圧迫するのである。圧迫をうけるわれわれのなかにおいても、それらは、さまざまな運動以外のものではない(運動は運動以外のものを生みださないからである)。しかし、われわれに対するそれらの現われは、想像であって、それは目ざめていても夢みていても、おなじである。そして、目を圧迫したり、こすったり、打ったりすることが、われわれに光を想像させ、耳を圧迫することが騒音を生みだすように、われわれが見たりきいたりする諸物体もまた、気づかれないけれども強いその行動によって、おなじものを生みだすのである。なぜならば、もしそれらの色と音が、それらをひきおこす諸物体すなわち諸対象のなかにあるならば、われわれが鏡によって、あるいは反響によるこだまのなかに見るように、それらが後者からきりはなされることは、不可能だからである。そのばあいにわれわれは、われわれがみているものがある場所にあり、それの現われが別の場所にあることを、しっているのである。そして、ある一定の距離においては、現実の対象そのものが、それがわれわれのなかに生じさせる想像を、まとっているようにみえるけれども、しかしそれでもなお、対象と影像《イメジ》または想像とは、別のものなのだ。したがって、あらゆるばあいに感覚というものは、(私がのべたように)圧迫によって、すなわち、われわれの目や耳やその他の、それにさだめられた諸機関に対する、外部の事物の運動によって、ひきおこされる、根源的な想像にほかならない。

しかし、哲学の諸学派(2)は、キリスト教世界のすべての大学にわたって、アリストテレースの一定の本文にもとづいて、これとは別の学説をおしえ、つぎのようにいうのである。すなわち、視覚の原因については、みられるものが、あらゆる側に、ある可視的な種 *visible species*,(イギリス語でいえば)可視的なしるし *shew*, 現われ *apparition* あるいは相 *aspect* あるいはみられるもの *a being seen* をおくりだし、それを目にうけとることがみることだというのである。そして、きくことの原因としては、きかれるものが、ある可聴的な *Audible* 種すなわち可聴的な相あるいは可聴的なみえるもの(3) *audible being seen* をおくりだし、それが耳にはいって、きくことをひきおこすのだ、という。それどころか、理解 *Understanding* の原因としてもまた、理解されるものが可知的な*intelligible*種、すなわち可知的なみえるものをおくりだし、それが知性*Understanding*に到達してわれわれを理解させるのだと、かれらはいうのである。私がこのことをいうのは、大学の効用の否認としてではなく、私はこのあとで、コモン-ウェルスのなかでの大学の職務について、かたることになるので、あらゆる機会をとらえてついでに、大学のなかでどんなものごとが訂正されるべきであるかを、あなたがたに見せなければならないのである。無意味なことばの連発は、訂正されるべきものごとのなかの、ひとつなのだ。

（1）『法学要綱』（献辞一六四〇年）の第一部をさすものとおもわれるが、「くわしく」といえるかどうかは疑問である。

（2）Philosophy-schooles は、ラテン語版では「スコラ学派の哲学者たち」となっていて、その方がわかりやすい。九世紀から一四世紀にかけて、西ヨーロッパ（イギリスをふくむ）の諸大学でおしえられた論理学・形而上学・神学の主流が、スコラ学とよばれる。

（3）Audible being seen も、つぎの Intelligible being seen も、わかりにくいいいかたであるが、ラテン語版が、「種」のあとに説明をつけて Species(id est apparitiones)Visible とか Species id est apparitiones, audible とかしていることから、「きこえるような現われ」という意味だとおもわれる。「みえる」にしても「現われ」にしても、視覚以外の感覚についてつかわれるときは、それぞれの感覚に対してあらわれることであって、「みえる」のではないのである。

第二章　造影について

　ある物が静止しているときに、なにか他のものがそれを動かさないかぎり、それは永久に静止しているであろう、ということは、だれもうたがいをもたない真理である。しかし、ある物が運動しているときに、なにか他のものがそれをとどめないかぎり、それは永久に運動しているだろう、ということは、理由はおなじである(すなわち、なにものもそれ自らでは変化しえない)としても、それほど容易に承認されない。なぜなら、人びとは、他の人びとだけでなく他のすべてのものごとを、かれら自身によって推量するからであるし、また、かれらは、自分たちが運動のあとで苦痛や疲労におそわれることをしっているので、他のすべてのものも運動につかれてきて、ひとりでに休止をもとめるのだと、考えるのである。かれらは、自分たちのなかにみいだす休息への意欲が、なにか他の運動のなかにあるのではないかということを、ほとんど考慮しないのである。こうして、スコラ学派が、重い諸物体は、休息への、そして自分たちにもっともふさわしい場所においてその本性を保存することへの欲求から、下方へ落ちるのだと、いうようになるのであり、かれらは背理的にも、無生物に対して、自分たちの保存のために何が役だつかについての欲求と知識(それは人間がもっているもの以上である)を、帰属させるのである。

　ある物体がひとたび運動するときは、それは(なにか他のものがそれを阻止しないかぎり)永久に運動するのであり、そして、なんであれそれを阻止するものが、それをまったく消滅させることができるのは、即座にではなく、時がたつにつれてすこしずつなのである。また、われわれが水のなかに、風がやんでも、そのあとながいあいだ波がゆれやまないのをみるように、人間が見たり夢みたり等々するときに、かれの内部の諸部分でおこされた運動においても、それがおこることがある。すなわち、対象が除去されたり目がとじられたりしたのちにも、われわれはなお、見られたものの影像《イメジ》を、われわれが見ているときよりもあいまいではあるが、保持するのである。そして、これは、ラテン人が、見ることにおいてつくられる影像から、造影 *imagination*[1] とよび、同時に、不適当ではあるが他のすべての感覚にも適用するものなのである。しかし、ギリシャ人はそれを、想像 *Fancy* とよぶのであって、これは現われを意味し、ひとつの感覚について適当であるように、他の感覚についても適当である。したがって造影とは、おとろえつつある感覚にほかならず、人びとのなかに、そして他のおおくの生きた被造物のなかに、ねむっていても、目ざめていても同様に、見いだされるのである。

　目ざめている人びとにおける、感覚のおとろえは、感覚のなかにおこされた運動のおとろえではなくて、それがはっきり見えなくなることであり、それは、太陽の光が星の光をはっきり見えなくするのと、おなじやりかたでおこる。それらの星は、それらを見えるようにする能力を、昼には夜よりすくなく、行使するのではない。しかし、われわれの目や耳や他の諸機関が、外部の諸物体からうけとるおおくの打撃のうちで、優越したものだけが感覚されうるのだから、したがって、太陽の光が優越しているためにわれわれは、星の行為に影響されないのである。そして何かの対象が、われわれの目から除去されて、それがわれわれのなかにつくった印象はのこっていても、他のもっと現実的な諸対象があとにつづき、われわれに働きかけると、過去についての影像は、はっきり見えなくなり、弱められる。ひとりの人の声が、日中の騒音のなかでそうなるのと同様である。このことから、ある対象についての視覚すなわち感覚のあとで、時間がたてばたつほど、それについての造影は弱くなる、ということになる。なぜならば、人間の身体の継続的な変化が、感覚において動かされた諸部分を、しだいに消滅させるからであって、そのために、時間的距離と場所的距離とが、われわれのなかにまったく同一の効果をうむのである。すなわち、場所的にひじょうにとおい距離があると、われわれが見つめるものが、ぼんやりと、比較的こまかい部分の区別なしに、見えるように、また声が弱く不明瞭になるように、時間的におおきな距離のあとでもやはり、過去についてのわれわれの諸影像は弱いのであり、われわれは(たとえば自分たちが見たことのある諸都市について、おおくの個々の街路をわすれ、諸行為については、おおくの個別的な事情をわすれるのである。このおとろえつつある感覚を、われわれがそのものごと自体を表現したいときに(私は想像自体を意味している)、われわれは、私がまえにいったように造影とよぶ。しかし、われわれがおとろえを表現したいとき、そして感覚が退化しつつあり、ふるく、すぎさったものであることを、あらわそうとするときは、それは記憶とよばれる。《記憶》したがって、造影と記憶は、ひとつのものにすぎず、それが、ことなった考察に対して、ことなった名称をもつのである。

おおくの記憶、すなわちおおくのものごとについての記憶は、経験とよばれる。くりかえしていうが、造影はかつて、全部一度にかあるいは一部ずつ数回にわたってか、感覚にうけいれられたものごとだけについてのものであって、前者(それは対象全体を、その対象が感覚に提示されたとおりに造影することである)は、人がまえにみた人間または馬を造影するように、単純造影である。後者は複合されたもので、あるときにみた人の姿と他のときにみた馬の姿から、われわれが心に半人半馬《ケンタウルス》をえがくようなばあいである。したがって、ある人が、かれ自身の人格の影像と、他の人の諸行為の影像とを複合させるとき、たとえば、ある人が自分をヘラクレスのような、あるいはアレクサンドロスのような人として造影する(それは、小説に読みふけっている人びとに、たびたびおこる)ばあいは、複合造影であり、ほんとうは心の仮想《フイクシヨン》にすぎないのである。そのほかにまだ、(目ざめているのに)感覚のなかにつくられた大きな印象から、人びとのなかに生じる造影がある。たとえば、太陽をみつめることから、その印象がわれわれの目のまえに、ずっとあとまで太陽の影像をのこすこと、また、ながいあいだ熱心に幾何学的図形に接していたことから、人が闇のなかで(目ざめているのに)かれの目のまえに線や角の影像をみることが、そうである。この種の想像は、ふつうに人びとの議論のなかにでてこないものであるために、特別の名称をもたない。

《夢》ねむっている人びとの造影は、われわれが夢とよぶものであり、これらもまた(他のすべての造影のように)全部あるいは一部ずつ、まえに感覚のなかにあったのである。そして、感覚においては、感覚にとって必要な機関である頭脳と神経が、睡眠中には、外部の諸対象の行為によって容易に動かされないほどに、にぶくなるから、なんの造影も睡眠中には生じえない。したがって、人間の身体の内部の諸部分の刺激からでてくるもの以外には、夢はなく、その内部の諸部分は、それらが頭脳およびその他の機関に対してもつ関係のために、それらの調子がくるわされると、諸機関を動かしつづける。それによって、そこでまえにつくられた諸影像が、人がめざめているかのように、現われるのであり、ただちがうところは、感覚諸機関がいまはにぶくなっているので、もっと活潑な印象によってそれらの影像を支配しはっきりみえなくするような、あたらしい対象がそこにはなく、夢は、この感覚の沈黙のなかでは、目ざめているときのわれわれの諸思考よりも、はっきりしたものとならざるをえない、ということである。そして、このことから、感覚と夢とを正確に区別するのは、困難であるし、おおくの人には不可能とおもわれる、ということが生じる。私自身としては、自分が夢のなかでは、目ざめているときに考えるのとおなじ人物、場所、対象、行為を、しばしばあるいはつねに、考えることがなく、また、夢みているときは、そうでないときのようにながい筋のとおった思考の系列を、想起することがなく、そして、目ざめていればしばしば夢の背理性を見てとるのに、自分の目ざめているときの諸思考の背理性についてはけっして夢をみないということを、考察するとき、私は、目ざめていて、自分が夢をみていないと知ることに、十分に満足するのである。ただし、私が夢をみているときには、自分は目ざめているとおもうのだが。

そして、夢が、身体の内部の諸部分のうちのあるものの、狂いによって生じることを考えれば、さまざまな狂いは、さまざまな夢を生じさせざるをえない。したがって、冷えて横たわっていれば、恐怖の夢がうまれ、あるおそろしい対象についての思考と影像が生じる(頭脳から内部の諸部分への運動と、内部の諸部分から頭脳への運動は、相互的なので)。また、われわれが目ざめているときに、怒りが身体のある部分に熱をひきおこすように、ねむっているときには、おなじ諸部分の過熱が怒りをひきおこし、ある敵の影像を頭脳のなかにつくりだす。それと同様にして、自然の〔肉体的〕愛情 naturall kindness が、われわれが目ざめているときには意欲をひきおこし、意欲が身体の一定の諸部分に熱をつくるように、それらの部分への熱がおおすぎると、われわれが眠っているときに、頭脳のなかに、かつて示された愛情の影像を生じさせる。ようするに、われわれの夢は、われわれが目ざめているときの造影の逆転であって、運動は、目ざめているときには一方の端からはじまり、夢みているときには、他方の端からはじまるのである。

《幻または幻影》人の夢を、かれが目ざめているときの諸思考と区別することが、もっとも困難なのは、なにかの偶発事件《アクシデント》によってわれわれが、自分がねむったことに気づかないばあいである。それは、おそろしい思考でいっぱいになり、良心がひじょうになやんでいる人、また椅子にすわったままいねむりをする人のように、ベッドにはいったり衣服をぬいだりする余裕がなくてねむる人にとって、生じやすい。というのは、苦労して、懸命にねむろうと努めている人が、なにか異様でとほうもない想像にとらわれたばあい、それを夢以外のものと考えることは(2)、容易にできないからである。われわれは、マルクス・ブルートゥス(3)(ユリウス・カエサルにいのちをたすけてもらい、しかもかれの愛顧をうけ、それにもかかわらずかれを謀殺した男)について、どのようにプヒリッピにおいて、かれがアウグストゥス・カエサルに戦いをいどむ前夜に、おそろしい幻 apparition をみたかということを、読んでしっている。それは、ふつうは、歴史家たちによって、幻影だとして語られているが、事情を考慮すれば、人は容易に、それがみじかい夢にほかならなかったと、判断できる。すなわち、かれの幕舎のなかにすわって、おもいにしずみ、自分のはやまった行為のおそろしさになやんでいれば、かれとしては、冷えてうたたねをし、かれを極度におびやかしているものについての夢をみることに、さまたげはなかったのである。その恐怖が、しだいにかれを目ざめさせるとともに、しだいにその幻を消滅させたにちがいない。そして、自分がねむったという確信がないから、かれはそれを、夢だとか幻影以外のなにかであるとか、考える理由をもちえなかった。しかもこのことは、ひじょうにまれな偶発事件ではないのであって、完全に目ざめている人びとでさえ、もしかれらが臆病で迷信的で、おそろしい物語に心をうばわれていて、暗闇のなかにひとりでいれば、類似の想像にとらえられやすく、かれらは、精霊や死者の幽霊が、教会墓地をあるいていたのを見たと信じるのだからである。しかしじつは、それはかれら自身の想像にすぎないか、そうでなければ、そのような迷信的恐怖につけこむもののいたずらであって、いたずらをするものは、夜、変装して、自分たちの出没が気づかれていないような場所にいくのだ。

夢やその他のつよい想像を、幻影および感覚からどのように区別するかについての、この無知が、過去においては、サテュロス、ファウヌス、ニンファ[4]などを崇拝する異邦人[5]の宗教の、ほとんどすべてを生じさせ、今日では、妖精《フェアリ》、幽霊、妖鬼について、および魔女の力について、粗野《ルード》な人びとがもっている見解を、生じさせたのである。すなわち、魔女についていえば、私は、かれらの魔術がなにかのほんとうの力であるとは考えないが、それでもかれらが、自分たちはそういう悪事ができるのだという虚偽の信念をもち、それとともに、もしできるならそれをしようという、意図をもつために、処罰されるのは正当だと考えるのであって、かれらの仕事《トレード》は、技能《クラフト》または学問によりも、あたらしい宗教にちかいのである。そして、妖精およびあるく幽霊については、私の考えでは、かれらについての意見は、魔よけ、十字架、聖水、その他類似の、宗教人たち[6]の発明品の、効用に対する信用を維持するために、意図的に、おしえられてきたか、反論されないできたのである。それにもかかわらず、神が自然的でない幻をつくりうるということについては、うたがいがない[7]。だが、かれがそれを、あまりにたびたびおこなって、そのために人びとが、それらのものごとを、かれがなしうる自然の行程の停止または変化をおそれる以上に、おそれなければならないというのは、キリスト教の信仰の要点ではない。しかしながら悪人たちは、神はなんでもすることができるという口実のもとに、自分たちは真実でないとおもっても、自分たちの役にたつならば、どんなことでもいうほどに、大胆なのだ。ただしい理性が、かれらのいうことを、信じうるように見せるところをこえては、かれらを信じないのが、賢明な人の任務である。もし、精霊に対するこの迷信的な恐怖が除去され、それとともに、夢占いや偽の予言やその他おおくのそれに依存するものごとが除去されていたならば、人びとは現在そうであるよりもはるかに、市民的服従に適したものとなったのであろう。狡猾で野心的な人びとは、それらによって、単純な人びとを、あざむいて利用するのである。

そしてこのこと〔除去すること〕が、スコラ学派 Schooles の仕事であるべきなのだが、かれらはむしろそのような教義を育成する。すなわち(造影がなんであるかも、感覚がなんであるかも知らないで)、かれらがうけとったものごとをかれらは教えるのであり、ある人びとは、諸造影はおのずから生じるのであって原因をもたないといい、他の人びとは、それらはもっともふつうに、意志から生じるといい、また、善良な思考は、神によって人間のなかにふきこまれ(息をふきこまれ)、邪悪な思想は、悪鬼によってそうされるとか、あるいは、善良な思考は神によって、人間のなかに注ぎこまれ(流しこまれ)、邪悪な思考は悪鬼によってそうされるとか、いうのである。ある人びとは、諸感覚はものごとの種をうけとり、それらを共通感覚《コモン・センス》(8)にひきわたし、共通感覚はそれらをさらに想像にひきわたし、そして想像は記憶に、記憶は判断にと、ものをつぎからつぎへと手わたすようにいい、おおくの語をつかって、なにも理解させないのである。

《理解》人間(あるいは他のどんな被造物でも造影能力を与えられているもの)のなかに、語あるいは他の意志《ヴォランタリ》にもとづくしるしによって、生じさせられる影像は、われわれが一般に理解

Understanding とよぶものであり、それは人間と獣に共通である。すなわち、犬は習慣によって、その主人のよび声や叱声を理解するであろうし、他のおおくの獣もまたそうである。人間に特有の理解は、かれの意志だけではなく、かれの概念や思考を、ものごとについての諸名辞を、連続と組みたてで肯定否定その他のことばの形式にすることによって、理解することである。そして、この種の理解については、私はつぎにのべるであろう。

（1）image を影像、imagination を造影とすることには、日本語の語感からみてかなり無理がある。とくに造影剤という医学用語を連想されるところまるのだが、想像という慣用的な訳語では、fancy との区別がつかないだけでなく、「想」の方が「像」より強調されて、ホッブズの意図にそわないことになる。旧訳でつかい、ドイツ訳でもつかっている、構想力 Einbildung にしても同様である。ホッブズが、「像」を強調しているので、イメジだけでなくイマジネーションも、影像と訳したばあいもある。

（2）前後の関係からすれば、「夢と考えること」か、「われわれが夢以外のものと考えること」かでなければならない。ラテン語版は、「それがかれに夢以外のものとみえることは不可能である」となっていて、英語版と大差がない。

（3）マルクス・ブルートゥス Marcus Brutus, B. C. 85–52 は、ユリウス・カエサルの政敵ポンペイウスに加担したが、カエサルにゆるされて登用された。しかしかれはカエサルの野心をうたがって、暗殺計画にくわわり、暗殺後にプヒリッピで、アウグストゥス・カエサルおよびアントニウスと対戦、敗れて自殺した。

（4）サテュロス Satyros は、ギリシャ神話のデュオニソスの従者で、半人半獣の森の神。酒と女をこのむ。ファウヌス Faunus は、ローマ神話の牧畜農耕の神で、牧神と訳されることがある（ギリシャ神話のパンにあたる）。ニンファ Nympha は、半神半人の美少女で、森や湖などに住む。妖精と訳されることがおおいが、ここでは、おなじく妖精と訳されるフェアリと区別する。

（5）Gentiles は、ユダヤ人以外の諸民族をさすが、異教徒（ユダヤ教またはキリスト教を信じないもの）をさすこともある。

（6）Ghostly men は、そのまま訳せば「宗教人」だが、ここでは同時に、幽霊利用者を意味する。ラテン語版では、この皮肉がきえている。

（7）神が奇蹟をおこなうか、おこなうとすれば、それは自然の行程＝変動とどうちがうのか、ということは、当時しばしば論争されたが、ホッブズはまだ、奇蹟を完全に否定することができなかった。

（8）ここで共通感覚というのは、アリストテレースの用語で、視・聴・触などの個々の感覚とは別に存在する一般感覚をさす。近代思想、とくにスコットランド常識哲学では、人間一般に共通する感覚を意味する。

第三章　影像の連続あるいは系列について

諸思考の連続または系列 *Consequence*,[1] or TRAYNE ということで、私が理解するのは、ひとつの思考が他の思考に継続することであって、それは(語による説話とそれを区別するために)心の説話 *Mentall Discourse*[2] とよばれる。

人が、なんであれひとつのものごとについて考えるとき、そのあとにつづく思考は、すべてが見かけのように偶然なのではない。それぞれの思考から思考へは、すべて無差別に継続するのではない。しかし、われわれが、かつてそれについての感覚を、全体的または部分的にもったことがないものにかんして、なにも影像をもたないように、ひとつの影像から他の影像への移行も、われわれがまえに類似のことを感覚のなかに、けっしてもったことがなければ、おこらない。このことの理由は、つぎのとおりである。すべての想像は、われわれのなかにある運動であり、感覚のなかでおこなわれた諸運動の残骸であり、そして、感覚のなかでたがいに直接に継続した諸運動は、感覚のあとでもやはり、いっしょでありつづける。まえのものがふたたび生じるようになって、しかも優勢であるかぎり、あとのものが、動かされた物質の凝集によってそれにつづくのであって、たいらなテーブルのうえの水が、そのどこか一部分を指によってみちびかれると、その方向へひっぱられるのと同様である。しかし、感覚においては、知覚された同一のものごとに、あるときにはあるものごとが、他のときには他のものごとが継続するから、結局、なにかひとつのものごとの造影について、何をわれわれがつぎに造影するかということの確実性はないことになる。確実なのはただ、それが、いつかまえに、同一のものごとに継続した、なにかであるだろう、ということである。

《導きのない思考系列》この思考系列すなわち心の説話には、ふたつの種類がある。第一は導きがなく、企図がなく、恒常的でないものである。そこには、ある意欲または他の情念がもつ終末と目標のように、それにつづいてくる諸思考を支配し方向づける情念にみちた思考が、ないのであり、そのばあいには、諸思考は、さまようといわれ、夢のなかでのように相互に適合しないようにみえる。仲間がいないだけでなく、なにごとにも関心のない人びとの諸思考は、ふつうはこのようなものである。そのばあいでも、かれらの諸思考は、他のときとおなじく多忙なのではあるが、ただ調和がないのであり、調子はずれのリュート[3]を誰がひいても出る音、あるいは、調子があっていても、演奏できないものがひいたときに出る音のようなものである。そして、このでたらめな心のさすらいにおいてさえ、人はしばしば、その道すじと、ひとつの思考の他の思考への依存を、知覚するであろう。すなわち、われわれの現在の内乱についての説話のなかで、(ある人がしたように)ローマの一ペニー[4]の価値はどれだけかとたずねることほど、不適当にみえることはありえないだろう。しかしそれでも、私には、関連が十分にあきらかなのだ。というのは、戦争についての思考が、王をその敵にひきわたすことについての思考[5]をひきだし、このことについての思考が、キリストのひきわたしについての思考をもたらし、そしてさらに、そのうらぎりの価格であった三〇ペンスについての思考をもたらした。そしてそこから容易に、あの意地のわるい質問がつづいたのであって、思考は迅速であるから、このすべてが一瞬におこなわれたのである。

《規制された思考系列》第二のものは、ある意欲および企図によって規制されて regulated いるので、前者より恒常的である。なぜなら、われわれが意欲または恐怖するようなものごとによってつくられる印象は、強力で永続的であり、あるいは(それがしばらく消滅したばあいには)急速にもどってくる。ときどき、それはひじょうに強力で、われわれのねむりをさまたげ、やぶることがある。意欲から、ある手段についての思考が生じるが、われわれはその手段が、目ざしているものと類似のものを生みだすのを、見たことがあるのだ。それについての思考から、その手段への手段についての思考が生じ、こうして継続して、ついにわれわれは、自分の力のおよぶ範囲内の、ある端緒に到達する。そして、目的は、その印象のおおきさによって、たびたび心にあらわれるので、われわれの思考がさまよいはじめると、それらはすみやかにふたたび道にひきもどされる。このことは七賢人のひとり(6)によって観察され、かれをして人びとに、終末を熟慮せよ *Respice finem* という、いまではすりへった格言を与えさせた。これは、あなたのすべての行為において、あなたがえようとおもっているものを、それを取得する道においてあなたの全思考を方向づけるものとして、くりかえしてながめるように、ということである。

規制された思考系列には、ふたつの種類がある。ひとつは、ある造影された結果について、われわれが諸原因あるいはその結果を生む手段をさがすばあいであって、これは人間と獣に共通である。もうひとつは、なにかあるものごとを造影して、われわれがそれによって生みだされうるあらゆる可能な結果をさがすばあい、いいかえれば、われわれがそれをもったなら、それで何をすることができるかを、われわれが造影するばあいである。それについて私は、人間以外のものにおいて、どんなときにも、どんなしるしも、見たことがない。というのは、これは、飢渇や情欲や怒りなどのような感覚的《センシュアル》な情念のほかには、何も情念をもたない、どんな生ける被造物の本性にも、とうてい附属していない好奇心なのだからである。ようするに、心の説話は、それが企図によって統治されているばあいは、探求 *Seeking* すなわち発明の能力にほかならず、それをラテン人は、洞察力 *Sagacitas* および洞見力 *Solertia* とよぶのである。それは、現在または過去のある結果の諸原因、あるいは、ある現在または過去の原因の、諸結果をさがしだすことである。人はときどき、自分が失ったものを探求する。そして、かれの心は、自分がそれを失ったことに気づいた所と時から、つぎつぎと場所と時間をかけもどって、それをもっていた時と所をみつけようとする。いいかえれば、探求の方法を開始すべき(7)ある一定の限定された時と所を、みつけようとするのである。そこからさらに、かれの諸思考は、その場所と時間をみわたして、どの行為あるいは他の事情が、かれにそれを失わせたらしいかを、みつけようとする。《回想》これをわれわれは、回想 *Remembrance* または思いだし Calling to mind とよぶ。ラテン人はそれを、われわれのまえの諸行為の再検査であるかのように、想起 *Reminiscentia* とよぶ。

人はときどき、その範囲内でかれが探求すべき、区ぎられた場所をしっている。そしてそのばあいに、かれの諸思考はその場所のすべての部分を、見わたすのであって、それは人が宝石をみつけようとして掃除するときによくやるのと、おなじやりかたである。あるいは、猟犬がある臭いをかぎつけるまで野原をあるきまわるのと、あるいは、人が韻をはじめるためにアルファベットを見わたすのと、おなじようなやりかたである。

《慎慮》人はときに、ある行為の成果《イヴェント》をしりたいという意欲をもつのであり、そのばあいにかれは、過去の類似の行為について考え、それの諸成果をつぎからつぎへと考える。類似の諸成果が、類似の諸行為につづくであろうと、想定しているのである。ある犯罪者がどうなるだろうかと予測する人が、自分がまえに、類似の犯罪に何がつづくのをみたかを、再検討するのと同様であって、かれは、犯罪、役人、牢獄、裁判官、そして絞首台という順序の思考をもつのである。この種の諸思考は、予見 *Foresight* および慎慮 *Prudence*(8) または先見 *Providence*(9) またときには知恵 *Wisdome* とよばれる。ただし、こういう推察は、あらゆる事情を観察することが困難であるために、ひじょうにまちがえやすい。それでも、つぎのことだけは確実である。すなわち、ある人が他の人よりも、過去のものごとについての経験を、どれだけおおくもっているかによって、それだけかれはその他人より慎慮にとみ、かれの期待がかれをうらぎることは、それだけすくない、ということである。現在だけが、自然のなかに存在を有し、過去のものごとは記憶のなかにのみ存在を有するが、来らんとするものごとは、まったく存在を有しない。未来は、過去の諸行為の帰結 sequels を、現在の諸行為に適用した、心の仮想《フィクション》にすぎないのであって、そのことは、もっとも経験にとむものによって、もっとも確実におこなわれるが、十分な確実性をもってではないのである。そして、成果がわれわれの期待にこたえるばあいは、慎慮とよばれるとはいえ、それ自身の本性においては、それは仮定にすぎない。なぜならば、来らんとするものごとの予見は、神慮《プロヴィデンス》〔先見〕であり、それは、それらのものごとを自己の意志によってひきおこす者〔神〕だけに、属するのだからである。かれからのみ、そして超自然的に、予言がでてくる。最良の予言者は、当然、最良の推測者であり、そして最良の推測者は、かれが推測しようとすることがらについて、もっとも精通し研究した人である。なぜならば、かれは、推測のためのしるし *Signe* をもっともおおくもつからである。

《しるし》しるしとは、帰結 Consequent の前提事象 Event Antecedent であり、類似の帰結がまえに観察されたばあいには、反対に、前提の帰結である。そして、それらがしばしば観察されればされるほど、そのしるしは不確実でなくなる。したがってまた、どんな種類の仕事においても、もっともおおくの経験をもつものは、未来の時を予測するためのしるしを、もっともおおくもち、その帰結として、もっとも慎慮をもつ。そして、おそらくおおくの青年は反対の考えをもつだろうが、その種類の仕事にはいったばかりの人が、うまれつきで即座の知力《ウィット》においてどんなにまさっていても、かれと対等にはなりえないほど、慎慮においてまさっているのである。

それにもかかわらず、人を獣から区別するのは、慎慮ではない。一歳で、十歳の子どもがなしうるよりも、おおくを観察し、いっそうの慎慮をもって、自分たちの利益になることを追求する獣たちがいるのである。

《過去についての推察》慎慮が、すぎさった時の経験から集約された、未来についての仮定であるように、(未来のではなく)やはり過去の、他のものごとからとられた、過去のものごとについての仮定がある。すなわち、繁栄している国家が、どんな過程と段階を経て、まず内乱におちいり、ついで滅亡にいたったかを、見たことがあるものは、他のどんな国家の廃虚を見ても、そこにも同様な戦争があり同様な過程があったことを、推測するであろう。しかし、この推察は、未来についての推察とほとんど同一の不確実さをもっている。双方とも、経験だけにもとづくものだからである。

人間にうまれながらに植えつけられている人間の心の行為で、したがってそれをおこなうには、人間とうまれてかれの五感を使用して生きることのほかに、なにも必要としないようなものを、私はほかに想起しえない。私がつぎつぎにのべていくつもりの、そして人間だけに固有だとおもわれる、他の諸能力は、研究と勤労によって獲得され増大させられるのであって、たいていの人のそれは、指導と訓練によって学習されるのである。そして、すべては、語とことば《スピーチ》の発明から生じる。なぜならば、感覚と思考と思考系列のほかには、人間の心はなにも運動をもたず、ただ、ことばと方法のたすけによって同一の諸能力が、人間を他のすべての被造物と区別するほどの高さにまで、改善されうるのだからである。

なんであれ、われわれが造影するものは、限定的 *Finite* である。したがって、われわれが不定的 *Infinite* とよぶ、どんなものについても、なんの観念も概念も存在しない。だれも自分の心のなかに、不定のおおきさの影像をもつことはできないし、不定のはやさ、不定の時間、あるいは不定の強力、不定の権力《パワー》を、概念《コンシーヴ》することもできない。あるものごとが不定であると、われわれがいうとき、われわれがあらわしているのはただ、名ざされたそのものごとについて、われわれがその諸端末、諸境界の概念をもつことができない、ということであり、そのものごとの概念ではなく、われわれの無能力の概念をもつのである。したがって、神の名をもちいるのは、かれについての概念をわれわれにもたせるためではなく（なぜなら、かれはつつみこめないもの *Incomprehensible* であり、かれの偉大さと権力は、概念できないものであるから）、われわれがかれに名誉を与えうるようにするためである。また、なにごとによらず（私がまえにいったように）われわれが概念するものは、まず感覚によって、一度に全部あるいは一部分ずつ、うけいれられたものであるから、人は、感覚のもとにおかれないどんなものごとを表現する思考も、もつことができない。したがってだれでも、ある場所にあり、ある確定的なおおきさを与えられているものとしてでなければ、どんなものごとも、概念することはできないのであって、それはまた、諸部分に分割することができ、どんなものでもすべてが同時に、この場所にあるとともに他の場所にあるのではなく、ふたつあるいはそれ以上のものが、同時におなじ場所にあるのでもないのである。なぜならば、それらのものはどれひとつとして、かつて感覚に生じたことがなく、生じえないのであり、だまされた哲学者およびだまされたあるいはだましているスコラ学者から、信用にもとづいて（まったくなんの意味もなく）借りた、背理的なことばにすぎないのだからである。

（1）consequence, consequent は、因果関係の系列であって、結果よりもそれにいたる過程をあらわす。したがって、原則として連続またはなりゆきと訳し、結果が重視されているばあいは、帰結とする。

（2）discourse は、議論、論究、説話とするが、議論は相手があるばあい、論究は系統的推理にもとづくばあいであり、ここにいう説話は、「導きのない思考系列」をふくむので、論究ではない。

（3）一四—一七世紀に流行した弦楽器。

（4）ローマの貨幣単位のデナリウスのこと。イギリスの貨幣単位のペニーは、デナリウスから転化したので、d.という略号であらわす。

（5）イギリス革命のなかで、一六四七年にチャールズ一世が、スコットランド軍にとらえられ、イングランド議会軍にひきわたされたことをさす。

（6）七賢人とは、タレース、ビアス、ピッタコス、ソロン、ケイロン、クレオブロス、ペリアンドロスをさすことがおおいが、あとの三人については異説もある。いずれも、古代ギリシャ（ソークラテース以前）の政治家またはその顧問。「終末〔＝目標〕を熟慮せよ」ということばは、*Gesta Romanorum* c. 103 にあるが、ヘロドトゥスは、これと似たことばを、ソロンのものとしてあげている。『歴史』第一巻三二章で、幸福をほこるクロイソスにむかってソロンはつぎのようにいう。『人間の生涯はすべて偶然なのだ。……どういうことがらについても、それがどうなっていくのか、その結末を見きわめるのが肝心なのだ』(邦訳、岩波文庫、上巻三一—三二ページ)。

(7)　異文では、「開始すべき」to begin が、「かれが開始する」he begins となっている(初版C)。

(8)　Prudence については、慎慮という訳語が定着しているので、それにしたがうが、prudent を慎重とすると、抑制的な側面が強調されてしまうので、なるべくさける。慎慮は、利己心にもとづく(たとえば自己保存)利害計算=打算と考えれば、わかりやすい。たとえば、長期的な利益のために目先の利益を犠牲にする(現在の損失を我慢する)というような計算である。

(9)　Providence は、文字どおりには先見であるが、すぐあとにでてくるように、神慮という意味をもつ。

第四章　ことばについて

《ことばの起源》印刷の発明は、巧妙なものではあるが、文字の発明にくらべるとたいしたことではない。しかし、文字の効用を誰が最初に発見したのかは、知られていない。それを最初にギリシャにもちこんだのは、人びとのいうところによれば、フェニキア王アゲノールの息子、カドモスであった[1]。それは、過去の記憶を継続させ、地上のこれほどおおくてとおい諸地域に散在する人類を結合するのに、有益な発明であって、舌、口蓋、唇およびその他の発声機関のさまざまな運動の、注意ぶかい観察から生じる、おおくの困難にもかかわらず、そうすることによって、それらの運動を回想《リメンバー》するために、それらとおなじ数のちがった字をつくるにいたったのである。しかし、他のすべてのなかでもっとも高貴で有益な発明は、名辞 *Names*[2]または名称 *Appellations* とそれらの結合からなる**ことば**の発明であり、それによって人びとは、自分たちの諸思考を記録し、それらがすぎさったときには、それらを想起し、さらにまた、相互の効用と交際のために、それらをたがいに公表する。それなしには、人びとのあいだには、獅子や熊や狼のあいだにとおなじく、コモン－ウェルスも社会も契約も平和も、なかった。ことばの最初の作者は、神であり、かれはアダムに対して、自分がアダムに見せた諸被造物に、どういう名辞を与えるかを、指示した[3]。すなわち、聖書は、このことがらについて、それ以上にたちいっていないのである。しかし、諸被造物についての経験と利用がかれに機会を与えるに応じて、さらに名辞を追加し、自分自身を理解してもらえるようなやりかたでしだいにそれらを結合するように、かれを方向づけるには、これで十分であった。こうして時がたつにつれて、かれが用途をみいだしただけおおくの言語が獲得されえたであろうが、演説家や哲学者が必要とするほどには豊富ではなかった。なぜならば、私は聖書のなかに、アダムがすべての形、数、尺度、色、音、想像、関係についての名辞をおしえられたことを、直接にあるいは帰結として、推測しうるようなことがらを、なにも見いださないからであって、一般的、特殊的、肯定的、否定的、疑問的、希望的、不定的という、語やことばの名辞にいたっては、すべて有益ではあるが、なおさらのことである。そして、実体性 *Entity* 志向性 *Intentionality* 本質性 *Quiddity* およびその他の、スコラ学派の無意味な語については、さらにない。

しかし、アダムとその子孫によってえられ増加させられたこの言語は、バベルの塔(4)でふたたびうしなわれた。そのとき各人はかれの反乱に対して、かれの従来の言語の忘却という打撃を、神の手で与えられたのである。そして、こうしてかれらは、世界のそれぞれの部分に分散せざるをえなかったので、現在のような国語の多様性は、必要(すべての発明の母)がかれらにおしえるようなやりかたで、かれらからしだいに生じてきて、時が経過するうちに、どこでもまえより豊富になったにちがいない。

《ことばの効用》ことばの一般的な効用は、われわれの心の説話を声のそれにうつしたり、われわれの思考の系列を語の系列にうつしたりすることであり、そしてそれは、つぎのふたつの便益のためである。そのひとつは、われわれの思考の連続の記録であって、それらはわれわれの記憶から逸脱しがちで、われわれにあたらしい労働をさせるのであるが、それらに符号としてつけられた語によって、ふたたび想起されうる。したがって、名辞の最初の効用は、回想の符号*Markes*あるいは記号*Notes*として役だつことである。もうひとつの効用は、おおくの人がおなじ語を使用して、（それらの結合と順序によって）、自分たちがそれぞれのことがらについて、何を概念し、あるいは考えているか、さらにまた、何を意欲し恐怖し、あるいはそれに対して何かほかの情念をもっているかを、相互にあらわすばあいである。そして、この効用のために、それらはしるし*Signes*とよばれる。ことばの特殊な効用は、つぎのとおりである。第一に、思索によってわれわれが、現在または過去のなにごとかの原因として、および現在または過去のものごとが、生みだしたり結果したりしうるものとして、見いだしたものごとを、記録することであり、それはようするに、学芸《アーツ》の獲得である。第二に、われわれが取得した知識を他の人びとに示すことであり、それは相互に助言しおしえることである。第三に、他の人びとにわれわれの意志と目的を知らせて、われわれがたがいに、相互援助をえられるようにすることである。第四に、たのしみや装飾のために、われわれの語を無邪気にあやつって、われわれ自身と他の人びとを、たのしませ、よろこばせることである。

《ことばの悪用》これらの効用に対して、四つの対応する悪用もまた、存在する。第一は、人びとがかれらの思考を、かれらの語の意味に一貫性がないために、まちがって記録するばあいであり、それによってかれらは、自分たちがけっして概念しなかったことを、かれらの概念として記録し、こうしてみずからをあざむくのである。第二は、かれらが語を比喩的に、すなわちその語がさだめられている以外の意味で、使用するばあいであって、これによってかれらは他の人びとをあざむく。第三は、かれらが語によって、[5] 自分たちの意志でないことを、意志として表明するばあいである。第四は、かれらが語を、たがいに苦しめあうために、使用するばあいである。すなわち、自然が生きた被造物たちを、あるものを歯で、あるものを角で、またあるものを手で、敵を苦しめるために武装させたことをみれば、敵を舌で苦しめるのは、ことばの悪用にほかならない。われわれがかれを統治しなければならないならば別であるが、そのばあいには、それは苦しめるためではなく、ただし、なおすためである。

　ことばが、原因と結果の連続の回想に役だつやりかたは、諸名辞の附与とそれらの結合のなかにある。

《固有名辞と共通名辞》名辞のなかで、あるものは、ピーター、ジョン、この男、この木のように、ただひとつのものごとに固有 *Proper* であり特有である。そしてあるものは、男、馬、木のように、おおくのものごとに共通 *Common* であって、そのひとつひとつは、ただひとつの名辞でありながら、それにもかかわらず、さまざまな個別的なものごとの〔ひとつの〕名辞なのである。《普遍的》いっしょにしたすべてとの関連では、それはひとつの普遍的 *Universall*〔名辞〕とよばれる。この世のなかに、名辞のほかには普遍的なものはなく、なぜならば、名づけられたものごとは、それらのひとつひとつが個別的で特殊的なのだからである。

ひとつの普遍名辞は、おおくのものごとに対して、それらがある性質か他の偶有性において類似しているために、附与される。そして、固有名辞が、ひとつのものごとしか心にうかばせないのに、普遍名辞は、それらのおおくのものごとのうちの、どれかひとつを想起させる。

そして、普遍名辞のうちで、あるものは広がりがおおきく、あるものはちいさくて、おおきい方はちいさい方を、つつみこんでいる。そしてまた、あるものは、ひとしいひろがりをもち、相互につつみこみあう。たとえば、体 *Body* という名辞は、人という語よりも、おおきい意味をもっていて、それをつつみこむ。そして、人と理性的とは、ひろがりがひとしく、相互につつみこみあう。しかし、ここでわれわれが注意しなければならないのは、ひとつの名辞によってかならずしもつねに、文法においてのようにただひとつの語が理解されるのではなく、ときどき、遠まわしないいかたによって、おおくの語をいっしょにしたものが、理解されるということである。すなわち、「かれの諸行為においてかれの国の諸法を遵守するもの」[6]という、これらのことばのすべてが、ひとつの名辞をつくり、それは、ただしい *Just* ということの一語にひとしいのである。

あるものは一層おおきな、あるものは一層厳密な意味をもつ諸名辞の、この附与によって、われわれは、心のなかで造影されたものごとのなりゆきの計算を、諸名称のなりゆきの計算に転化する。たとえば、ことばをまったく利用できない人(うまれながら完全に聾唖で、いまなおそうであるもののように）が、眼前にひとつの三角形をおき、それとならんでふたつの直角（正方形の隅のようなもの）をおくならば、かれは黙想によって比較し、その三角形の三つの角は、そのそばにある二つの直角にひとしいことを、みいだすであろう。しかし、もし、まえのものとはちがった形の、もうひとつの三角形がかれにしめされるならば、かれはあらたな苦労なしには、それの三つの角もまた、おなじものにひとしいことを、知ることができない。しかし、語を利用できるものは、そういうひとしさは、かれの三角形の辺のながさや他のどんな特殊なことの帰結でもなくて、辺が直線で角が三つということだけの帰結であったこと、そしてそのことが、かれがそれを三角形と名づけた理由のすべてであったことを、見てとるならば、大胆に、そのような角のひとしさは、どんなものであれすべての三角形にあると、普遍的に結論するであろうし、それから、かれの発見を、「すべて三角形は、二つの直角にひとしい三つの角をもつ」という、一般的ないいかたで、記録するであろう。そして、このようにして、ひとつの特殊物において見いだされた帰結が、普遍的法則として記録され回想されるようになり、われわれの心の計算から時と所をとりのぞき、われわれを、最初のものをのぞいたすべての労働から解放し、ここでいま真実とわかったことを、すべての時と所における真実とするのである。

しかし、われわれの思考の記録における語の効用が、計数においてほど明白なことは、ほかにない。一、二、三という数詞の順序をけっして暗記しえない、うまれつきの白痴は、時計がうつのをひとつずつ観察して、それに対してうなずいたり、ひとつ、ひとつ、ひとつといったりするかもしれないが、それが何時をうつのかを、けっして知ることができない。また、かつてそれらの数詞が使用されなかった時代があって、人びとはやむをえず、かれらが計算したい(7)という意欲をもつものごとには、一方または両方の手の指をもちいたようにおもわれ、そしてこのことから、現在どの国民においても、われわれの数詞が十しかなく、ある国民においては五しかなく、そこからまたはじめるということが、でてきたようにおもわれる。そして、十までをかぞえうる人も、もしかれがそれらを、でたらめな順序で誦するならば、わけがわからなくなり、いつそれを終了したかを知らないであろう。ましてかれは、たしたりひいたりすること、また他のすべての算術上の操作をすることはできないであろう。それであるから、語がなければ、数を計算する可能性はなく、まして、人類の生存あるいは福祉 being, or well-being のために計算を必要とする、おおきさ、はやさ、つよさ、およびその他のものの計算の可能性は、もちろんない。

　ふたつの名辞が結合されて、ひとつの帰結 Consequence または断定 Affirmation となり、たとえば「人間は生きた被造物である」とか、「もしかれが人間であるならば、かれは生きた被造物である」とかいうようになるばあい、もしあとの名辞の生きた被造物が、まえの名辞の人間があらわすすべてを、あらわすならば、そのときはその断定は真実であり、そうでなければ虚偽である。すなわち、真実と虚偽は、ことばの属性であって、ものごとの属性ではない。そして、ことばがないところには、真実も虚偽もない。われわれが、そうなるべくもないことを、そうなると期待したり、そうでなかったことを、そうだったのではないかとうたがったりするときのように、そこに誤謬はありうるが、どちらのばあいにも、人は真実でないとして非難されえない。

《定義の必要》そこで、真実というものが、われわれの断定における諸名辞のただしい順序にあることを考えれば、正確な真実を探求する人は、自分が使用するそれぞれの名辞が、なにに対応するかを回想し、それにしたがってそれらを配置しなければならない。そうでなければかれは、自分が鳥もちのなかの鳥のように、語のなかにまきこまれていることを知るであろう。かれがもがけばもがくほど、もちがつくのである。そして、それゆえに幾何学(それは神がこれまでに人類に与えてくださった唯一の科学である)においては、人びとはかれらの語の意味を決定することから、はじめる。この意味の決定を、かれらは定義 *Definitions* とよび、それをかれらの計算のはじめにおくのである。

このことによってあきらかになるのは、真実の知識を熱望するどんな人にとっても、以前の著作者たちの定義を検討して、それらが不注意に下されているばあいに訂正するか、あるいはみずからそれをつくるか、どちらかをすることが、いかに必要であるか、ということである。なぜならば、定義の誤謬は、計算が進行するにつれて増大し、人びとを背理にみちびき、かれらはそれを最後には見るが、かれらの誤謬の基礎が横たわっている端緒から、計算しなおすことなしには、除去できないのだからである。このことから、つぎのことがおこる。すなわち、書物を信頼する人びとがすることは、おおくのちいさな数を集計する人びとが、それらがただしく集計されたかどうかを考慮しないで、集計しておおきな数をつくるのと同様であって、ついに誤謬が目に見えるようになったのに気づきながら、かれらの最初の根拠をうたがわないので、どうして解明すべきかを知らず、かれらの書物をかきまわして時をすごすのである。それは、煙突からはいってきた鳥たちが、部屋のなかにとじこめられたことがわかって、どこからはいってきたかを考慮する知力がないために、窓ガラスの偽の光にむかって、羽ばたくようなものである。したがって、名辞のただしい定義に、ことばの最初の効用があり、それが科学の獲得である。そして、まちがった定義あるいは定義の欠如に、最初の悪用があり、そこからすべての虚偽で無意味な教説がでてくる。それらは、自らの思索にではなく、書物の権威におしえをあおぐ人びとを、無知な人びとの状態よりも、真の科学を身につけた人びとがそれより抜きんでているだけ、ひくいものとする。というのは、真の科学と誤謬の諸学説とのあいだで、無知は中央にあるのだからである。うまれつきの感覚と造影は、背理におちいらない。自然それ自体が誤謬をおかすことは、ありえない。そして人びとは、おびただしい言語をもっていて、その分だけ通常よりも、賢明になったり狂気になったりするのである。また、文字なしにはどんな人も、とびぬけて賢明になったり、(かれの記憶が病気または諸機関のわるい構造によって、きずつけられないかぎり)とびぬけておろかになったりすることは、ありえない。なぜならば、語は賢人の計算器であって、かれらはそれによって計算するだけであるが、それは愚者の貨幣であって、かれらはそれを、アリストテレースのような人、キケローのような人、トマスのような人[8]、あるいは人間でさえあればその他どんな博士でもかまわず、その権威によって、価値づけるのだからである。

《諸名辞の主体》諸名辞の主体とは、計算のなかにはいりうる、あるいはそこで考慮しうるもの、そして一方を他方にたして合計をつくりうるもの、あるいは一方から他方をひいて差をのこすことができるものの、すべてである。ラテン人は、貨幣の計算書をラティオネス *Rationes* とよび、計算することをラティオキナティオ *Ratiocinatio* とよんだ。そして、われわれが伝票や帳簿で項目 *Items* とよぶものを、かれらは名目 *Nomina* すなわち名辞とよんだ。かれらが推理 *Ratio*[9] という語を、他のすべてのものごとにおける計算の能力に拡大したのは、こうしてここからでたようにおもわれる。ギリシャ人は、ことばと推理 *Reason* の双方に対して、ロゴス λόγος という一語しかもたない。それはかれらが推理なしにはことばはないと考えたからではなく、ことばなしには推理 Reasoning がないと考えたからである。そして、推理の行為を、かれらは三段論法 *Syllogisme* とよび、それは、ある言辞の他の言辞への諸連続を、要約〔合計〕することを意味する。また、同一のものごとが、多様な偶有性について計算《アカウント》にはいり〔説明され〕うるから、それらの名辞は(その多様性をしめすために)多様にねじまげられ、多様化させられる。名辞のこの多様性は、四つの一般的項目にまとめられるであろう。

第一に、あるものは、生きている、感覚ある、理性的な、あつい、つめたい、動かされた、しずかなというように、物質または物体として、計算にはいりうるのであって、これらのすべての名辞によって、物質または物体という語が理解される。それらはすべて、物質の名辞なのだからである。

第二に、それは、われわれがそのなかにあるものとして概念する、なにかの偶有性か性質について、計算にはいったり考慮されたりしうる。動かされていることについて、それだけながいことについて、あついことについて等々のようにである。そして、そのばあいにわれわれは、そのものごと自体の名辞から、わずかの変更やねじまげによって、われわれが考察するその偶有性に対する名辞をつくる。そして、生きているについては生命を、動かされたについては運動を、あついについては熱を、ながいについてはながさを、等々というようにして、計算にいれる。これらのすべての名辞は、ひとつの物質および物体が、他のそれから区別される偶有性と固有性の名辞なのである。これらは、(物質からではないが)物質の計算から、きりはなされているので、[10]抽象名辞とよばれる。

第三に、われわれは自分たちの身体の諸固有性を計算にいれ、[11]そのさいにつぎのような区別をする。すなわち、なにかあるものが、われわれによって見られるばあい、われわれは、そのもの自体を計算するのではなく、想像のなかにあるそれの見え *Sight*, 色彩、観念をそうするのであり、そして、あるものがきかれるばあい、われわれはそれを計算するのではなく、きこえ *Hearing* すなわち音だけをそうするのであって、それはそのものについての、われわれの耳による想像または概念なのである。そして、こういうものは、想像の名辞である。

第四に、われわれは、名辞それ自身を、そしてことばを、計算にいれ、考察し、名辞を与える。すなわち、一般的、普遍的、特殊的、多義的というのは、名辞の名辞である。また、断定、疑問、命令、叙述、三段論法、説教、演説、およびその他おおくのそういうものは、ことばの名辞である。《肯定的名辞の効用》そしてこれが、肯定的名辞の種類のすべてであって、それは、自然のなかに存在するか、人間の心によって仮想《フェイン》されうるなにものかを、存在する物体あるいは存在すると概念しうる物体としてしるしづけ、または物体について、存在しあるいは存在すると仮想されうる固有性を、あるいは語とことばを、しるしづけるためにつかわれる。

《否定的名辞とそれらの効用》ほかにも名辞があって、否定的とよばれる。それは、ある語が、問題になっているものごとの名辞ではないことを、あらわすための記号であって、何でもない、誰でもない、不定的、おしえがたい、三マイナス四〔不可能な〕などのような語である。とはいえそれは、なにものの名辞でもないのに、計算または計算の訂正において、効用をもち、われわれの過去の思索を心によびおこす。(12) なぜならそれはわれわれに、ただしく使用されていない名辞をうけいれるのを、拒否させるからである。

《無意味な語》他のすべての語は、無意味な音にすぎず、それらにはふたつの種類がある。ひとつは、それらがあたらしくて、まだそれらの意味が定義によって説明されていないばあいであり、それについてはスコラ学者とまよわされた哲学者たちによって鋳造されたものが、豊富にある。

もうひとつは、意味が矛盾し一貫しないふたつの名辞から、ひとつの名辞をつくるばあいで、たとえばこの無形の物体 *incorporeall body* または（まったくおなじだが）無形の実体という名辞、およびその他の多数のものである。すなわち、なにかの断定が虚偽であるばあいにはいつでも、それを構成し、あわせてひとつにされた、ふたつの名辞が、まったくなにごとをも意味しないのである。たとえば、「四角がまるい」というのが虚偽の断定であるならば、「まるい四角」という語は、なにも意味せず、たんなる音である。おなじようにして、徳性がそそぎこまれ、あるいはふきあげ、ふきおろされるというのが、虚偽であるならば、「そそぎこまれた徳性」「ふきこまれた徳性」という語は、「まるい四角」とおなじく、背理で無意味である。そして、したがって、あなたは、ばかげた《センスレス》無意味な語で、なにかのラテンかギリシャの名辞からつくられていないものに、出あうことはめったにないだろう。フランス人は、われわれの救世主が、パロール Parole〔ことば〕という名辞でよばれるのを、まれにしかきかず、ヴェルブ Verbe〔ことば〕という名辞でよばれるのを、たびたびきくが、しかしヴェルブとパロールは、一方がラテン語で、他方がフランス語であるというちがいしかないのである。[13]

《理解》人がなにかのはなしをきいて、そのことばの語および語の結合が、あらわすようにさだめられ構成された、諸思考をもつばあいに、かれはそれを理解したといわれる。理解は、ことばによってひきおこされた概念にほかならないからである。そして、したがって、もしことばが人間に特有のものであるならば（私が知るかぎり、そうである）、理解もまた人間に特有のものである。また、したがって、背理で虚偽の断定については、それが普遍的なものであれば、理解はありえない。ただし、おおくの人は、かれらがそれらの語をしずかにくりかえしたり、心のなかで暗誦しているにすぎないときに、理解しているとおもうのである。

どんな種類のことばが、人間の心の欲求、嫌悪、情念をあらわすかということ、およびそれらの効用と悪用については、私は、情念についてかたってしまってから、かたるだろう。

《不確定名辞》われわれの感情を動かすものごと、すなわちわれわれを愉快にしたり不快にしたりするものごとの名辞は、すべての人がおなじものごとによって同様に感情を動かされるのではなく、おなじ人がつねにそうなのでもないから、人びとのふつうの説話のなかでは、不確定 *inconstant* な意味をもつ。すなわち、すべての名辞は、われわれの概念をあらわすために附与されたのであり、われわれのすべての感情は概念にほかならない、ということを考えれば、われわれがおなじものごとを、ちがったように概念するばあいに、われわれはそれらをちがったように名づけることは、ほとんどさけられないのである。なぜならば、われわれが概念するものごとの本性が同一であっても、身体構造のちがいと意見の先入主の点で、それをうけとるわれわれのうけとりかたは多様であり、その多様性が、すべてのものごとに、われわれのさまざまな情念の色あいを与えるのだからである。そして、したがって人は推理にあたって、語に注意しなければならないのであって、語というものは、われわれがそれらの本性について造影する、〔当のものごとの〕意味[14]のほかに、はなし手の本性、性向、関心による意味をも、もつのであり、徳と悪徳にかんする諸名辞は、そのようなものである。すなわち、他の人が恐怖とよぶものを、ある人は知恵とよび、他の人が正義とよぶものを、ある人は残酷とよび、他の人が度量 *magnanimity* とよぶもの

をある人は浪費 *prodigality* とよび、他の人が愚鈍とよぶものを、ある人は沈着とよぶ、等々である。そして、したがってそのような名辞は、どんな理性推理 rationcination にとっても、けっして真の根拠とはなりえない。ことばの比喩や隠喩も同様であるが、しかしこれらは、みずからその不確定性を告白しているので、危険がすくない。他方は、それを告白しないのである。

（1）アゲノールは、ギリシャ神話のなかのフェニキア王で、ポセイドンとリビアの子、カドモスとエウローパの父。カドモスは、テーバイを建設し、アルファベットをもたらしたという。

（2）ここで name というのは、あとの説明でわかるように、独立の形容詞までふくんでいるので、名詞はもちろん、名称でも範囲がせますぎる。名辞という訳語は、重松俊明『ホッブズ』（一九三八年）による。

（3）創世・二・一九によれば、「神は野のすべての獣と空のすべての鳥とを土でつくり、人のところへつれてきて、かれがそれにどんな名をつけるかをみた。人がすべて生きものに与える名は、その名となるのであった。」

（4）創世・一一によれば、バビロンにノアの子孫たちが、シナルの野に土地をえらんで、天に達する塔をたてたとき、神の怒りによりことばがみだれ、「たがいにことばが通じないように」なった。この町をバベルとよぶ。

（5）異文では、when by words が by words, when となるが、意味はかわらない（初版C）。

（6）ラテン語版では、ホラティウス『手紙』一・一六・四一からの引用として、「元老院布告、諸法、権利をまもるもの」となっているので、英語版はこの引用の要約であろう。

（7）account には、もちろん説明という意味もあるが、ホッブズが「計算」を強調しているので、できるだけこの訳語を使用する。ドイツ訳も Rechnung としている。

（8）トマスはトマス・アクィナス（Thomas Aquinaas, c. 1225–74）で、スコラ哲学の完成者。ここでは、アリストテレースが古代ギリシャ哲学（およびそのキリスト教的復活としてのスコラ哲学）を代表し、キケロー（106–43 B. C.）が古代ローマの雄弁と文章を代表し、トマスが中世のスコラ哲学を代表する。

（9）ここでは、理性 reason および推理 reasoning が、計算とむすびつけられる。ラテン語の語源rationem, rationcinatio に計算という意味があることは、すぐまえにのべられたとおりだが、rationcination となったときは、理性推理と訳した。

（10）異文では because severed が being severed になるが、意味はほとんどかわらない（初版C）。

（11）「身体の固有性を計算にいれ」ることと、以上の説明がどうつながるのかわからない。

（12）ラテン語版には、「われわれの過去の思索を心によびおこす」がないが、その方が意味がとおる。

（13）ヴェルブは、神のことばの肉体化としてのキリストを意味し、パロールはむしろ神のことばとしての聖書を意味する。

（14）「それらの本性」が、語の本性であるような文章になっているが、ラテン語版のように「ものごと自体の意味」と解しなければ、わけがわからなくなる。

第五章　推理と科学について

《推理《リーズン》とは何か》人が推理 reason[1] するとき、かれがするのは、諸部分のたし算によって総額を概念し、あるいは、ひとつの額から他の額をひき算して残額を概念することに、ほかならない。それは(もしそれが語によってなされるならば)、すべての部分の名辞から全体の名辞への連続、あるいは、全体および一部分の名辞から他方の部分の名辞への連続を、概念することである。そして、若干のものごとにおいては、(数においてのように)、人びとはたし算とひき算とならんで他の操作を、かけ算とわり算と名づけるけれども、それらはおなじものである。なぜなら、かけ算は、ひとしいものを、いっしょにたすことにほかならず、わり算は、ひとつのものを、できるだけ何度もひくことにほかならないからである。これらの操作は、数だけにともなうのではなく、いっしょにたしたり、一方から他方をひいたりできるような、あらゆる種類のものごとにも、ともなっている。すなわち、算術学者が、数において、たしたりひいたりすることをおしえるように、幾何学者は、おなじことを、線、形(立体および平面)、角、比率、倍率、はやさとつよさと力の度合や、その他類似のものについておしえ、論理学者は、おなじことを、語の連続についておしえて、ふたつの名辞をいっしょにくわえて断定をつくり、ふたつの断定をいっしょにくわえて三段論法をつくり、おおくの三段論法をいっしょにくわえて論証をつくり、そして、三段論法の要約すなわち結論から、かれらはひとつの命題をひいて、もうひとつの命題をみいだすのである。政治学の著作者は、諸約定*Pactions*をいっしょにくわえて、人びとの諸義務をみいだし、法律家は、諸法と諸事実*facts*(2)をいっしょにくわえて、諸私人の行為において何が正であり邪であるかをみいだす。ようするに、どんなことがらにおいても、たしたりひいたりする余地があるかぎり、推理する余地もあるのであり、そして、前者の余地がないばあいには、推理はまったくなにもすることがない。

《推理の定義》以上のすべてからわれわれは、われわれが推理を心の諸能力のなかにかぞえるばあいに、この推理という語によって意味されているものが何であるかを、定義(すなわち決定)することができる。すなわち、この意味での推理は、われわれの思考をしるしづけ*marking*、あらわす*signifying*ために同意された一般的諸名辞の連続の計算(すなわちたしひき)にほかならない。私が、それらをしるしづけるというのは、われわれが自分自身で計算するばあいであり、あらわすというのは、われわれが他の人びとにむかって、われわれの計算を証明あるいは立証するばあいである。

《ただしい推理はどこにあるか》そして、算術において、なれていない人びとがかならず、また教授たち自身でさえもしばしば、まちがえて虚偽を算出するように、ほかのどんな推理の主題においてもまた、もっとも有能でもっとも注意ぶかくもっとも熟練した人びとでさえ、おもいちがいをし、虚偽の結論をひきだすことがありうる。それは、算術がつねに確実で無謬の学芸とはかぎらないのとおなじく、推理それ自身がつねにただしい推理であるとはかぎらないからではなく、どんなひとりの人の推理も、どんな数の人びとの推理も、確実性をつくるわけではないことは、ひとつの計算が、多数の人びとが一致して承認したからといってうまく算出されているのではないのと、同様であるからである。そして、それだから、ある計算において論争があるばあいには、当事者たちはみずからすすんで、かれら双方がその判決にしたがうべきある仲裁者または裁判官の推理を、ただしい推理としてさだめなければならない。そうしなければ、かれらの論争は、自然によって設定されたただしい推理の欠如のために、腕力沙汰になるか決定されなくなるかにちがいない。どんな種類であってもあらゆる議論において、それとおなじなのである。そして、自分をすべての他人より賢明だと考える人びとが、裁判官としてのただしい推理を、さわぎたてて要求しながら、じつはものごとがかれら自身の推理以外のだれの推理によっても決定されるべきではないことを、もとめているにすぎないばあいは、それは人間の社会ではゆるされないことであって、トランプあそびにおいて切札が決定されたあとで、そのときどきに自分がもっともおおくもっている組の札を、切札としてつかおうということが、ゆるされないのとおなじである。なぜならば、かれらがすることはほかでもなく、かれらの諸情念のうちのどんなものでも、それがかれらのなかで支配的になるにおうじて、ただしい推理としてうけとられるものとしたいということであり、それをかれら自身の論争においてそうしたいというのであって、自分たちがただしい推理をもっていると主張することによって、それをかれらがもたないことを、暴露しているのだからである。

《推理の効用》推理の効用と目的は、諸名辞についての最初の定義ときめられた意味とから遠くはなれた、ひとつまたはいくつかの帰結の、合計および真実を、見いだすことではなく、それらのものからはじめて、ひとつの帰結から他の帰結へすすむことである。なぜならば、最終結論の確実性は、それの基礎であり推論の出発点であるすべての肯定と否定の確実性なしには、ありえないからである。家長が計算をするにあたって、すべての費用伝票の金額を集計してひとつの金額とし、それぞれの伝票が、それを計算にいれた人びとによってどのように算出されているか、自分は何に対して支はらうのかを、顧慮しないならば、かれがえる便益は、すべての会計係《アカウンタント》の手腕と正直とを信頼して、計算を大ざっぱなままにしておくばあいと、かわりがない。それとおなじように、他のすべてのものごとについての推理においても、結論を著者たちへの信頼にもとづいて採用し、それを、それぞれの計算における最初の項目(それは定義によってきめられた諸名辞の意味である)までいってとってこない人は、かれの労働をむだにし、なにごとをも知るのではなく信じるだけである。

《誤謬と背理について》人が語を利用しないで計算することは、特定のものごとについては(なにかひとつのものごとをみたわれわれが、何が先行したらしいか、あるいは何が後続しそうかを推測するばあいのように)できるであろう。もしそのばあいに、かれが後続しそうだとおもったことが、後続しなかったり、かれが先行したらしいとおもったことが、先行していなかったりすれば、これは誤謬《エラー》とよばれ、もっとも慎慮ある人びとでも、これにおちいる。しかし、われわれが、一般的意味をもつ語によって推理して、虚偽の一般的結論にぶつかったばあい、それはふつうに誤謬とよばれるけれども、じつは背理 ABSURDITY または意味をなさないことばなのである。というのは、誤謬とは、すぎさったのでも、これからくるのでもないなにかについて、すぎさったとかこれからくるとか推定し、しかもそれがありえないということが発見できなかったばあいの、推定における誤解にすぎない。しかし、われわれが一般的断定をするばあいには、それが真実のものでなければ、それがありうるということを概念できない。そして、そのさいにわれわれが概念する語は、音でしかなく、それらはわれわれが、背理で無意味で意味をなさないとよぶものである。したがって、もしある人が私に、まるい四角形とかチーズのなかのパンの偶有性[3]とか非物質的実体とかについて、あるいは自由な臣民、自由な意志その他の、反対によって妨げられることからの自由以外のなんらかの自由について、かたるとすれば、私はかれが誤謬におちいっているとはいわず、かれの語が意味をもたない、すなわち背理であるというであろう。

私はまえに(第二章で)、人間が他のすべての動物にぬきんでたのは、かれがどんなものを概念しても、その諸帰結と、それをもってかれがどんな効果をあげうるかを、探求しようとする、この能力においてであったといった。そしていま、私は、このおなじ優越に、このもうひとつの度合をくわえる。それは、かれが語によって、かれが見いだした諸帰結を、定理 *Theoremes* または定義 *Aphorismes* とよばれる一般的な諸法則に帰結させうるということである。いいかえれば、かれは、数においてだけではなく、一方に他方をたしたり、一方から他方をひいたりできる他のすべてのものごとについて、推理すなわち計算ができるということである。

しかし、この特権は、もうひとつの特権すなわち背理性の特権によって、弱められる。後者については、生きた被造物のうちで、人間だけが支配をうけるのである。そして、人びとのなかで、哲学を職とする人びとは、ほとんどすべて、その支配をうけている。すなわち、キケローがかれらについてどこかで[4]、哲学者たちの書物のなかに見いだされうるものほど背理的なものは、どこにもありえないといっているのは、いかにも真実である。そして、その理由は明白である。なぜならば、かれらのうちのだれひとりとして、その理性推理を、かれが使用するはずの諸名辞の定義あるいは説明からはじめはしないからであり、それは幾何学においてだけ使用されてきた方法で、幾何学の諸結論はそれによって、議論の余地のないものとなったのである。

《背理の諸原因　1》背理的な結論の第一の原因を私は、かれらがその理性推理を定義から、すなわち語のさだめられた意味からはじめないという、方法の欠如に帰する。それはちょうど、かれらが、一、二、三という数詞の価値をしらないで、計算ができるかのようである。

そして、すべての物体はさまざまな考察にもとづいて計算にはいる(私はそのことを前の章でのべておいた)のに、これらの考察はさまざまに名づけられているので、そういう名辞から断定をつくるときの混乱と不適当な結合から、さまざまな背理が生じてくる[5]。そして、したがって[6]

《2》背理的な断定の第二の原因を、私は、物体の名辞を偶有性に与えたり、偶有性の名辞を物体に与えたりすることに帰する。それは、物体以外のなにものにも、なにも注ぎこまれたり息を吹きこまれたりできないのに、信仰がつぎこまれたとか吹きこまれたとかいい、また、延長は物体である、幻想は精神である[7]などという人びとが、やっているようなことである。

《3》第三のものを私は、われわれの外にある物体の偶有性の名辞を、われわれ自身の身体の偶有性に与えることに帰する。それは、「色が物体のなかにある」とか「音が空気のなかにある[8]」などという人びとが、やっているようなことである。

《4》第四を、物体の名辞を名辞あるいはことばに与えることに帰する。それは、「普遍的なものごとがある」とか「生きた被造物は属 *Genus* である」あるいは「普遍的なものである」などという人びとが、やっているようなことである。

《5》第五を、偶有性の名辞を、名辞とことばに与えることに帰する。それは、「ものごとの本性はその定義である」「人の命令はかれの意志である」などという人びとが、やっているようなことである。

《6》第六を、適切な語のかわりに、比喩、隠喩その他の修辞のあやを使用することに帰する。というのは、(たとえば)ふつうのはなしのなかでは、「その道がここまたはそこへ行くとかみちびく」「諺がこれやそれをいっている」というのは(道は行くことができず、諺ははなしをしないのだが)、合法的であるにしても、計算と真実の探求においては、そういうことばは許容されるべきではないからである。

《7》第七を、なにもあらわすことなく、スコラ学派からとりだされて丸暗記された、名辞に帰する。実体的 *hypostatical* 化体する *transubstantiate* 合体する *consubstantiate* 永遠の現在 *eternal-Now* その他類似の、スコラ哲学者の流行語がそうである。(9)

これらのことを回避できる人は、計算がながいためでなければ、どんな背理にも、容易におちいることはない。計算がながいばあいには、かれはおそらく、まえに何があったかを、わすれることがあるだろう。というのは、すべての人はうまれつき、おなじように推理するのであり、かれらがよい原理をもったばあいには、よく推理するのだからである。すなわち、幾何学においてまちがえ、しかも、他人がかれにその誤謬を指摘してもなおそれに固執するほどの、愚鈍なものがいるであろうか。

《科学》このことによってあきらかなのは、推理《リーズン》は、感覚および記憶のようにわれわれに生れつきのものではなく、慎慮のように経験だけによってえられるものでもなく、勤勉によって獲得されるものだ、ということである。その勤勉とは、第一に、名辞の適切な附与における勤勉、第二に、諸要素すなわち名辞から、名辞のうちのひとつと他のものとの結合によってつくられる断定へ、そしてひとつの断定と他の断定との結合である三段論法へとすすんで、ついにわれわれが、当面の主題に属する諸名辞のすべての帰結にかんする知識、すなわち人びとが科学とよぶものに、到達するための、すぐれた秩序ある方法をえるための勤勉である。そして、感覚と記憶は、事実、すなわち過去のとりけしえないものごとの知識であるにすぎないが、科学は、諸帰結と、ひとつの事実の他の事実への依存とについての[10]知識であり、それによって、われわれが現在できることから、なにかほかのことをわれわれがしたいとおもうときに、あるいは類似のことを別のときに、するにはどうしたらいいかを知るのである。なぜならば、あるものごとが、どういう原因にもとづいて、どのようにして生じるかを、われわれが知るならば、類似の原因がわれわれの手中にはいったとき、それに類似の諸結果を生みださせるには、どうしたらいいかが、わかるのだからである。

　したがって、子どもたちは、ことばの使用を獲得するまでは、まったく推理を身につけていないが、しかし、やがて推理の使用をもつというあきらかな可能性のために、推理可能な《リーズナブル》〔理性的な〕被造物とよばれるのである。そして、人間の大部分は、ある程度の計数のように、多少の推理を使用できるが、しかしそれは日常生活においては、ほとんどかれらの役にたたない。日常生活においては、かれらは、経験、記憶のはやさ、さまざまな目的への志向に応じて、しかし、とくに運命のよしあしと相互の誤謬に応じて、あるものはよく、あるものはわるく、身を処している。すなわち、科学あるいはかれらの諸行為についての一定の法則についていえば、かれらは、それが何であるかをしらないほど、それからとおいのである。幾何学を、かれらは手品だとおもっていた。しかし、ほかの諸科学については、それらにおける端緒と若干の発展をおしえられて、それらがどのようにして獲得され生みだされたかが、わかるようになった人びとをのぞけば、この点では子どもたちのようなものであり、子どもたちは、出生についてなんの考えももたないので、女たちによって、かれらの兄弟姉妹は、うまれたのではなく、庭でみつけられたのだと、信じこまされるのである。

しかし、それでも、科学をもたない人びとは、かれらのうまれながらの慎慮があるために、誤推理により、あるいはまちがった推理をする人びとへの信頼により、虚偽で背理の一般法則にであった人びとにくらべて、すぐれた高貴な状態にある。なぜならば、諸原因と諸法則についての無知は、虚偽の諸法則をたよりにしたり、自分たちが熱望することの原因ではなく、むしろ反対のことの原因であるものを、そうだとおもったりすることほどには、人びとをその道から遠くそらせはしないからである。

結論すれば、人間の心の光は、明瞭な語であるが、それはまず、正確な定義によって、あいまいさを、けしさり、除去したものである。推理はその歩み[11]であり、科学の増加はその道であり、人類の便益はその到達点である。そして反対に、比喩と、意味をなさないあいまいな語は、鬼火のようなものであって、それらにもとづく推理は、無数の背理のなかのさまよいであり、その到達点は、口論と騒乱または恥辱である。

《慎慮と学識、およびそれらの相異》おおくの経験が慎慮であるように、おおくの科学は学識*Sapience*である。すなわち、われわれは通常、双方に対して知恵という一語しかもたないが、ラテン人はつねに、慎慮*Prudentia*と学識*Sapientia*とを区別して、前者は経験に、後者は科学によるものとしたのである。しかし、それらのちがいを、もっとはっきり見えるようにするために、つぎのように想定しよう。すなわち、ある人が、武器をとりあつかうのに、すぐれた生れつきの使用能力と技巧とを身につけていて、もうひとりの人が、この技巧にくわえて、あらゆる攻防のかまえにおいてかれがどこを攻撃しうるか、敵によってどこを攻撃されうるかについての、獲得された科学をもっているとすると、前者の能力の後者の能力に対する関係は、慎慮が学識に対するようなものであろう。両者はともに有用であるが、後者は無謬である。だが、書物の権威だけを信用して、盲人に盲目的にしたがう人びとは、剣術教師の虚偽の法則を信用して、かれを殺したり辱しめたりする敵に、生意気にもたちむかう人に似ている。

《科学のしるし》科学のしるしは、あるものは確実で無謬であり、あるものは不確実である。確実なのは、なにかについての科学をもつと自任するものが、それを教えうるばあい、すなわち、それについての真理を他人に対して、はっきりと証明するばあいである。不確実なのは、若干の特殊な事象が、かれの自任に応じるだけで、おおくのばあいに、そうであるにちがいないとかれがいうのを、立証するときである。[12]慎慮のしるしは、すべて不確実であって、なぜならば、成果を変更するかもしれないあらゆる事情を、経験によって観察し、想起するのは、不可能だからである。しかし、どんな仕事においても、それを処理するための無謬の科学を人がもたないばあいに、かれ自身の生れながらの判断をすてて、著作者たちから読みとった、おおくの例外をふくむ一般的章句をたよりにするのは、おろかさのしるしであって、一般に、衒学という名辞で軽蔑される。そして、コモン－ウェルスの会議において、政治学や歴史について読んでいることを示したがる人びとでさえ、かれらの個別的な利害にかかわる家庭内《ドメスティク》のことがらにおいて、それをするものはきわめてすくないのである。それはかれらが、その私的なことがらについては、十分な慎慮をもっているからであるが、しかし、公共的なことがらにおいては、かれらは、他人の仕事の成功よりも自分の知力の評判をえることに、つとめるのである。

（1）reason は、前章（七三―七八ページ）でものべられたように、計算＝推理の能力としての理性という意味もあり、ドイツ訳は、この章では一貫して Vernunft となっている。

（2）fact は、ラテン語の factum からきていて、「なされたこと」すなわち行為の結果を意味する。とくに法律用語としては、犯罪行為の結果のことである。

（3）異文では、「パンとチーズの偶有性」（初版C）。

（4）Cicero, *De divinatione*, II, 119.

（5）ここも意味が不明瞭だが、ラテン語版にしたがって、「観点のちがいによって」と解すべきであろう。

（6）改行は原文どおり。

（7）ここでは、精神も物体の一種と考えられていることになる。

（8）正確にいえば、この例は名辞を与えていることにはならない。

（9）これらのことばがすべて、スコラ哲学からでたのではない。実体については、ホッブズ自身が、ラテン語版附録第一章（訳書第四分冊二六四ページ以下）で説明しているが、このギリシャ語がスコラ神学によって転用されたことが、ここの本文の問題だといえよう。化体と合体は、前者が、キリストの血と肉が、ぶどう酒とパンに転化したことを意味するのに対して、後者は、キリストの血と肉がぶどう酒とパンと共存することを意味する。前者は、カトリック教会の主張であるから、スコラ神学の用語といってもいいが、後者はルター派の(非公認の)主張であって、スコラ神学よりあとのものである。永遠の今は、神の永遠性についてボエティウスから、トマス・アクィナスに継承された概念だという。しかしボエティウスの神学書と称するものは、かれの著作かどうかうたがわしい。

(10)「ひとつの事実の他の事実への諸帰結と依存」と読めないことはないが、帰結だけが複数になっているので、きりはなした。

(11)異文では、歩み pace が場所 place となる(初版C)。

(12)「立証する」が「立証しない」とならなければ、筋がとおらない。ラテン語版は、「他の多数についてはそうではない〔立証しない〕」となっている。

第六章　ふつうに情念とよばれる、意志による運動の、内的端緒について。およびそれらが表現されることば〔について〕

《生命的運動と動物的運動》動物《アニマル》には、二種類の、かれらに特有の運動がある。ひとつは、生命的 *Vitall* なものとよばれて、出生においてはじめられ、かれらの全生涯にわたってたえることなく継続される。それは、血行、脈搏、呼吸、消化・栄養・排泄などの行程のようなものであって、これらの運動には、造影《イマジネイション》力のたすけは必要ではない。もうひとつは、動物的[(1)] *Animall* 運動であって、べつに意志による *Voluntary* 運動ともよばれ、はじめにわれわれの心のなかで想像されたようなやりかたで、行き、はなし、われわれの四肢のどれかを動かすことなどが、そうである。感覚とは、われわれが見たりきいたりなどするものごとの行為によってひきおこされる、人間の身体の諸機関と内的諸部分の運動であること、そして想像とは、感覚のあとにのこった、同一の運動の遺物にほかならないこと、このことはすでに、第一章と第二章でのべられた。また、行くこと、はなすこと、その他類似の、意志による行為は、つねに、どこへ、どの道で、何をについての先行する思考に依存するから、造影力が、すべての意志による運動の、最初の内的な端緒だということは、あきらかである。そして、無教育な人びとは、動いたものが見えないばあい、あるいはそれが動いた空間が(みじかいために)感覚されないばあいには、そこにどんな運動があるとも、概念しないのではあるが、それでもそのことは、そういう運動があるということだけは妨げないのである。なぜならば、空間がいくらちいさいとしても、そのちいさい空間が一部分をなす、もっとおおきな空間上を動かされるものは、はじめにそのちいさい空間上を動かされるにちがいないからである。人間の身体のなかにあるこれらのちいさな運動の端緒が、あるくこと、はなすこと、うつこと、その他の見える諸行為に、あらわれるまえには、《努力》それらはふつうに、**努力**とよばれる。

《欲求・意欲》この努力は、それが、それをひきおこしたあるものにむけられるばあいは、**欲**《アピ》**求**《タイト》あるいは**意欲**《デイザイア》とよばれる。後者が一般的名辞で、《飢・渇》他方はしばしば、食物についての意欲すなわち飢えと渇きをあらわすことに、限定される。《嫌悪》そして、努力が、あるものからはなれる努力であるばあいは、それは一般に**嫌悪** AVERSION とよばれる。これらの、欲求および嫌悪という語は、われわれがラテン人からえたものであって、両者はともに、一方は接近、他方は退避の、運動をあらわす。おなじことについてのギリシャ語であるオルメー ὁρμή とアプホルメー ἀφορμή も、同様である。すなわち、自然はみずから、若干の真理を人びとに銘記させるのだが、のちになってそれらの真理を、人びとは、自然をこえたなにかをもとめるときに、うたがうのである。というのは、スコラ学は、行こうとか動こうとかいうたんなる欲求のなかには、じっさいの運動をまったくなにも見ないのだが、しかしかれらは、なんらかの運動をみとめざるをえないので、それをかれらは比喩的運動とよぶのだからである。これは、背理的なことばにすぎないのであって、なぜなら、語は比喩的とよばれるかもしれないにしても、物体と運動はそうではないからである。

《愛好・憎悪》人びとが意欲するものごとを、かれらは**愛好する**ともいわれる。そして、かれらが嫌悪をもつものごとを、かれらは**憎悪する**といわれる。したがって、意欲と愛好とはおなじことなのであり、ただ、意欲によってわれわれがつねに、対象の不在をあらわし、愛好によってもっともふつうには、それの現存をあらわすことが、ちがうのである。同様に、われわれは、嫌悪によって対象の不在を、憎悪によってそれの現存をあらわす。

諸欲求と諸嫌悪のうちで、いくつかは人間に生れつきのものであって、食物への欲求、排泄および解除 exoneration への欲求（それはまた、もっと適切に、かれらが自分たちの身体のなかに感じるものへの嫌悪とも、よばれうる）およびその他いくつかの、おおくはない欲求がそうである。のこり、すなわち特定のものごとへの欲求は、それらのものごとのかれら自身あるいは他の人びとへの効果についての、経験と試験から生じる。すなわち、われわれがまったくなにも知らないものごと、あるいはあると信じないものごとについては、われわれは味わいこころみること以上の意欲を、もちえない。しかし、嫌悪をわれわれは、われわれに害を与えたことを知っているものごとについてだけでなく、害を与えるかどうかを知らないものごとについても、もつのである。

《軽視》われわれが意欲も憎悪もしないものごとを、われわれは軽視 *Contemne* するといわれる。**軽視** Contempt は、あるものごとの行為に抵抗する、心の不動あるいは不従順 contumacy にほかならず、その心が他のもっと有力な諸対象によって、すでに別様にうごかされていることから、あるいは、それらについての経験の欠如から、生じるのである。

そして、人間の身体構造は、たえず変転しているから、すべてのおなじものごとが、つねにかれのなかに、おなじ欲求と嫌悪をひきおこすことは、不可能である。まして、ほとんどどんな対象についても、すべての人が同一対象への意欲において同意することは、ありえない。

《善・悪》しかし、だれかの欲求または意欲の対象は、どんなものであっても、それがかれ自身としては善とよぶものである。そして、かれの憎悪と嫌悪の対象は、悪であり、かれの軽視の対象は、つまらない *Vile* とるにたりない *Inconsiderable* ものである。すなわち、これらの善、悪、軽視すべきという語は、つねに、それらを使用する人格《パースン》との関係において使用されるのであって、単純かつ絶対的にそうであるものはなく、対象自体の本性からひきだされる、善悪についての共通の規則もない。ただ、(コモン・ウェルスがないばあいは)その人の人格から、あるいは(コモン・ウェルスにおいては)それを代表する人格から、あるいは、相互に一致しない人びとが同意によって設置して、その判決をそれらのことについての規則とする、仲裁者ないし裁判官から、ひきだされた共通の規則[2]があるのである。

《美・醜》ラテン語には、善と悪にちかい意味をもつ、ふたつの語があるが、それらは正確に同一なのではない。そして、そのふたつというのは美 *Pulchrum* と醜 *Turpe* である。それらのうちの前者は、なにかあきらかなしるしによって、善を約束するものを意味し、後者は、悪を約束するものを意味する。しかしわれわれの国語には、われわれは、それらを表現するための、これほど一般的な名辞をもたない。そうではなくてわれわれは、プルクルムのかわりに、あるものごとについてはりっぱな*Fayre*といい、他のものごとについては美しいとかみごとなとか、いさましいとか名誉あるとか、かっこうがいいとか愛すべきとかいい、そしてテュルペのかわりに、主題が必要とするところに応じて、きたない、かっこうがわるい、みにくい、いやしい、嘔気をもよおすような等々という。それらの語はすべて、それらに固有の場所においては、善と悪とを約束する顔つきすなわち容貌以外のことを、あらわすのではない。《よろこばしい、有益な》したがって、善には三つの種類があり、約束における善〔善を約束するもの〕、すなわちプルクルム、意欲された終末のような、結果における善で、よろこばしい*Jucundum, Delightful*とよばれるもの、手段としての善で、有用な*Utile*有益な*Profitable*とよばれるものである。《不快な、不利益な》そして、悪についても、おなじ数の種類がある。すなわち、約束における悪は、かれらがテュルペとよぶものであり、結果および終末における悪は、邪魔な*Molestum*不快な*Unpleasant*めんどうな*Troublesome*、手段における悪は無用な*Inutile*不利益な*Unprofitable*有害な*Hurtfull*ものである。

　感覚において、じっさいにわれわれのなかにあるものは（私がまえにいったように）、外部の諸対象の行為によってひきおこされた運動にすぎないが、現象《アピアランス》としては、視覚に対しては光と色、耳に対しては音、鼻に対してはにおい等々なのである。それと同様に、おなじ対象の行為が、目、耳その他の機関から心へ継続されるばあいに、そのじっさいの結果は、運動または努力にほかならず、それは、動いている対象への欲求または嫌悪のなかにある。《よろこび、不快》しかし、その運動の現象または感覚は、われわれが心の**よろこび** DELIGHT あるいは**なやみ** TROUBLE とよぶものである。

《快楽》欲求とよばれ、その現象についてよろこびおよび快楽とよばれる、この運動は、生命的運動の強化であり、それへの援助であるようにおもわれる。したがって、よろこびをひきおこすものごとが、たすけたり、つよめたりすることから、快適な *Jucundo*(*à Juvando*) とよばれたのは、不適当ではなかったし、《立腹》そして反対のものごとは、生命的運動を妨げ、めんどうを与えることから、邪魔な *Molesta* 腹だたしい *Offensive* とよばれた。

快楽(あるいはよろこび)はそれゆえに善[3]の現象あるいは感覚であり、そして邪魔あるいは不快は、悪の現象あるいは感覚である。したがってすべての欲求、意欲、愛好は、おおかれすくなかれ、あるよろこびをともない、すべての憎悪、嫌悪は、おおかれすくなかれ、不快と立腹をともなう。

快楽あるいはよろこびのうちで、あるものは、現存する対象についての感覚からおこる。《感覚の快楽》そしてそれらは、感覚の快楽とよばれうる(感覚的という語は、それらを非難する人びとだけによって使用されるとおりのものとしては、法の存在以前には場所をもたない)。すべ

第六章　ふつうに情念とよばれる，意志による運動の，……〔について〕

ての身体の附課 Oneration と解除 Exoneration は，この種のものであり，見たり，きいたり，かいだり，あじわったり，さわったりすることにおいて，愉快であるすべてのものごとと，同様である。その他は，期待から生じるものであって，その期待は，ものごとの終末または帰結についての予見から生じる。それらのものごとが，感覚において，快・不快いずれであるかにかかわらない。《心の快楽》そして，これらは，それらの帰結をひきだす人の心の快楽であり，《たのしみ》一般にたのしみ Joy とよばれる。苦痛 Payne とよばれる。《苦痛》おなじようにして，帰結についての期待のなかにあって，悲歎 Griefe とよばれる。

欲求，意欲，愛好，嫌悪，憎悪，たのしみ，悲歎とよばれる，これらの単純な情念は，さまざまに考察されるにしたがって，その名辞（名称）を多様化される。第一に，それらがつぎつぎと継続するばあいに，人びとが自分の意欲するものを獲得しそうかどうかについて有する，意見によって，さまざまによばれる。第二に，愛好または憎悪される対象によって，第三に，それらのうちのおおくのものを，いっしょに考察することによって，第四に，変更あるいは継続そのものによって，そうなるのである。

《希望》すなわち，獲得できるという意見をともなった欲求は，希望 Hope とよばれる。

《絶望》おなじものが，そのような意見をともなわなければ，絶望 Despair とよばれる。

《恐怖》対象による害という意見をともなった嫌悪は，恐怖 Feare とよばれる。

る。

《勇気》おなじものが、その害を抵抗によって回避する希望をともなうときは、**勇気**とよばれる。

《怒り》とつぜんの勇気は、**怒り**とよばれる。

《確信》恒常的な希望は、われわれ自身に対する**確信**〔自信〕CONFIDENCE とよばれる。(6)

《不信》恒常的な絶望は、われわれ自身に対する**不信** DIFFIDENCE とよばれる。

《憤慨》他人に対してなされるおおきな害についての怒りは、われわれがそれを、侵害 Injury によってなされるものと考えるばあいは、**憤慨** INDIGNATION とよばれる。

《仁慈》他人に善〔利益〕をという意欲は、**仁慈** BENEVOLENCE **善意** GOOD-WILL **慈恵** CHARITY とよばれる。《善良な本性》もしそれが、人間一般に対するものであれば、**善良な本性** GOOD NATURE〔好人物〕とよばれる。

《貪欲》財産についての意欲は、**貪欲** COVETOUSNESSE とよばれる。それは、つねに非難の意味で使用される名辞であって、なぜなら、この意欲自体は、それらの財産を追求する手段によって、非難されるべきものであったり、許容されるべきものであったりするのであるが、財産をもとめてあらそっている人びとは、たがいに、他人がそれを獲得することによって、不快になるのだからである。

《野心》地位あるいは席次への意欲は、**野心** AMBITION である。これもまた、まえにのべた理由によって、わるいほうの意味で使用される名辞である。

《小心》われわれの目的にわずかしか役だたないものごとへの意欲、そして、ほとんど妨げにならないものごとへの恐怖は、**小心** Pusillanimity とよばれる。

《度量》まったくわずかな援助と妨害への軽視は、**度量** Magnanimity とよばれる。

《勇敢さ》死傷の危険のなかでの度量は、**勇敢さ** Valour **剛毅** Fortitude とよばれる。

《気前のよさ》財産の使用における度量は、**気前のよさ** Liberality とよばれる。

《みじめさ》おなじことにおける小心は、このまれるかきらわれるかに応じて、**窮乏** Wretchednesse **みじめさ** Miserablenesse あるいは**吝嗇** Parsimony とよばれる。

《親切》社交をもとめての(7)、人物《パースン》への愛は、**親切** Kindnesse とよばれる。

《自然の情欲》感覚だけをよろこばせることをもとめての、人物への愛は、**自然の情欲** Naturall Lust とよばれる。

《悦楽》回想すなわち過去の快楽の造影によってえられる、人物への愛は、**悦楽** Luxury とよばれる。

《愛の情念》単独の人への愛が、単独に愛されたいという意欲をともなえば、**愛の情念** The Passion Of Love とよばれる。《疾妬》同一のものが、その愛が相互的ではないという恐怖をともなえば、**嫉妬** Jealousie とよばれる。

《復讐心》相手に害を与えることによって、その人自身のある行為を非難させようという意欲は、**復讐心** Revengefulnesse とよばれる。

《好奇心》なぜか、およびどのようにしてかを、知ろうとする意欲は、**好奇心** CURIOSITY とよばれ、それは、人間以外のどんな生きた被造物にもないようなものである。したがって人間は、かれの理性によってだけではなく、この独特の情念によっても、他の動物から区別されるのであって、後者においては、食物の欲求および他の感覚の諸快楽が、優越していることによって、諸原因を知ることへの配慮をとりのぞく。この配慮は、心の情欲であり、それは、知識の継続的であくことない産出という快楽に執着することによって、どんな肉体的快楽のみじかいはげしさにもまさるのである。

《宗教・迷信》心によって仮想され、あるいは公共的にみとめられた物語から造影された、みえない力への恐怖は、**宗教**とよばれる。公共的にみとめられない物語からのものは、**迷信** SUPERSTITION とよばれる。《真の宗教》そして、造影された力が、ほんとうに、われわれが造影するとおりのものであるばあいには、**真の宗教**とよばれる。

《恐慌》なぜかについても、何がについても、理解をともなわない恐怖は、**恐慌** PANIQUE TERROR とよばれる。パンを作者とする寓話(8)から、そうよばれるのであるが、じっさいには、最初にそのように恐怖する人のなかには、つねに、その原因についてのある了解があり、しかし残余のものは、たがいに自分の仲間はなぜかを知っているのだと想定して、先例にならってにげるのである。そして、それだからこの情念は、群衆すなわち多数の人びとのなかにあるものにしか、おこらないのである。

《驚嘆》目あたらしさの了解からくるたのしみは、**驚嘆** ADMIRATION とよばれる。それは、その原因を知ろうという欲求をかきたてるから、人間に固有である。

《得意》人が自分の力と能力について造影することから生じるたのしみは、**得意** GROLYING とよばれる精神の高揚である。それは、もしかれ自身の以前の諸行為についての経験にもとづいているならば、自信 *Confidence* とおなじであるが、《うぬぼれ》もしそれが、他の人びとの追従にもとづいたり、あるいは、それの諸帰結のよろこびのために、かれ自身によって想定されたにすぎなかったりすれば、**うぬぼれ** VAINE-GLORY〔むなしい得意〕とよばれる。その名辞は、適切に与えられている。なぜならば、十分な根拠をもつ自信は、くわだてを生みだすのに対して、力があるという想定はそうではなく、したがって、正当にむなしいとよばれるのだからである。

《失意》力が欠如しているという意見からでた悲歎は、精神の**失意** DEJECTION of mind とよばれる。われわれがもっていないことを知っている諸能力が、われわれのなかにあると仮想あるいは想定することであるうぬぼれは、わかい人びとにもっとも生じがちで、勇敢な人物についての歴史や小説によってやしなわれる。そして、しばしば年齢と業務によって匡正される。

《とつぜんの得意・笑い》とつぜんの得意は、**笑い** LAUGHTER とよばれる顔のゆがみ *Grimaces* をおこさせる情念であり、それは、自分のあるとつぜんの行為によろこぶことによって、あるいは、他人のなかになにか不恰好なものがあるのを知り、それとの比較でとつぜん自己を称讃することによって、ひきおこされる。そして、それは、自分のなかに最少の能力しかないことを意識している人びとに、もっとも生じやすい。かれらは、他の人びとの不完全さを観察することによって、みずからよしとせざるをえないのである。したがって、他人の欠陥についておおいに笑うことは、小心のしるしである。なぜなら、偉大な精神にふさわしい仕事のひとつは、他の人びとを嘲笑からすくいだして解放し、自分自身をもっとも有能な人とのみ、比較することだからである。

《とつぜんの失意・泣くこと》反対に、とつぜんの失意は、**泣くこと** WEEPING をひきおこす情念であり、それは、あるはげしい希望あるいは自分の力のあるささえを、とつぜん取りさるような偶発事件によって、ひきおこされる。そして、もっともそれにおちいりやすいのは、女性や子どものように主として外部の援助に依存する人びとである。したがって、ある人びとは、友人を失って泣き、他の人びとは、かれらの不親切について泣き、他の人びとは、復讐をしようというかれらの思考が、和解によってとつぜん停止させられて泣くのである。しかし、あらゆるばあいにおいて、笑いも泣くことも、ともにとつぜんの運動であり、習慣がそれらをともにとりのぞく。すなわち、だれもふるい冗談に笑いはしないし、ふるい災厄に泣きはしないのである。

《恥・赤面》能力のなにかの欠陥を発見したための悲歎は、**恥** SHAME であり、すなわち、**赤面** BLUSHING に自己を表現する情念である。そしてそれは、なにか不名誉なことの了解であって、青年においては、よい評判を愛することのしるしであるから、ほめるべきである。老人においては、それはおなじことのしるしではあるが、きたのがおそすぎるので、ほめることができない。

《生意気》よい評判の軽視は、**生意気** IMPUDENCE とよばれる。

《あわれみ》他人の災厄についての悲歎は、**あわれみ** PITTY であって、類似の災厄が自分自身にふりかかるかもしれないという、造影から生じる。そしてそれゆえに、**共感** COMPASSION ともよばれ、現代のいいかたでは、**同胞感情** FELLOW-FEELING である[9]。したがって、おおきな悪事から到来した災厄に対しては、最良の人間は最少のあわれみ[10]しかもたない。そして、同一の災厄に対して最少のあわれみしかもたない人びとは、自分がそれをこうむることがもっともすくないと、考える人びとである。

《冷酷》他の人びとの災厄について、軽視したりわずかしか感じなかったりするのは、人びとが**冷酷** CRUELTY とよぶものであり、自分自身の運命の安全性からでてくる。すなわち、だれでも他の人びとのおおきな被害に快楽を感じることは、自分自身の終末がそれとちがうのでなければ[11]、私は可能だとおもわない。

《競争心・羨望[12]》競争相手が富、名誉、あるいは他の利益《グッド》において成功したことに対する、悲歎は、もしそれが、われわれ自身の諸能力を、かれと対等あるいはそれ以上につよめようという努力とむすびついているならば、**競争心** EMULATION とよばれるが、競争相手をおしのけようとか、妨害しようとかいう努力とむすびつくならば、**羨望** ENVY とよばれる。

《熟慮》人の精神のなかに、まったく同一のものごとについての、欲求、嫌悪、希望、恐怖が、かわるがわる生じ、提示されたものごとを、おこなったり回避したりすることの、善悪さまざまな帰結が、ひきつづきわれわれの思想のなかにはいってきて、そのためにわれわれが、あるときはそれに対して欲求をもち、あるときは嫌悪をもち、あるときはそれをなしうるという希望をもち、あるときはそれをくわだてることに絶望あるいは恐怖する、というばあいに、そのことがなされるか、不可能と考えられるかするまでに継続した、意欲、嫌悪、希望、恐怖の総計は、われわれが**熟慮** DELIBERATION とよぶものである。

したがって、過去のものごとについては、あきらかに変更は不可能であるから、熟慮はない。また、不可能であることが知られているか、そう考えられているものごとについても、人びとはそういう熟慮がむなしいことを、知っているか、そう考えているのだから、熟慮はない。しかし、われわれが可能と考えるならば、不可能なものごとについてわれわれは、それがむなしいことを知らないで熟慮するかもしれない。そして、それが熟慮とよばれるのは、われわれが自分の欲求または嫌悪に応じておこなったり回避したりすることの自由 *Liberty*(13) に、終末を与えることだからである。

欲求、嫌悪、希望、恐怖の、このかわるがわるの継続は、他の生きた被造物においても、人間においてよりもすくないのではない。したがって、獣もまた熟慮するのである。

そこで、すべての熟慮は、かれらが熟慮しているそのものごとが、おこなわれるか、不可能と考えられるかするときに、おわるといわれる。なぜならば、そのときまで、われわれは、自分の欲求や嫌悪に応じて、おこなうか回避するかの自由を、保持しているのだからである。

《意志》　熟慮において、行為またはそれの回避に直接に附着する、最後の欲求または嫌悪は、われわれが意志 WILL とよぶもの、意志するという行為(能力ではなく)である。そして、熟慮を有する獣は、かならず意志をも有するにちがいない。スコラ学派によってふつうに与えられている意志の定義、すなわち、それは理性的欲求であるという定義は、よくない。というのは、もしそうであったならば、そのばあいには、理性に反する意志的《ヴォランタリ》行為は、ありえなかっただろうからである。すなわち、意志的行為は、意志からでてくるのであって、それ以外のものからではない。しかし、もし、理性的欲求のかわりに、先行の熟慮の結果である欲求と、われわれがいうことになれば、そのばあいには、この定義は、私がここで与えたものと、おなじである。したがって、意志とは、熟慮における最後の欲求なのだ。そして、われわれはふつうの説話のなかでは、ある人が一度はあることをおこなう意志をもったが、それにもかかわらず、それをおこなうことをひかえたと、いうけれども、それは、ほんらいはひとつの意向 Inclination にすぎないのであって、いかなる行為をも、意志的なものとはしない。なぜならば、行為は、それに依存するのではなく、最後の意向または欲求に依存するのだからである。すなわち、もし中間の諸欲求が、なにかの行為を意志的なものとするならば、そのばあいは、おなじ理由によって、すべての中間の嫌悪が、おなじ行為を非意志的《インヴォランタリ》なものとすることになり、こうして、同一の行為が、意志的であるとともに非意志的であることになるのである。

このことによって、つぎのことがあきらかである。すなわち、提示されたものごとに対する貪欲、野心、情欲(14)、あるいはその他の諸欲求に、端緒をもつ行為だけでなく、回避にともなう諸帰結についての嫌悪や恐怖に端緒をもつ行為も、意志による行為なのだということである。

《情念におけることばの諸形態》諸情念を表現することばの諸形態は、われわれが自分の諸思考を表現することばの諸形態と、部分的におなじで、部分的にちがう。そして第一に、一般にすべての情念は、「私は愛する」「私は恐怖する」「私はたのしむ」「私は熟慮する」「私は意志する」「私は命令する」というように、直説法で表現されうるが、それらのうちのいくつかは、それらだけに特有の表現をもつ。とはいえ、そういう表現は、それらが出てきたもとの情念についての推論のほかに、推論をつくるためでなければ、断定ではない。熟慮は、仮定法で表現される。それは、「もしこれがなされるならば、そのばあいには、これがつづいてくるだろう」というように、諸想定をそれらの諸帰結とともにあらわすために、適切なことばであり、推理が一般的な語でなされるのに、熟慮が大部分は個別的なことについてなされることをのぞいて、推理の言語とかわらない。意欲と嫌悪の言語は、「これをせよ」「あれをひかえよ」というように、命令法である。それは、当事者が、そのことをしたり、ひかえたりするように義務づけられているばあいには、命令であり、そうでなければ懇願 *Prayer* あるいは忠告 *Counsell* である。うぬぼれ、憤慨、あわれみ、復讐心の言語は、希求法 *Optative* である。しかし、知ろうとする意欲については、ひとつの特殊な表現があって、疑問法 *Interrogative* とよばれる。「それは何か」「いつそれはおこるか」「それはどのようにしてなされるか」および「どうしてそうなのか」というようなものである。諸情念の言語を、私はほかには知らない。なぜならば、呪い、誓い、ののしりおよび類似のものは、ことばとしてではなく、慣習的な舌のうごきとして、意味をもつのだからである。

これらのことばの形態が、われわれの情念の表現あるいは意志による表明であると、私はいうのだが、しかしそれらは、使用する人びとがそういう情念をもつかどうかにかかわらず、恣意的に使用されうるから、確実なしるしではない。現存する諸情念の最良のしるしは、顔つき、身体のうごき、行為、および、その人がもっていることをわれわれが別に知っている、目標あるいはねらいの、どれかにある。

そして、熟慮において、欲求と嫌悪は、われわれが熟慮する行為の、善悪のなりゆきおよび続きについての、予見によってひきおこされるのであるから、その行為の結果の善悪は、なりゆきのながい連鎖についての予見に依存し、それについては、だれでも、きわめてまれにしか、終末まで見ることができない。《外観上の善悪》しかし、それらのなりゆきのなかの善が、悪よりおおきいと、人がみるかぎり、全連鎖は、著作者たちが、外観上あるいは見かけの善 *Apparent, or Seeming Good* とよぶものである。反対に、悪が善をこえるばあいには、全体は、外観上あるいは見かけの悪である。それだから、経験または推理によって、なりゆきについての最大最確実の予想をもつ人は、自分自身ではもっともよく熟慮するのであり、また、かれがそうする意志をもてば他の人びとに対して、もっともよく忠告することができる。

《至福》人がそのときそのときに意欲するものごとを獲得するという、継続的成功、すなわち継続的繁栄は、人びとが**至福** FELICITY(15) とよぶものであり、私は、この世の至福のことをいっているのである。すなわち、われわれがここに生きているあいだは、精神の永遠の静寂というようなものはないのであって、なぜならば、生命自体が運動にほかならず、けっして意欲または恐怖なしではありえないこと、感覚なしではありえないのと同様なのだからである。神がどのような種類の至福を、敬虔にかれに名誉を与える人びとに対してさだめたかということは、人はそれを享受するときまで知らないであろう。それは、スコラ学派の人びとの天国的幻影 *Beatificall Vision* という語が、理解できないのとおなじように、現在では理解できないたのしみなのである。

称賛 PRAISE である。《賛美》かれらが、あるものごとの力と大きさをあらわすばあいのそれは、**賛美** MAGNIFICATION である。《マカリスモス》そして、ある人が至福をもっているという、かれらの意見をあらわすそれは、ギリシャ人によってマカリスモス *μακαρισμός*〔幸福だと考えること〕とよばれ、それについての名辞を、われわれはわれわれの国語のなかにもたない。そして、現在の目的にとっては、これまで**諸情念**についていってきたことで、十分である。

《称賛》人びとが、あるものごとがよいという意味をあらわすばあいの、ことばの形態は、

（1）Animallには、ほんらい、精神的《アニマ》という意味があり、ラテン語では、しばしばその意味でつかわれている。

（2）もちろん、コモン－ウェルスがなくひとりひとりが善悪の規則をもっているばあいは、共通の

規則ではないのに、ここではそれをふくめて、「共通の規則」ということばがつかわれている。

（3）すでにのべられたように、ホッブズによれば善と利益、悪と害は、本来同一であったのだから、ここでの善悪も、利害と読みかえることができる。

（4）Onerations and Exonerations は、荷を負わせることと取りのぞくこと。転じて、胃に食物をいれることと、取りのぞくこと。

（5）異文では「第一に as first」が at first となる（初版B・C）。

（6）異文では「われわれ自身への」がない（初版B）。

（7）異文では、「人物との社交への愛好 Love of Persons society」となる（初版C）。

（8）家畜の繁殖を任務とするパンの神が、家畜の群をおどろかすことから、人びとがそれと同様の状態になることを、パニックという。

（9）fellow-feeling といういいかたは、一七世紀に一般化した。

（10）異文では、「最少のあわれみ the least Pitty」が「あわれみをにくむ hate Pitty」となる（初版B）。

（11）ドイツ訳、フランス訳ともに、「かれ自身の別の目的があるのでなければ」とするが、それではまえの文章につながらない。

（12）ここと、つぎの熟慮は、欄外見出しの位置が、そのことばについての説明がはじまるところにではなく、本文中にそのことばが出るところに、対応するようになっている。ほかにもそういうばあいがあるが、この訳書ではできるだけ、説明の文章のはじまりにおく。

(13) ホッブズはここで、Deliberation とは自由 liberty を否定することだという、語源的説明を与えているが、定説では、このことばは、秤量する deliberare からきたとされている。

(14) 異文では「情欲」を欠く(初版B・C)。

(15) felicity は、happiness とおなじく幸福と訳していいのだが、ホッブズはここで、宗教的な意味での用語法と対比しながらこのことばを使用している。宗教的な意味をあらわすために、浄福というような訳語があてられることもある。

第七章　論究の終末すなわち解決について

知識への意欲に支配されたすべての論究 *Discourse* において、最後には、獲得または放棄による終末がある。そして、論究の連鎖のなかで、どこであれそれが中断されるならば、そこにそのときの終末があるのである。

もしその論究が、心だけのものであるならば、それは、そのものごとが、おこるだろうとかおこらないだろうとか、あるいは、それがおこったとか、おこらなかったとかいう、かわるがわるの思考からなっている。それだから、ある人の論究の連鎖を、どこであれあなたが切断すると、あなたはかれを、「それがおこるであろう」あるいは「それがおこらないであろう」、または「それはおこった」あるいは「おこらなかった」という、ひとつの仮定のなかに、残すのである。それらはすべて、意見 *Opinion* なのである。そして、善悪にかんする熟慮における、かわるがわるの欲求にあたるものが、過去と未来についての真実の究明における、かわるがわるの意見なのだ。そして、熟慮における最後の欲求が、意志とよばれるように、《判断すなわち最終判決》過去と未来についての真実の探求における最後の意見が、論究する人の判断 JUDGEMENT あるいは決定的 *Resolute* で最終的な判決 *Finall Sentence* とよばれる。善悪の問題において、かわるがわるの欲求の全連鎖が、熟慮とよばれるように、《疑問》真偽の問題において、かわるがわるの意見の全連鎖は疑問 DOUBT とよばれる。

どんな論究であっても、すぎさった、あるいは来るべき事実についての、絶対的な知識をもって終結することはできない。なぜなら、事実についての知識はといえば、もともとは感覚であって、その後は、つねに記憶なのだからである。そして、私がまえに、科学とよばれるものだといった、連続についての知識についていえば、それは絶対的ではなくて、条件的なものである。どんな人も論究によって、あれこれのことがあるとか、あったとか、あるだろうとかを知ること、すなわち絶対的に知ることはできず、ただ、もしこれがあるならば、あれがあるとか、もしこれがあったならば、あれがあったとか、もしこれがあるだろうとすれば、あれがあるだろうとか、すなわち条件的に知るだけである。また、論究によって知りうるのは、ひとつのものごとの他のものごとへの連続ではなくて、ひとつのものごとの、ひとつの名辞から他の名辞への連続なのである。

そして、それゆえに、論究がことばにされて、語の定義からはじまり、その結合によって一般的断定にすすみ、さらにそれらの結合によって三段論法にすすむ、というばあいに、終末すなわち最後の合計は、結論とよばれる。《科学》そして、それがあらわす精神の思考は、ふつうに科学とよばれる条件的な知識すなわち語の連続についての知識である。《意見》しかし、そういう論究の最初の基礎が定義でなかったり、諸定義がただしく結合されて三段論法になったのでなかったりすれば、終末すなわち結論は、やはり意見なのであって、いいかえれば、ときには、理解される可能性のない背理的で意味のない語によってであるが、なにか語られたことの、真偽についての意見なのである。《共知》二人あるいはそれ以上の人びとが、同一の事実を知っているとき、かれらはそのことについて相互に共知 CONSCIOUS であるといわれる。それは、それをいっしょに知っているというのと、おなじである。そして、そういう人びとは、相互の、あるいは第三者の事実について、最適の証人であるから、だれでも、自分の共知 *Conscience*〔良心〕に反して語ったり、他人をそうするように堕落させたり強制したりすることは、ひじょうにわるい行為と評価されたし、これからもずっとそう評価されるであろう。それだから、良心の抗弁はつねに、あらゆるばあいにひじょうに熱心に、耳をかたむけられてきたのである。のちになって人びとは、これとおなじ語をかれら自身の秘密の事実と秘密の思考についての知識に、比喩的に使用した。そして、それだから、修辞的に、良心は千の証人であるといわれるのである。そして、いちばんおわりに、自分たちのあたらしい意見に(どのように背理的なものであろうと)はげしい愛着をもち、頑強にそれを維持しようとする人びとは、それらの自分の意見にもまた、良心というこの尊敬された名辞を与えた。それはまるで、それらの意見を変更したりそれに反してかたったりすることが、かれらには不法に見えるかのようであった。こうしてかれらは、せいぜいのところ自分たちがそう考えるということを知っているにすぎないときに、それらの意見が真実であることを知っていると、称するのである。

人の論究が、定義からはじまらないときは、それは、かれ自身のなにか別の瞑想からはじまり、そのばあいにはそれもやはり意見とよばれ、あるいは、真実を知る能力をもち、あざむくことのない正直さをもつことをかれがうたがわない他人の、ある言辞からはじまり、そのばあいには、論究はものごとにかんするよりも、人格にかんするものなのである。《信頼・信仰》そしてその結論は、信頼 BELIEF および信仰 FAITH とよばれる。信仰は、人間に対するものであり、信頼は、人間について、およびかれがいうことについてのものである。したがって、信頼のなかにはふたつの意見があって、ひとつはその人がいうことについて、もうひとつはかれの徳性についての意見である。ある人を信仰するとか信用するとか信頼するとかいうのは、おなじこと、すなわち、その人の誠実さについての意見を、あらわすのだが、「いわれたことを信頼する」というのは、その言辞が真実だという意見をあらわすにすぎない。しかしながら、われわれは、「私は あるもの」に信頼する *I believe in*」という句は、ラテン語のクレド・イン *Credo in* とギリシャ語のピステウオー・エイス πιστεύω εἰς[2] もまたおなじように、聖職者たちの著作のなかでしか、けっして使用されないということに、注意しなければならない。それらのかわりに、ほかの著作では、「私はかれを信頼《ビリーヴ》する」「私はかれを信用《トラスト》する」「私はかれに信仰《フェイス》をもつ」「私はかれに依信《リライ》する」が、そしてラテン語ではクレド・イルリ *Credo illi* フィド・イルリ *fido illi* が、ギリシャ語ではピステウオー・アウトー πιστεύω αὐτῷ がおかれ[3]、そして[4]、この語の教会的使用の、この独自性は、キリスト教信仰のただしい対象についての、おおくの争論をひきおこしてきた。

しかし、信仰箇条《クリード》に対するように、「に信頼する」ということによって意味されるのは、その人格への信用ではなく、その教義の告白と承認である。すなわち、キリスト教徒だけでなく、あらゆる種類の人は、神がかれらにいうことを理解してもしなくても、すべてを真実として保持するというようにして、神に信頼するのであり、どんな人格に対するものであれ、いだかれうるかぎりのすべての信仰と信用は、そうである。しかし、かれらのすべてが、信仰箇条の教義を、信頼しているのではない。

そこからわれわれは、つぎのことを推論しうる。すなわち、われわれが、どんなものであれ、ある言辞が真実であることを、そのものごと自身から、あるいは自然理性 naturall Reason の諸原理からとってきた論証によってではなく、それをいった人の権威から、あるいはその人についてわれわれがもつよい意見からとってきた論証によって、信頼するとき、そのばあいに、われわれが信頼あるいは信用するのは、話し手または人格であり、われわれがその語をうけいれるその人が、われわれの信仰の対象なのであって、信頼することによって与えられる名誉は、かれに対してのみ与えられる。そして、したがって、われわれが、神自身からの直接の啓示をうけることなく、聖書が神の語であることを信頼するならば、われわれの信頼、信仰、信用は、教会に対するものであって、その語をわれわれはうけいれて、それに黙従するのである。そして、ある予言者が神の名においてかれらにつげることを、信頼する人びとは、その予言者の語をうけいれ、かれに名誉を与え、かれを信用し、かれが真の予言者であろうと偽の予言者であろうと、かれがつげることの真実にふれていると信頼するのである。そして、そのことは他のすべての歴史についても、同様なのである。すなわち、もし私が、アレクサンドロスやカエサルのかがやかしい行為について歴史家たちによって書かれている、すべてのことを信頼しないとしても、私は、アレクサンドロスやカエサルの亡霊が、立腹すべき正当な理由を、何ももっているとはおもわない。その歴史家以外のだれでもそうである。もし、リウィウスが、神がみはかつて牝牛にかたらせたといい、(5) われわれがそれを信頼しないとしても、われわれはそのばあいに、神を信用しないのではなく、リウィウスを信用しないのである。それゆえにあきらかなのは、われわれが、人びととかれらの著作との権威からひきだされた理由のほかには、なんの理由にももとづかないで、なにを信頼しようとも、それは人びとへの信仰にすぎず、かれらが神からつかわされたかどうかにかかわらない、ということである。

（1）異文では will not be, or that it has been の be, or が be for（初版B）または befor（初版C）となる。
（2）「私はその人を信じる。」
（3）「私はその人を信じる。」「私はかれに信をおく。」
（4）異文（初版B）では and that this singularity の that がなく、そのほうが意味がとおるので、ここではそれによる。that で「注意すべきである」につなぐつもりだったのかもしれないが、文章がきれている。

（5） Titus Livius, *Urbe condita*, III ,10.

第八章　ふつうに知的とよばれる諸徳性と、それらと反対の諸欠陥について

《知的徳性の定義》**徳性** VERTUE[1] は一般に、あらゆる種類の主題において、卓越によって評価されるなにかであり、比較のなかにある。なぜなら、もしすべてのものがすべての人においてひとしいならば、なにもほめられることはないだろうからである。そして、**知的** INTELLECTUALL な諸徳性によって、つねに理解されるのは、人びとが称賛し評価し自分自身のなかにあることを意欲するような、精神の諸能力であり、ふつうはよい知力 *good witte* という名辞のもとにある。ただし、おなじ**知力**[2]という語は、ひとつの特定の能力を他のものから区別するためにも、使用される。

《自然の、および獲得された知力》これらの徳性には、ふたつの種類がある。自然のものと獲得されたものである。自然のというときに、私が意味するのは、人が生れながらもっているものではない。なぜなら、それは感覚以外にはないからであり、それについては、人びとは相互に、そして野蛮な獣からも、わずかしかちがわないので、徳性のなかにかぞえられるべきではない。私が意味するのは、そうではなくて、方法、訓練、指導なしに使用だけによって、すなわち経験によって、えられる知力のことである。《自然の知力》この**自然の知力** NATURALL WIT は、主

としてふたつのものからなっていて、造影の迅速 *Celerity of Imagining*（それは、ひとつの思考から他の思考への、すみやかな継続である）と、ある承認された終末への確固たる指向 *steddy direction* がそれである。反対に、おそい造影は、ふつうに遅鈍 DULNESS 愚鈍 *Stupidity* とよばれる精神の欠陥または欠点をなし、それは、ときどき、運動がおそいこと、あるいは動かされにくいことをあらわす、別の諸名辞でよばれる。

そして、このはやさのちがいは、ある人があるものごとを、他の人が他のものごとを、愛好したりきらったりするという、人びとの諸情念のちがいによって、ひきおこされる。したがって、ある人びとの思考は、ある道を進み、他の人びとは別の道を進み、そして、かれらの造影力のなかを通過するものごとに、さまざまにとらえられ、それらをさまざまに観察する。《よい知力または想像力》そして、人びとの思考のこの継続において、かれらが思考するものごとのなかに、それらがどこで相互に類似しているか、あるいはどこでそれらが類似していないか、あるいは、それらは何に役だつか、あるいは、そういう目的にそれらがどのように役だつかということしか、観察すべきことがないばあいに、他の人びとによってはまれにしか観察されないような、それらのものの類似性を観察する人びとは、よい知力をもつといわれる。それによってこのばあいに意味されるのは、よい想像力 *Good Fancy* である。《よい判断力》しかし、それらのもののちがい、非類似を観察する人びとは、ものごとともののごととのあいだを、区別し、識別し、判断するといわれるが、そういう見わけが容易でないばあいは、よい判断力をもつといわれる。《分別》そしてとくに、時と所と人格が識別されなければならない交際と事業 conversation and business のことがらにおいては、この徳性は、分別 DISCRETION とよばれる。前者すなわち想像力は、判断力のたすけがなければ、徳性として推称されないが、後者すなわち判断力と分別は、想像力のたすけがなくても、それだけで推称される。よい想像力にとって必要な時と所と人格の分別とならんで、かれの諸思考をその終末に、いいかえれば、それらによってもたらされるべきある効用に、しばしばあてはめることもまた、もとめられる。このことがなされれば、この徳性を有するものは、類似性に気づきやすくなり、そのことは、かれの論究の例証と、あたらしく適切な比喩によるその論究の修飾とによってだけでなく、そういう創意の稀少性によっても、たのしませるであろう。しかしながら、おおきな想像力が、しっかりとしたものがなく、ある終末への方向づけがないならば、それは一種の狂乱であって、たとえばつぎのような人びとがそれをもつ。その人びとは、なにかの論究のなかにはいりながら、自分の思考にうかんでくるあらゆるものごとによって、自分の目的からひきはなされ、まったく自己をうしなうほどにおおくの、ながい、枝葉や挿入句にはいりこむ。この種のおろかさについては、私は特別の名辞を知らないが、それの原因は、ときには経験の欠如であって、そのために、他の人びとにとってはあたらしくめずらしくないものが、ある人にとってはそう見えるのである。またときには、小心が原因であって、それによって、他の人びとが些細と考えるものごとが、かれにはおおきく見えるのだ。そして、あたらしく、おおきく、それゆえに語られるにふさわしいとおもわれるものごとは、なんであっても、人をしだいに、かれの論究の意図された道から、つれ去るのである。

すぐれた詩においては、それが叙事詩と劇詩のいずれであれ、また十四行詩、諷刺詩、および他の詩においても、判断力と想像力がともにもとめられるが、想像力の方がまさっていなければならない。なぜならば、それらは誇張によってたのしませるのであるが、無分別によって不快になるはずのものではないのだからである。

すぐれた歴史叙述においては、判断力が卓越していなければならない。なぜならば、それがすぐれている点は、方法、真実性、知ることがもっとも有益な諸行為の選択に、あるのだからである。想像力は、文体をかざること以外には、余地がない。

称賛の演説において、および罵言においては、想像力が支配する。なぜなら、企図されるのは真実ではなくて、名誉あるいは不名誉を与えることであり、それは、上品な、あるいは下品な、比較によってなされるのだからである。判断力は、どのような事情が、ある行為をほめるべきもの、あるいは責めるべきものとするかを、示唆するだけである。

勧告および弁護においては、真実と擬装のどちらが当面の企図にもっとも役だつかに応じて、(3)判断力か想像力かが、もっとも必要とされる。

論証において、討議およびすべての厳密な真理の探求においては、判断力がすべてをおこなう。ただし、ときにはなにか適当な類似性によって、理解のいとぐちをひらかなければならないことがあり、そのばあいは、それだけ想像力が効用をもつ。しかし、比喩についていえば、このばあいには、それは完全に除外される。すなわち、それが公然と、欺瞞であることを表明していることからして、それを討議や推理のなかにうけいれるのは、明白におろかなことである。

また、どんな論究においても、分別の欠陥があきらかであれば、想像力がどれほど過大であっても、論究の全体は、知力の欠如のしるしとして、うけとられるであろう。そして、分別が明白であるばあいには、想像力がどれほど平凡であっても、けっしてそうはならないであろう。

人のひそかな思考は、恥も非難もなしに、あらゆるものごと、すなわち神聖な、不敬な、清潔な、よごれた、重大な、軽微なことを遍歴する。ことばによる論究は、判断力が時と所と人格について承認するところをこえては、そうすることができない。解剖家や医者は、不潔なものごとについてのかれの判断を、はなしたり書いたりしていい。それは、よろこばせるためではなくて、利益を与えるためだからである。しかし、他の人としては、おなじものごとについてのかれの過大で自分かってな想像を書くことは、汚物のなかにころがりこんだ人がやってきて、りっぱな人びとのまえにすがたをあらわすようなものである。そして、この相違をつくりだすのが、分別の欠如なのである。さらに、精神のくつろぎが公然とみとめられたばあいや、したしい仲間のあいだでは、人は語の音やあいまいな意味をもてあそび、それだけしばしば、途方もない想像との出あいをもてあそんでいい。しかし、説教においてあるいは公共の場において、あるいは知らない人びとや尊敬をはらうべき人びとのまえで、語をもてあそぶことは、愚行とみなされずにはすまないだろう。そして、この相違は、もっぱら、分別の欠如にあるのである。だから、知力が欠如しているばあいに、欠如しているのは想像力ではなくて、分別なのだ。したがって、判断力は、想像力をともなわなくても知力であるけれども、判断力をともなわない想像力は、そうではない。

《慎慮》ある人の思考が、当面の企図をもっていて、多数のものごとをみわたして、それらがどのようにその企図に役だつか、あるいは、どの企図にそれらが役だちうるかを、観察するとき、もしかれの観察が、容易でも通常的でもないならば、このかれの知力は、慎慮 PRUDENCE とよばれ、それは、類似のものごとおよびこれまでのそれらのなりゆきについての、おおくの経験と記憶に依存する。これにかんして、人びとのあいだには、かれらの想像力と判断力にかんしてあるほどの、おおきなちがいはない。なぜならば、年齢がひとしい人びとの経験は、量についておおきなちがいがあるのではなく、それぞれの人が個人的な企図をもつために、経験の機会がちがうのだからである。家族をよく統治するのと、王国をそうするのとは、慎慮の程度のちがいではなく、事業の種類がちがうのであって、そのことは、絵をちいさくかくのと、実物大にかくのと、実物よりおおきくかくのとが、芸術の程度のちがいでないことと、同様である。ふつうの農夫は、かれ自身の家のことがらについて、枢密顧問官が他人〔君主〕のことがらについてもつよりも、すぐれた慎慮をもっている。

《奸知》もしあなたが、慎慮に、通常は恐怖や欠乏が人びとにおもいつかせるような不正または不正直な手段の使用を、つけくわえるならば、あなたは奸知 CRAFT とよばれるゆがんだ知恵をもつのであり、それは小心のしるしである。なぜならば、度量は、不正あるいは不正直な援助への軽視なのだからである。そして、ラテン人が弄策 *Versutia*（イギリス語に翻訳すると、その場かぎりのいいのがれ *Shifting*）とよぶもの、人が一方に支払うために他方から強奪するように、現在の危険または不便を、もっとおおきい危険や不便にはいりこむことによって回避することは、近視眼的な奸知であって、それは、現在の利息の支払いのために、高利で借金することを意味する借りかえ *Versura* から、弄策 *Versutia* とよばれる。[4]

《獲得された知力》獲得された知力（私は、方法と指導によって獲得されたものを意味する）についていえば、それは推理《リーズン》〔理性〕のほかにはない。それは、ことばのただしい使用にもとづき、諸科学をうみだす。しかし、推理と科学については、私はすでに、第五章と第六章でのべておいた。

知力のこのちがいの諸原因は、諸情念にある。そして、諸情念のちがいは、部分的には身体構造のちがいから、部分的には教育のちがいから、でてくる。なぜならば、もしこのちがいが、頭脳および、外部または内部の感覚諸機関の、調子から、でてくるとすれば、人びとの視覚、聴覚その他の感覚におけるちがいが、かれらの想像力と分別におけるちがいよりも、すくないことはないだろうからである。したがって、それは、諸情念からでてくるのであり、諸情念は、人びとの体質のちがいだけではなく、慣習および教育のちがいによってもまた、ちがうのである。

もっともおおく知力のちがいをひきおこす諸情念は、主として、力、財産、知識、名誉に対する大小の意欲である。それらすべては、第一のものすなわち力への意欲に、帰着させうる。なぜならば、財産、知識、名誉は、力のそれぞれの種類にほかならないからである。

そして、それゆえに、これらのもののうちのどれに対しても、おおきな情念をもたず、人びとのいわゆる無関心である人は、不快を与えることがないという意味で善良な人であるかもしれないが、かれがおおきな想像力やゆたかな判断力をもっていることは、まずありえないのである。なぜならば、思考は諸意欲に対して、斥候や間諜のように、そとをあるきまわって、意欲されたものごとへの道を見つけるのであって、精神の運動のすべての堅固さと迅速さは、ここからでてくるのだからである。すなわち、なにも意欲をもたないことが死んでいることであるように、よわい情念をもつことは、遅鈍であり、《眩惑》なにごとに対しても差別なく情念をもつことは、**眩惑** GIDDINESSE および懊悩 *Distraction* であり、《狂乱》なにごとに対してでも、他の人びとにふつうにみられるよりも[5]、はげしい情念をもつことは、人びとが**狂乱** MADNESSE とよぶものである。

それについては、諸情念自体についてとほとんどおなじくらいおおくの、種類があるだろう。ときには、異常で過大な情念が、身体の諸機関のわるい構造、あるいはそれらに対してくわえられた害から生じ、またときには、諸機関の傷害や不調が、情念のはげしさやながい継続によって、ひきおこされる。しかし、どちらのばあいにも、狂乱は、まったくおなじ本性のものである。

はげしさや継続によって狂乱をつくりだす情念は、ふつうに誇り *Pride* および自負心 *selfe-conceipt* とよばれる、おおきなうぬぼれであるか、あるいは精神のおおきな失意である。

《憤怒》誇りは、人を怒りにおとしいれ、過度のそれは、**憤怒** RAGE および**激怒** FURY とよばれる狂乱である。こうしてつぎのことが生じる。復讐への過度の意欲は、それが習慣的になると、機関を傷つけ、憤怒となり、嫉妬をともなう過度の愛もまた、憤怒となり、その人自身の、神からの霊感について、知恵について、学識について、容姿について、および類似のことについての、過度の意見は、眩惑および懊悩となり、おなじものが羨望とむすびつくと、憤怒となり、なにかが真実であるというはげしい意見が、他の人びとに反対されると、憤怒となるのである。

《ゆううつ》失意は人を、原因のない恐怖におとしいれる。それは、ふつうに**ゆううつ** MELANCHOLY とよばれる狂乱であり、やはりさまざまなやりかたで、すなわち、このんでさびしいところや墓地にいったり、迷信的な態度をしたり、あれこれの特殊なものごとを恐怖したり、というようにしてあらわれる。ようするに、見なれず、通常でない態度を生みだす、すべての情念は、狂乱という一般的名辞でよばれる。しかし、さまざまな種類の狂乱については、もしその労をとるものがあれば、名簿をつくることができよう。そして、もし過度が狂乱であるならば、諸情念が害悪にむかうばあいでも、情念自体は同一のもので程度がちがうのだということについては、うたがいがない。

（たとえば）、霊感をうけたという意見にとらわれた人びとにおける、おろかさの結果は、かならずしもつねに、そのような情念からでたなにかひじょうに大げさな行為として、ひとりの人のなかに見られるのではないけれども、かれらのおおくがいっしょになるときは、全群衆の憤怒は、十分に見えるものとなる。すなわち、われわれの最良の友人たちに対して、さわぎたて、なぐりつけ、投石することと以上におおきな、狂乱の証拠はありえないだろうが、それでもこれは、そういう群衆がやるであろうことよりも、いくらかちいさい。なぜならば、かれらは、これまでの自分たちの生涯にわたってずっと、保護してもらい、侵害からまもってもらった人びとに対して、さわぎたて、たたかい、ほろぼすであろうからである。そして、もしこれが群衆における狂乱であるとすれば、各個人においてもおなじなのである。すなわち、海のまんなかで、人は水のうちのかれのすぐ近くの部分の音を、知覚しないとはいえ、その部分が、おなじ量の他のどんな部分ともおなじように、海の咆哮に貢献していることを、かれは十分に確信しているのであり、それと同様にまた、われわれがひとり、ふたりの人のなかに、なにもおおきな不穏を知覚しないでも、それでもわれわれは、かれらのそれぞれの情念が、苦悩する国民の擾乱的な咆哮の、諸部分なのだということを、よく確信しうるのである。そして、もし、かれらの狂乱を露呈するものが、ほかになにもないとしても、そのような霊感をもったという僭称自体が、十分な証拠である。もし、ベドラム病院(6)で誰かが、あなたを謹厳な論究でもてなしたとして、別れをつげるにさいしてあなたが、他の機会にかれの心づくしにむくいることができるように、かれが誰であるかを知りたいとおもい、そしてかれがあなたに、自分は神であるとつげたとすれば、私はあなたが、かれの狂乱の証拠として、なにも途方もない行為をまつ必要はないとおもう。

霊感をうけたというこの意見は、ふつうに私的な霊 *Private Spirit*(7) とよばれ、ひじょうにしばしば、他の人びとが一般にいだいている誤謬(8)の、ある幸運な発見からはじまる。そして、どんな推理のみちびきによって、これほど独特の真理(かれらが考えるところではそうなのだが、おおくのばあい、かれらが偶然にであった虚偽である)に到達したかを、知らなかったり想起しなかったりするので、かれらは、自分たちが全能の神の特別な恩寵をうけ、神がその真理をかれらに対して、かれの霊によって超自然的に啓示したのだとして、ただちにみずから称賛するのである。

さらに、狂乱があまりにおおくあらわれた情念にほかならないということは、ぶどう酒の効果からも、推測できよう。その効果は、諸機関の不調の効果とおなじなのである。すなわち、飲みすぎた人びとのさまざまな態度は、狂人たちのそれとおなじであって、かれらのうちのあるものは憤怒し、他のものは愛し、他のものは笑い、すべて過度であるが、かれらのそれぞれを支配する情念に応じて、そうするのである。というのは、ぶどう酒の効果は、偽装を除去し、そして人びとが自分の情念のゆがみを見ることができないように、するだけなのだからである。すなわち、(私は信じるのだが)もっとも謹厳な人びとでさえ、気をくばらず、精神になんの仕事もなく、ひとりであるいているときに、そのときのかれらの思考のむなしさと途方もなさを、公然と見られたくはないであろう。このことは、みちびきのない諸情念が、たいていは狂乱にすぎないことの、告白なのである。

狂乱の原因についての、古代および後世の世間の意見は、ふたつであった。ある人びとはそれを諸情念からひきだし、また、ある人びとはそれを魔物《デーモン》すなわち善悪いずれかの霊からひきだした。かれらの考えでは、それらの霊は、人間にはいり、かれにとりつき、狂人たちがつねにするような見なれぬ奇怪なやりかたでかれの諸機関をうごかすことができるのであった。まえの種類の人びとは、そういう人間を狂人とよんだが、後者はかれらを、ときには魔物つき *Dæmoniacks*(すなわち霊にとりつかれたもの)とよび、ときにはエネルグメニ *Energumeni*(すなわち霊に煽動されあるいは動かされたもの)とよび、そして今日、イタリアでは、かれらはパッツィ *Pazzi* すなわち狂人とよばれるだけではなく、スピリターティ *Spiritati* すなわちとりつかれた人びとともよばれている。

かつて、ギリシャのアブデラという都市(9)でアンドロメダの悲劇(10)の上演にさいして、大群衆が、きわめてあつい日に、あつまったことがある。そこにおいて、観客のうちのひじょうにおおくが熱病にかかり、あつさと悲劇がいっしょになってこの偶発事件をひきおこしたために、かれらはペルセウスとアンドロメダの名前のはいった抑揚格の詩をとなえることしか、しなかった。そのことは、熱とともに、冬の到来によってなおり、この狂乱は、悲劇によって感銘をうけた情念から、でたものと考えられた。(11)おなじように、他のギリシャの都市でも、狂乱の発作が流行して、それはわかい処女だけをとらえ、かれらのおおくはそのために首をつった。これは、その当時、たいていの人によって、悪鬼の行為だと考えられた。しかしある人が、かれらの生命軽視は、精神のある情念からでてきたのかもしれないとうたがい、そして、かれらが自分たちの名誉をも軽視することはないと想定して、為政者に、そのようにして首をつったものの衣服をはぎとって、裸体でさらすようにと忠告した。そのものがたり[12]がいうところでは、このことが狂乱をなおしたのである。しかしながら他方では、おなじギリシャ人が、しばしば、狂乱をエウメニデース[13]すなわちフュアリースの作用のせいにし、ときにはケレース[14]やポイボス[15]やその他の神がみの作用のせいにした。こうして人びとは、幽霊《ファンタズム》におおくを帰属させて、それらを気体の生きものと考え、精霊と総称するほどであった。そして、ローマ人がこの点でギリシャ人とおなじ意見をもっていたように、ユダヤ人もまた、そうであった。すなわち、かれらは狂人を、予言者あるいは(かれらがその精霊を善または悪と考えるに応じて)魔物つきとよび、そしてかれらのうちのある人は、予言者と魔物つきの双方を、狂人とよんだし、他の人は同一人を魔物つきおよび狂人とよんだのである。しかし、これは、異邦人にとっては、ふしぎではない。なぜならば、病気と健康、悪徳と徳性、およびおおくの自然の偶発事件が、かれらにおいては魔物と名づけられ、そういうものとして崇拝されたのだからである。したがって人は、魔物というとき、悪鬼とともに、(ときには)ふるえを理解すべきであった。しかし、ユダヤ人としては、こういう意見をもつのは、いくらか奇妙である。なぜならば、モーシェ[16]もアブラハム[17]も、予言をすると主張したのは、霊を保有するからではなく、神の声により、あるいは幻影《ヴィジョン》や夢によってであったからであり、また、かれらをおしえたかれの道徳的あるいは儀礼的な法のなかに、そのような熱狂も神がかり《ポゼッション》も、なにもなかったからである。民数・一一・二五で、神が、モーシェのなかにあった精霊からとって、七〇人の長老に与えるといわれるばあい[18]、神の霊(それを神の実体と考えて)は、分割されるのではない。聖書が、人間のなかの神の霊によって意味するのは、信心ぶかさへむかっている人間の精神のことである。そして、出エジプト・二八・三で、「アーロンの衣をつくるために、私が知恵の霊をもってみたしておいた人びと」[19]といわれるとき、それが意味するものは、衣をつくりうる人びとのなかにおかれた、ひとつの霊ではなく、その種の仕事におけるかれら自身の霊の知恵なのである。おなじような意味で、人間の精神は、それがけがれた諸行為をうみだすばあいは、通常、けがれた霊とよばれ、同様に他の諸精神も、つねにではないが、いわゆる徳性または悪徳が、なみなみでなく、目だっているばあいはつねに、そうよばれる。旧約の他の予言者たちも、熱狂したと称しなかったし、神がかれらのなかでかたったとも称しなかった。神はかれらに、声、幻影、夢によってかたったのであり、主の重荷[20]とは、神がかりではなくて、命令だったのである。それでは、どのようにしてユダヤ人たちは、この神がかりという意見に、おちいることができたのであろうか。私は、すべての人に共通のもの以外の理由を、造影することができない。それはすなわち、自然的諸原因を探求しようという好奇心の欠如であり、また、かれらが至福を、感覚の粗野な快楽とそれにもっとも直接に役だつものごととの、獲得におくことである。なぜならば、ある人の精神のなかに何か見なれぬ通常でない能力または欠陥を見る人びとは、それとともに、どんな原因からそれがでてくるらしいかを見ないならば、それが自然なものだとは、なかなか考えられないからであり、もしそれが自然なものでないならば、かれらはそれを超自然的と考えないわけにはいかず、そうすると、その人のなかにあるのは、神か悪鬼のほかの、なんでありうるだろうか。そして、このことから、つぎのことがおこる。すなわち、われわれの救世主が群衆にとりかこまれたとき(マルコ・三・二一)[21]、かれを狂人とうたがった家から、人びとがかれをとりおさえようとでてきたが、律法学者たちは、かれがベルゼブブをもっているといい、それはかれが、ひどい狂人がかるい狂人を畏怖させたように、ベルゼブブで悪鬼たちをおいだしたということであった。また、(ヨハネ福音・一〇・二〇)[22]ある人びとが、「かれは悪鬼をもち、したがって狂人である」といったのに対して、他の人びとは、かれを予言者と信じて、「これらは悪鬼をもつものの語ではない」といった。そのようにして、旧約において、イェフーに油をぬろうとして、やってきたもの(列王・上・九・一一)[23]は、予言者であったが、列席者のあるものは、イェフーに、「あの狂人は何のためにきたのか」とたずねた。それであるから、ようするに、途方もないやりかたでふるまうものは誰でも、ユダヤ人によって、善悪いずれかの霊にとりつかれていると、考えられたのであるが、ただ、サドカイ派[24]だけはそうではなく、かれらは、反対の側への誤謬をおかし、霊というものは、まったくなにも存在しないと信じるほどであり(それは、むきだしの無神論にひじょうにちかい)、そこにおいておそらく、そういう人びとを狂人と名づけるよりも、魔物つきと名づけることによって、いっそう他の人びとを刺激したのであった。

しかし、それではなぜ、われわれの救世主は、かれらをなおすにあたって、かれらがとりつかれているかのように、そしてかれらが狂人ではないかのように、処理したのであろうか。それについて私は、聖書がおなじようなやりかたで大地の運動という意見に反対していると、主張する人びとに与えられるのと、ちがった種類のこたえを、与えることはできない。聖書は、人びとに神の王国を示し、かれらの精神に、かれの従順な臣民となる準備をさせるために、書かれたのであって、世界とそれについての哲学を、人びとの自然理性を行使するために、かれらの論争にゆだねた。昼と夜をつくるのは、地球の運動か太陽の運動か、あるいは、人びとの法外な行為が、情念からでるのか悪鬼からでるのか（そうであればわれわれは、かれを崇拝しない）ということは、全能の神へのわれわれの従順と臣従については、すべてどうでもいいことであって、聖書はこのあとのことのために、書かれたのである。われわれの救世主が、病気にむかって、人格に対するようにかたったことについていえば、それは、キリストがしたように（そして魔法使いが、悪鬼にむかってかたるかどうかにかかわらず、そうすると称するように）、語だけによってなおす人びとの、通常のいいかたなのである。なぜなら、風をしかった（マタイ・八・二六）[25]といわれるのも、キリストではないか。かれはまた、熱病をしかる（ルカ・四・三九）[26]ともいわれるではないか。それでも、このことは、熱病が悪鬼であることを、論証するものではない。そして、これらの悪鬼のおおくは、キリストであることを告白するといわれているが[27]、それらの箇所は、それらの狂人たちが告白したというよりほかに、解釈する必要はない。また、われわれの救世主が、けがれた霊について（マタイ・一二・四三）[28]、それはある人からでてきて、かわいた場所をさまよい、休息をもとめてなにも見つけず、それ自身よりわるい他の七つの霊とともに、おなじ人間にもどるのだ、といっているが、それはあきらかにたとえ話であって、欲望をすてるためにわずかの努力をしたのちに、その力にうちまかされて、まえより七倍もわるくなった人を、暗示しているのである。したがって私は聖書のなかに、魔物つきが狂人以外のなにかであったと信じることをもとめる、いかなるものも見ないのである。

《意味をなさないことば》ある人びとの論究のなかには、また、もうひとつの欠陥があって、それもまた、狂乱の種類のうちにかぞえられていいであろう。それはすなわち、語の悪用であって、そのことについて私は、まえに第五章で、背理という名辞でのべておいた。それは、人びとが、いっしょにされるとそれら自体ではなんの意味ももたないような語をかたるばあいであるが、それらの語を、ある人びとは、うけとって機械的にくりかえす語の誤解によって、他の人びとは、あいまいさによってだまそうという意図によって、おもいつくのである。そして、このことは、スコラ学派の人びとのように、理解しえないことがらについての諸問題で、あるいは深遠な哲学の諸問題で、会話する人びとだけに、おこりやすい。ふつうの種類の人びとは、めったに意味をなさないことをはなさないのであり、そしてそのために、それらのすぐれた人びとから、白痴とみなされるのである。しかし、かれらの語が、精神のなかになにも対応するものをもたないということを、確信するには、若干の実例が必要であろう。もし誰かがそれをもとめるならば、かれにスコラ学者をとりあげさせて、三位一体、神性、キリストの本性、化体、自由意志などのような、どれかの困難な論点にかんするどこかの一章を、わかるようにするために近代国語のどれかに、あるいは、ラテン語が俗語であったときに生きていた人びとがしたしんでいたような、とにかくがまんできるようなラテン語に、翻訳できるかどうかを、見させるといい。つぎの語は何を意味するのであろうか。「第一原因は、かならずしも、第二原因の本質的従属によって、なにものかを第二原因にそそぎこんで、それによって、それが働くのをたすけるのではない。」これは、スアレスの最初の著書『神の協力と運動と援助』の第六章[29]の表題の、翻訳である。人びとが、全巻をこのような内容ばかりで書くばあいに、かれらは狂乱しているか、あるいは他人をそうさせることを意図しているのではないだろうか。そして、とくに、化体の問題において、一定の語がかたられたのちに、かれらが、白さ、まるさ、大きさ、質性、可腐敗性などの[30]、すべて無形incorporeallのものが、聖餅からでて、われわれの祝福された救世主の身体にはいるというばあいに、かれらはこれらの何々らしさや何々性 *Nesses, Tudes,* and *Ties* を、かれの身体にとりつくそれだけの数の霊とするのであろうか。というのは、かれらは霊によって、つねに、無形であって、それにもかかわらずひとつの場所から他の場所へ移動しうるものを、意味するからである。したがって、この種の背理は、正当に、狂乱のおおくの種類のなかに、かぞえることができるのであり、かれらの現世的な欲望《ラスト》についての明瞭な思考にみちびかれていて、このように論じたり書いたりすることをひかえているときはいつも、狂人の平静期にほかならない。そして、知的な徳性と欠陥については、以上のとおりである。

（1）まえにも指摘したように、このことばに道徳的な意味はないので、徳性という訳は、適当ではない。トゥリコーはabilitéと訳している。しかしこれを能力と訳してしまうと、faculty, ability の訳語がなくなるので、徳性としておく。
（2）異文はイタリックで *wit*（初版B）または *write*（初版C）となる。
（3）異文は as がないため、「もっとも役だつ。それで」となる（初版B・C）。
（4）ここでも、語源的説明は根拠がない。
（5）ケンブリジ版では、than is ordinarily than seen in others と、than が二重になっているが、たんなる誤植とおもわれる。
（6）ベドラム Bedlam は、ロンドンのベスリヘム病院、一二四七年に修道院としてたてられたが、一三三〇年ごろにはすでに病院として知られ、修道院解体ののち、ロンドン市の所有となり、一五四七年に王立精神病院となった。正式名称は St. Mary of Bethlehem.
（7）private spirit は、一七世紀の宗教用語。
（8）ラテン語版で「神学において一般にうけいれられている誤謬」となっているので、ここもそのように解すべきであろう。
（9）アブデラ Abdera は、エーゲ海北岸（トラキア）にあった古代ギリシャの都市。
（10）アンドロメダはギリシャ神話にでてくるエチオピア王女。母であるカシオペイアが海神ポセイドンの怒りにふれて、アンドロメダがいけにえになろうとしたとき、ペルセウスに救われて妻となった。ソフォクレースとエウリピデースにそれぞれ『アンドロメダ』という劇がある。
（11）このものがたりはルキアノス『歴史をいかに書くか』一にある。

(12) このものがたりは、プルタルコス『女の徳性』にある。

(13) エウメニデース Eumenides は、ギリシャの復讐の女神で、Furiae とおなじ。

(14) ケレス Ceres は古代イタリアの農業の神。

(15) ポイボス Phœbus はアポロンのこと。

(16) モーシェは、ユダヤ人の宗教的指導者で、日本ではモーゼとよばれることがおおかった。原発音に忠実であろうとすれば、モーシェフぐらいになるが、それではだれのことかわからなくなりそうなので、中間をとった。かれは、ユダヤ人をエジプトでの奴隷状態からすくいだし、シナイ山で神と契約をむすび、十戒をうけたことで、とくに有名である。

(17) アブラハムは、ユダヤ民族の始祖で、もとはアブラムといった。その生涯についてはさまざまな伝説があり、啓示についても同様である。

(18) 「主は雲のなかにあって下り、かれにかたり、かれのうえにあった霊をとって、それを七〇人の長老に与えた。そこでつぎのことがおこった。すなわち、霊がかれらにやどると、かれらは予言してやまなかったのである。」

(19) 「私が知恵の霊をもってみたしておいた、すべての心のかしこい人びとに対して、おまえはつげよ。アーロンを清めるために、かれの衣をつくるがよい、かれは私に対して、祭司の職をおこなうであろう、と。」アーロンはモーシェの兄で、出エジプトにあたってモーシェをたすけた。しかし、黄金の子牛をつくって神の像としたために、神のいかりにふれた。

(20) The Burthen of the Lord については、たとえばつぎのようにいわれる。「この民、その予言者、またはある祭司が、おまえに主の重荷とは何かとたずねるならば、重荷とは、主がおまえたちをすてるといったことだとこたえよ」(イェレミア・二三・三三)。「おまえたちは、ふたたび主の重荷といってはならない。各人のことばは、かれの重荷なのだから」(同・三六)。

(21)「かれの親族がこれをきいて、イェスは狂っているといって、とりおさえようとでてきた。またイェルサレムからきた学者たちも、イェスはベルゼブブをもっていて、悪鬼の王侯によって悪鬼たちをおいはらうのだ、といった。イェスはかれらをよびよせ……サタンがどうしてサタンをおいはらえようか、といった」(マルコ・三・二〇―二三)。ベルゼブブは、エクロン人の偶像神で、医学の守護神とされていたが、ここでは悪鬼のかしらのこと。ベルゼブルともいう。マタイ・一二・二四に「悪鬼のかしらベルゼブルの力によらなければ、悪鬼をおいだせるはずがない」といわれている。

(22)ヨハネ・一〇・二一では、このあとに「悪鬼に盲人の目をあけることができるか」とつづく。

(23)イェフーは、イスラエルの将軍で、予言者エリシァの弟子に油をそそがれ、王とその一族をころして、王位についたが、黄金の子牛を崇拝することをやめなかった(列王上・九・一―一〇・三六)。

(24)サドカイ派は、紀元前二世紀から紀元一世紀ごろの、ユダヤ教の一派で、復活・天使・霊を否定した。「サドカイ人は、復活も天使も霊もないという」(使徒・二三・八)。

(25)イェスとその弟子たちが、湖上で嵐にあい、弟子たちがおそれさわいだとき、イェスは「なぜおそれるのか、信仰のうすいものたち」といって、風と湖とをしかりつけると、すっかり凪になった。

(26)「シモンの姑がおもい熱病にかかっていた。……イェスが彼女のかたわらにたって、熱病をしかると、それは彼女をはなれた。……悪鬼たちはおおくの人からでて、なきわめき、おまえは神の子キリストだといった」(ルカ・四・三八—四一)。

(27) to confess Christ とは、キリストへの信仰を告白することであるが、悪鬼がそうするわけはないので、前注の引用のように、キリストであることをみとめたという意味であろう。

(28)「けがれた霊が人間からでていくと、砂漠をうろつき、休む場所をさがすが、見つからないので、でてきたわが家にもどろうという。もどってみると、空き家になっていて、掃除してきちんと整えてある。そこででかけて、自分よりわるい七つの霊をつれてきて、中にはいりこみ、住みつく。そうなるとその人の状態は、まえよりもわるくなる。このわるい時代も、そのようになるだろう」(マタイ・一二・四三—四五)。

(29) フランシスクス・スアレス Franciscus Suarez (1548–1617) は、エスパーニャのイェズス会神学者。ここでホッブズがあげているのは、De concurso, motione et auxilio Dei libri III, 1600 (*Varia opuscula theologica*, Moguntiae [Mainz], 1600. にふくまれる) の第一巻第六章の表題であって、first Booke は、第一巻の意味なのだが、原文どおりに訳せば、「最初の著書」になってしまう。

(30) ここでも、「など &c」が、「無形の」のあとにおかれているが、語順を変更して訳した。

第九章　知識のさまざまな主題について

　知識にはふたつの種類があって、そのひとつは、事実についての知識であり、もうひとつは、ひとつの断定の他の断定への帰結 *Consequences*〔連続〕についての知識である。前者は、感覚と記憶以外のなにものでもなく、絶対的な知識である。われわれが、ある事実がおこなわれているのを見たり、それがなされたことを想起したりするばあいが、そうであって、これは、証人において必要とされる知識である。後者は、科学とよばれるもので、条件的であり、われわれが、「示された図形が、もし円であるならば、そのばあいには、中心をとおるどんな直線も、それをふたつのひとしい部分にわけるであろう」ということを知るばあいのようなものである。そして、これは、哲学者において、すなわち推理をすると称する人にとって、必要とされる知識である。

　事実についての知識の記録は、歴史とよばれる。それにはふたつの種類があって、ひとつは自然史とよばれる。それは、人間の意志になにも依存しない、自然の事実または効果の歴史であり、諸金属、諸植物、諸動物、諸地域などの歴史のようなものである。他方は、社会史 *Civill History* であって、それは、コモン－ウェルスのなかの人びとの、意志による諸行為の歴史である。

　科学の記録は、ひとつの断定の他の断定への帰結についての、証明を内容とする書物であり、ふつうは哲学書とよばれる。それには、ことがらの多様性に応じておおくの種類があり、そして、私が次ページの表でそれらをわけたようなやりかたで、分割することができる。

(1) 異文は「ふたつの」を欠く(初版B・C)。

(2) 異文では「宗教」(初版B・C)。

(3) 社会哲学の二項目だけが「……から……への諸帰結 Consequences from … to」となっているが、ほかはすべて、「からの諸帰結」あるいは注(4)のように「の諸帰結」。

(4) 原文どおりに訳せば、「流《い》動体からの諸性質の帰結」だが、それでは意味をなさないので、of と from をいれかえた。なお、such as are the *ayre*, or substance œtheriall と空気とエーテル的実体を複数動詞でうけているが、文法的にも、またホッブズにとって空気とエーテルがおなじであったことからしても、誤記と考えられる。

(5) Sciography は、陰影による計時法。

- **科学**、すなわち諸帰結についての知識、それは**哲学**ともよばれる
  - すべての自然の物体の諸属性からの諸帰結、それは**自然哲学**とよばれる
    - すべての自然の物体に共通の諸属性すなわち量と運動からの諸帰結
      - 不確定の量と運動からの諸帰結。それは、哲学の諸原理すなわち第一の基礎であるから、第一哲学とよばれる ―― **第一哲学**
      - 確定した運動と量からの諸帰結
    - **物理学**すなわち諸性質からの諸帰結
      - ときにあらわれ、ときにきえるような、一時的な諸物体の諸性質からの諸帰結 ―― **気象学**
      - 永続的な諸物体の諸性質からの諸帰結
        - 星の諸性質からの諸帰結
          - 星の光からの諸帰結。これと太陽の運動からつくられる科学が ―― **計時法**(5)
          - 星の諸影響からの諸帰結 ―― **天文学**
        - 空気やエーテル的実体のように、星と星とのあいだの空間をみたしている流動体の諸性質からの諸帰結(4)
        - 地上の諸物体の諸性質からの諸帰結
  - 政治体の諸属性からの諸帰結、それは**政治学**《ポリティクス》および**社会**《シヴィル》**哲学**とよばれる
    1. コモン-ウェルスの設立から、政治体あるいは主権者の諸権利と諸義務への諸帰結について(3)
    2. おなじことから、臣民たちの権利と義務への諸帰結について

- 確定した量と運動からの諸帰結
  - 形による
  - 数による
    - 数学
      - 幾何学
      - 算術
- 特定の諸物体の運動と量からの諸帰結
  - 地球や星のような、世界のおおきな部分の運動と量からの諸帰結
    - 宇宙誌
      - 天文学
      - 地理学
  - 物体の特殊な種類や形の運動からの諸帰結
    - 力学、重量学説
      - 技師の科学
      - 建築術
      - 航海術
- 地球の諸部分で感覚をもたないものからの諸帰結
  - 石や金属などの鉱物の諸性質からの諸帰結
  - 植物の諸性質からの諸帰結
- 諸動物の諸性質からの諸帰結
  - 動物一般の諸性質からの諸帰結
    - 映像からの諸帰結 ---- 光学
    - 音からの諸帰結 ---- 音楽
    - その他の諸感覚からの諸帰結
  - とくに人間の諸性質からの諸帰結
    - 人びとの諸情念からの諸帰結
      - 倫理学
    - ことばからの諸帰結
      - たたえたり、ののしったりなどするばあい
        - 詩学
      - 説得のばあい
        - 修辞学
      - 推理のばあい
        - 論理学
      - 契約のばあい
        - 正義と不正義の科学

第十章　力、値うち、位階、名誉、ふさわしさについて

《力》ある人の**力**POWERとは、(普遍的に考えれば)、善(利益)だとおもわれる将来のなにものかを獲得するために、かれが現在もっている道具である。そしてそれは、本源的 *Originall* であるか手段的 *Instrumentall* である。

生れつきの *Naturall* 力とは、身体または精神の諸能力の優越であり、異常な強力、容姿、慎慮、技芸《アーツ》、雄弁、気前のよさ、高貴さのようなものである。手段的なというのは、これらによって、あるいは運命《フォーチュン》によって、獲得された力であり、それをさらに獲得するための道具であり手段である。たとえば、財産、評判、友人、人びとが幸運とよぶ神のひそかな働きが、そうである。すなわち、この点での力の性質は、名声に似ていて、進行するにつれて増大するものなのであり、あるいはおもい物体の運動に似ていて、それは、進めば進むほどますますはやくなるのだ。

人間の力のなかで最大のものは、きわめて多数の人びとの力の合成であって、それは同意によって、自然的または社会的《シヴィル》な一人格に合一され、その人格は、かれらのすべての力を、コモン－ウェルスの力がそうであるように、かれの意志にもとづいて使用しうるか、あるいは、一党派の力や連合した諸党派の力がそうであるように、それぞれのものの意志にもとづいて使用しうる。したがって、召使をもつのは力であり、友人をもつのは力である。なぜなら、かれらは合一され

た力であるからである。

気前のよさとむすびついた財産もまた、力である。[1] なぜなら、それは友人と召使をもたらすからである。気前のよさをともなわなければ、そうではない。なぜなら、このばあいにはそれは、人びとを防衛しないで、餌食として羨望にさらすからである。

力があるという評判は、力である。なぜなら、それは、保護を必要とする人びとの帰依をひきよせるからである。

自分の国を愛するという評判（人気とよばれる）[2]は、おなじ理由で、力である。

また、どんな性質であれ、その人を、おおくの人に愛されあるいは恐れられるようにするもの、あるいはそういう性質をもっているという評判も、力である。なぜなら、それは、おおくの人の助力と奉仕を手にいれる道具であるからである。

成功は力である。なぜなら、それは、賢明または好運だという評判をつくりだし、そのことは人びとを、かれをおそれるように、あるいはたよるように、するからである。

すでに力をもっている人びとの、愛想のよさは、力の増大である。なぜなら、それは愛をえるからである。

和戦の処理において慎慮を有するという評判は、力である。なぜならば、われわれは、慎慮ある人びとに対して、他の人びとに対してよりもすすんで、われわれ自身の統治をゆだねるからである。

高貴の身分であることは、すべての場所においてではなく、それが諸特権をもっているコモン－ウェルスにおいてのみ、力である。というのは、そのような諸特権のうちに、かれらの力があるのだからである。

雄弁は力である。なぜなら、それは慎慮に見えるからである。

容姿は力である。なぜなら、それは、善を予期させるので、人びとに、女性や見しらぬ人びとの好意をむけさせるからである。

科学は、ちいさな力である。なぜなら、それは、どんな人においても、目だたず、したがってみとめられず、また、それは少数の人びとをのぞいてはまったくなく、かれらにおいても、少数のものごとについてしかないのだからである。(3) すなわち、科学というものは、かなりの程度それを取得したものでなければ、それがあることを理解しえないという、性質をもっているのである。(4)

築城や機関その他の兵器の製造のような、公共の役にたつ諸技芸は、それらが防衛と勝利にかかわることによって、力である。そして、それらの真の母は科学すなわち数学なのではあるが、それらが技術家の手によって光をあびるようになるために、かれがうんだものと（助産婦が通俗的には母としてとおるように）みなされるのである。

《値うち》ある人の価値 *Value* すなわち値うち WORTH は、他のすべてのものごとについてと同様に、かれの価格であり、いいかえれば、かれの力の使用に対して与えられる額であり、したがって絶対的なものではなくて、相手の必要と判断に依存するものである。兵士たちの有能な指揮者は、現在のあるいは切迫した戦争のときには、おおきな価格をもつが、平和においては、そうではない。学問があり清廉な裁判官は、平和のときには、おおきな値うちがあるが、戦争においては、それほどではない。そして、他のものごとについてと同様に、人間についても、売手ではなく買手が、その価格を決定する。すなわち、ある人が（たいていの人がするように）自分を[5]、できるだけたかい価値で評価するとしても、その真実の価値は、他の人びとによって評価されるところを、こえないのである。

　われわれがたがいにつけあう価値の表明は、ふつうに、名誉《オナー》を与えることおよび不名誉《ディスオナー》にすることと、よばれることである。ある人をたかい価値にみつもるのは、かれに名誉を与えることであり、ひくくみつもるのは、かれを不名誉にすることである。しかし、たかい、ひくいは、このばあい、各人が自分自身につけた額との比較において、理解されるべきものである。

　《位階》ある人の公共的な値うちは、コモン－ウェルスによってかれにつけられた価値であり、それは人びとがふつうに、**位階** DIGNITY とよぶものである。そして、コモン－ウェルスによるかれのこの価値は、指揮や司法や公共業務の諸職務[6]によって、あるいは、そのような価値を区別するために導入された名称と称号によって、理解される。

　《名誉を与えることと、不名誉にすること》どんな種類の援助でも、他人に懇願することは、**名誉**を与えることである。なぜなら、それは、かれがたすける力をもっているという、われわれの意見のしるしだからであり、援助が困難であればあるほど、名誉はおおきいのである。

服従することは、名誉を与えることである。なぜならば、自分たちをたすける力も傷つける力ももたないと考えるものに対しては、だれも服従しないからである。そして、したがって、不服従は、不名誉にすることである。

ある人におおきな贈物をすることは、かれに名誉を与えることである。なぜなら、それは購買し、力をみとめることだからである。わずかな贈物をすることは、不名誉にすることである。なぜなら、それは施しものにすぎず、ちいさな援助を〔さえも〕必要とするという、意見をあらわすからである。

他人の利益〔善〕の促進につとめること、および他人にへつらうこともまた、われわれがかれの保護または援助をもとめるしるしとして、名誉を与えることである。無視するのは、不名誉にすることである。

どんな便益においてでも、他人に道や場所をゆずるのは、自分より力がおおきいことの告白であるから、名誉を与えることである。尊大にふるまうのは、不名誉にすることである。

他人に対する愛情または恐怖のしるしを示すことは、名誉を与えることである。というのは、愛することも、おそれることも、たかく評価することだからである。軽視したり、かれが期待するよりすくなく愛したりおそれたりするのは、不名誉にすることである。なぜなら、それは、過少評価することだからである。

ほめ、たたえ、あるいは幸福だとよぶことは、名誉を与えることである。なぜなら、善良さや力や至福が、たかく評価されているにほかならないからである。ののしり、あざけり、あるいはあわれむのは、不名誉にすることである。

相手に対して、よく考えながらはなし、かれのまえに礼儀と謙遜をもってあらわれるのは、かれを立腹させることへの恐怖のしるしとして、かれに名誉を与えることである。かれにむかって軽率にはなし、かれのまえでなにごとでも、みぐるしく、だらしなく、ずうずうしくおこなうのは、不名誉にすることである。

相手に対して、信頼し、信用し、たよりにするのは、名誉にすることであって、かれが徳性と力をもっているという意見のしるしである。信用せず、信頼しないのは、不名誉にすることである。

ある人の忠告や説話に、それがどんな種類のものであれ、耳をかたむけるのは、われわれがかれを、賢明または雄弁または知力があると考えているしるしとして、名誉を与えることである。そのあいだにねむったり、たちさったり、しゃべったりするのは、不名誉にすることである。

相手に対して、かれが名誉のしるしとしてうけとることや、法律や慣習がそういうものとしているることを、おこなうのは、名誉を与えることである。なぜなら、それをするものは、他の人びとによって与えられる名誉を是認することにおいて、他の人びとがみとめる力をみとめるのだからである。こういうことをするのを拒むことは、不名誉にすることである。

意見において同意するのは、かれの判断と知恵を是認するしるしであるから、名誉を与えることである。同意しないのは、不名誉であり、誤謬および（不同意がおおくのことについてであれば）おろかさへの非難である。

模倣することは、名誉を与えることであって、それははげしく是認することだからである。相手の敵を模倣することは、不名誉にすることである。

相手が名誉を与える人びとに名誉を与えるのは、かれの判断を是認するしるしとして、かれに名誉を与えることである。かれの敵に名誉を与えるのは、かれを不名誉にすることである。

忠告または困難な行為にさいして、もちいることは、かれが知恵やその他の力をもっているという意見のしるしとして、名誉を与えることである。おなじばあいに、もちいられることをもとめる人びとにそれを拒否するのは、不名誉にすることである。

名誉を与えることについての、これらすべてのやりかたは、自然的なものであって、コモン-ウェルスの、なかでもそとでも、おなじである。しかし、コモン-ウェルスのなかでは、最高権威をもつ人または人びとが、なんでも自分のこのむものを、名誉のしるしとすることができるのであり、そこには、以上のほかの名誉がある。

主権者は臣民に対して、どんな称号、職務、登用、行為によってであれ、かれ自身が、その臣民に名誉を与えようという自分の意志のしるしとして、うけとられることをのぞむようなものによって、名誉を与える。

ペルシャ王がモルデカイに[7]、王の衣裳をつけて、王の馬のひとつにのって、頭に冠をのせて、ひとりの王侯を先導として、「王が名誉を与えようとのぞむものに対しては、こういうことがなされるであろう」と宣告しながら、街から街へつれまわされるようにと、命令したときには、名誉を与えたのである。それでも、他のペルシャ王が、あるいは、おなじペルシャ王が他のときに、あるおおきな奉仕に対して、王の礼服のひとつを着用することをもとめたものに、そうすることをゆるしたが、それには、かれがそうするのは王の道化としてだということが、つけくわえられていた。そして、そのばあいには、それは不名誉であった。したがって、社会的《シヴィル》名誉については、その源泉は、コモン-ウェルスの人格であり、主権者の意志に依存する。そして、それだから現世的[8]であり、社会的名誉とよばれるのである。為政者職、職務、称号のようなものがそうであり、ところによっては、紋章や彩色された楯かざりがそうである。そして、人びとは、そういうものをもっている人に、コモン-ウェルスにおいてそれだけおおくの支持のしるしをもつものとして、名誉を与えるのである。コモン-ウェルスの支持は、力なのだ。

《名誉なこと》名誉なというのは、なんであっても力の証拠としるしであるような、所有、行為、性質である。

そして、したがって、おおくのことについてに、名誉を与えられ、愛され、おそれられるのは、力の証拠として、名誉なことである。わずかのことについてしか、あるいはなんについても、名誉を与えられないのは、不名誉なことである。

《不名誉なこと》支配と勝利は、名誉なことであり、なぜなら、力によって獲得されたものだからである。そして、困窮や恐怖による隷従は、不名誉なことである。

幸運は（継続するならば）、神の支持のしるしとして、名誉なことである。不運と損失は、不名誉なことである。度量、気前のよさ、希望、勇気、確信は、名誉なことであり、それは力だからである。貧困は不名誉なことである。なぜなら、それらは力の意識からでてくるからである。小心、吝嗇、恐怖、不信は、不名誉なことである。

人がなすべきことについての、適時の決断あるいは決定は、ちいさな困難や危険の軽視であるから、名誉なことである。そして、不決断は、わずかの障碍やわずかの利益の過大評価のしるしであるから、不名誉なことである。すなわち、人がものごとを、時間がゆるすかぎり秤量して、決断しないばあいは、重さのちがいはわずかしかないのであり、したがって、もしかれが決断しなければ、かれはちいさなものごとを過大評価するのであって、それは小心である。

おおくの経験、科学、分別、知力からでてくる、あるいは、でてくるように見える、すべての行為とはなしは、名誉あるものであって、なぜなら、これらすべては力であるからである。誤謬、無知、おろかさからでてくる、行為や語は、不名誉なものである。

おもおもしさは、それがなにか他のことに没頭している精神からでてくるように見えるかぎり、それだけ、名誉なことである。なぜならば、没頭は、力のしるしだからである。しかし、もしそれが、おもおもしくみせようという目的からでているように見えるならば、それは不名誉なことである。すなわち、前者のおもおもしさは、商品をつんだ船の確実さに似ているが、後者のそれは、砂やその他の屑の底荷をつんだ船の、確実さに似ているのである。

著名であること、換言すれば、富、職務、偉大な行為、あるいはなにかの卓越した長所《グッド》のために知られるのは、かれが知られることになった力のしるしとして、名誉なことである。反対に、無名であるのは、不名誉なことである。

著名な両親から出たことは、名誉なことである。なぜなら、かれらは、自分たちの祖先の援助や友人を、それだけ容易に手にいれるからである。反対に、無名の両親から出たことは、不名誉である。

公正 Equity から出た行為が、損失をともなうときは、度量のしるしとして、名誉なことである。なぜなら、度量は力のしるしだからである。反対に、奸知、弄策、公正無視は、不名誉なことである。

大財産への貪欲とおおきな名誉への野心は、それらを取得する力のしるしとして、名誉なことである。わずかな利得や昇進への貪欲と野心は、不名誉なことである。

また、ある行為が正しいか不正かは(それが偉大で困難であり、したがっておおくの力のしるしであるならば)、名誉にかんする事情を変更するものではない。なぜなら、名誉はただ、力があるという意見のなかにあるのだからである。したがって、古代の異教徒は、かれらの詩のなかに、神がみを、強奪や窃盗その他の、偉大だが不正で不潔な諸行為をおこなうものとして、導入したとき、かれらは神がみに不名誉を与えたとは考えず、おおいに名誉を与えたと考えたのだ。それは、ユピテルにおいては、かれの姦通[9]ほどおおいにたたえられたものはない、というほどであり、メルクリウスにおいては、かれの詐欺と窃盗[10]がそうであった。ホメロスの賛歌[11]における、かれへの称賛のうちの最大のものは、その朝にうまれて、昼には音楽をつくり、夜になるまえにアポロンの家畜を、かれの牧夫たちから盗みさった、ということなのである。

また、人びとのあいだでも、おおきなコモン－ウェルスが設立されるまでは、海賊や追いはぎであることは、なにも不名誉ではないと考えられ、それどころか、ギリシャ人のあいだだけでなく他のすべての国民のあいだでも、むしろ合法的な営業《トレード》と考えられていた。そのことは古代の歴史記述にあきらかなとおりである。そして、今日、世界のこの部分では、私的決闘は、非合法ではあるが名誉あるものであり、それを拒否する人びとに名誉がさだめられ、挑戦する人びとに恥辱がさだめられるときまで、つねにそうであるだろう。なぜならば、決闘は、おおくのばあい、勇気の結果でもあって、勇気の基礎はつねに強力か技倆であって、それらは力なのだからである。もっとも、たいていの決闘は、決闘者の一方または双方の、無思慮なことばおよび不名誉への恐怖の結果であり、かれらは無思慮に約束して、汚辱をさけるために決闘場においこまれるのである。

《紋章》楯かざりと世襲の紋章は、それらが、なにか卓越した特権をもっているところでは、名誉あるものであり、そうでないところでは、名誉ではない。なぜなら、それらのものの力は、他の人びとがもっていてもひとしく名誉とされるような、特権や財産やその他類似のものに、あるのだからである。この種の名誉は、ふつうに名門《ジェントリ》[12]とよばれ、古代ゲルマン人からひきだされたものである。なぜなら、ゲルマンの慣習が知られなかったところでは、そういうものはなにも、知られなかったからである。また、それは、ゲルマン人が居住したことのないところでは、現在どこでももちいられていない。古代ギリシャの指揮官たちは、戦争にいくときは、かれらの楯をおもいおもいの図柄でいろどったのであって、いろどられない丸楯は、貧困とふつうの兵士であることとの、しるしであったほどであった。しかし、かれらは、それらを世襲することを伝えなかった。ローマ人は、かれらの家族の標章《マーク》を伝えたが、それらは、かれらの祖先たちの影像であって図柄ではなかった。アジア、アフリカ、アメリカの民族のあいだでは、そういうものはなにもないし、けっして存在したことがなかった。ゲルマン人だけその慣習をもち、それはかれらからイングランド、フランス、エスパーニャ、イタリアへ、ひきだされたのであって、そのとき、世界の西のこれらの地方において、かれらは大勢で、ローマ人をたすけたり、あるいはかれら自身の征服をおこなったりしたのである。

すなわち、ゲルマニアは、古代においては、他のすべての国ぐにがそのはじめにそうであったように、無数の小領主あるいは族長 Masters of Families にわけられていて、かれらはたえず、たがいに戦っていた。それらの族長または領主は、自分たちが武装したときに従者たちに識別されることを、主要目的として、また部分的には装飾のために、かれらのよろいや楯や衣服に、ある獣または他のものの絵をかき、さらにかれらのかぶとの頂点に、なにかきわだって目に見える標章をつけた。そして、武器とかぶとのこの装飾は、世襲によってかれらの子どもたちにつたえられ、長子はそのままのかたちで、のこりのものは、老主人すなわちドイツ語[13]でいう *Here-alt* が、適当と考えた、ある様式の変化をつけくわえて、うけついだ。しかし、それらの家族の多数がいっしょになって、もっとおおきな君主国をつくったときには、楯を区別するという老主人のこの義務は、分離した私的な職務とされた。そして、これらの領主の後裔は、有力な古い名門で、その大部分は、勇気と強奪で知られた生きた被造物、あるいは城や胸壁や剣帯や武器や城門や柵やその他の戦争のしるしを、身につけている。当時は、軍事的な徳性のほかには、なにも名誉ではなかったからである。のちになって、王たちだけでなく民衆的な諸コモン‐ウェルスも、戦争に出ていくものやそこから帰ってくるものに、かれらの奉仕に対する奨励または報償として、さまざまな様式の楯を与えた。それらのすべては、注意ぶかい読者によって、当時のゲルマン人の国民と風習についてのべている、ギリシャ、ローマのふるい歴史書のなかに、見いだされるだろう。

《名誉の称号》公爵、伯爵、侯爵、男爵というような名誉の称号は、コモン‐ウェルスの主権者権力によって、かれらにつけられた価値をあらわすものとして、名誉あるものである。これらの称号は、むかしは職務と指揮《コマンド》の称号であって、あるものはローマ人から、あるものはゲルマン人とガリア人[14]から、ひきだされた。公爵《デューク》は、ラテン語の首領 *Duces* で、戦争における将軍である。伯爵は、友誼によって将軍に同伴した同僚 *Comites* であって、征服され平定された場所を統治し防衛するために、あとにのこされた。侯爵は、辺境伯 *Marchiones* であり、辺境地方すなわち帝国の境界を統治した伯爵であった。これらの公爵、伯爵、侯爵という称号は、ほぼコンスタンティヌス大帝のときに[15]、ゲルマン人の民兵の慣習から、帝国にはいってきた。しかし、男爵は、ガリア人の称号であったようにおもわれ、王や王侯が戦争において自分たちの身辺に使用する部下のような、すぐれた人をあらわすのである。そして、それは、兵士 *Vir* からでて、ラテン語の *Vir* とおなじことをあらわすガリア人の言語の *Ber* および *Bar* となり、そこから *Bero* および *Baro* となったようである。したがって、そういう人びとは *Berones* とよばれ、のちに男爵 *Barones* とよばれたのであり、（エスパーニャ語では）*Varones* とよばれた[16]。しかし、名誉の諸称号について、もっとくわしくしりたい人は、私がしたように、セルドゥン氏のこの主題についてのもっともすぐれた論文[17]のなかに、それを見いだすであろう。時代がすすむにつれて、これらの名誉の職務は、紛争にさいして、あるいはすぐれた平和な統治のために、たんなる称号に転化させられて、大部分は、コモン-ウェルスにおける臣民たちの、優先順、地位、序列を区別するのに役だっている。そして、人びとは、保有も指揮もしない場所についての[18]、公爵、伯爵、侯爵、男爵となり、その他の称号もまた、おなじ目的のために案出されたのである。

《ふさわしさ。適任性》**ふさわしさ** WORTHINESSE は、人の値うち《ワース》すなわち価値とはべつなものごとであり、かれのあたい《メリット》やあたいするもの desert ともべつであって、かれがそれにふさわしいといわれる、そのことがらについての特殊な力または能力である。この特殊な能力は、ふつう、**適任性** FITNESSE または適合性 *Aptitude* といわれる。

すなわち、指揮官や裁判官あるいは他のどんな任務にでも、もっともふさわしい人とは、それをよく遂行するために必要とされる諸性質を、もっともよくそなえている人であり、財産にもっともふさわしい人とは、それをよく使用するのにもっとも必要な諸性質をもっている人であって、それらの性質のどれかがなくても、それにもかかわらずその人は、なにか他のことにふさわしく、価値がある人であるかもしれない。さらにまた、ある人が、財産、職務、業務にふさわしいとしても、それにもかかわらずそのことは、他人にさきんじてそれをもつ権利を主張しうるのではなく、したがって、それだけのあたいあるいは功労があるということはできない。なぜなら、あたいは、権利を前提し、そして、あたいするものごとは、約束によって帰属するのだからである。それについて私は、あとで諸契約についてのべるときに、さらにのべるであろう。

（1）　アダム・スミスは、『国富論』第一―二版への別冊増補の冒頭で、「富はホッブズ氏がいうように力である。しかし大財産を獲得または相続するものは、かならずしもそれによって文武いずれかの力を、獲得または相続するのではない。……それの所有がただちに直接にかれにもたらす力は、購買力であり……」とのべている(第三版では第一篇第五章第三パラグラフ)。

（2）　人気 popularity と愛国者であるという評判は、現代の語感ではむすびつかないが、ラテン語の popularitas には、古代ローマの政治における民衆派という意味があった。トゥリコーはここに、このラテン語にはデマゴーグという意味もあると附記しているが、このことは現在の文脈とは関係がない。

（3）　語順を変更して、「なぜなら、それは少数の人びとをのぞいてはまったくなく、かれらにおいても少数のものごとについてしかなく、またどんな人においても目だたず、したがってみとめられないのだからである。」とするほうがわかりやすい。すなわち、「どんな人においても」とは、科学をもつ例外的少数者についていわれるのである。

（4）　マルクス『剰余価値についての諸理論』の第一巻附録（カウツキー版）には、ここの「科学というものは……理解しえない」「築城や……みなされるのである」「ある人の値うち……与えられる額である」、第二十四章第三パラグラフの「神はそれらを……必要でないのである」、第四パラグラフの「人間の労働もまた……財貨なのである」、第六パラグラフの「主権者は、……なされるのである」、第三十章《平等な租税》の項の「人は……やとわなければならない」が、引用されている。しかしMEW版では、「科学……」と「主権者……」は引用ではなくなっているし、引用のドイツ文も、同一ではない。

（5）　原文は「自分たち themselves」で、かっこのなかの「たいていの人」にひきずられたらしいが、この文章の主語は単数である。

（6）　軍事・司法・行政の職務をさすと理解していいであろう。

（7）　紀元前五世紀のペルシャ王アハシュエロスの侍従モルデカイが、王の暗殺計画を王に告げたことは、エステル・二・二一にあり、表彰については六・七―一一にある。他のペルシャ王のことは、プルタルコス『英雄伝』のアルタクセルクセース篇五にでているエピソードによるらしい。

（8）　temporary には「一時的」という意味もあるが、civill honour の説明であるから、現世的という意味のほうがつよいとおもわれる。
（9）　ユピテルはローマ神話の最高神で、妻はユーノーであるが、ユピテルがユーノー以外にまじわった女性は、神・人をとわず、かなりの数にのぼる。
（10）　メルクリウス(ギリシャ名ヘルメス)は、知恵や商業の神であるとともに、詐欺や窃盗の神でもあった。かれの窃盗については、すぐあとに説明がある。
（11）　ホメロス賛歌、第三「ヘルメスに」は、アポロンの羊群をぬすむヘルメスをうたっている。ただし、ホメロス賛歌は、ホメロスの作品ではない。
（12）　Gentry は、貴族ではないが武器をもつことをゆるされた階層のことだが、もとの意味は、名門の生まれであることであった。
（13）　Dutch は、一五、一六世紀にはドイツ語をさすことばとして使用されていたが、その慣習が、一八世紀はじめごろまでのこっていた。ドイツ語とオランダ語を区別してハイ・ダッチ、ロウ・ダッチというようになったのは、それからである。なお、Here-alt は、ラテン語版では Heralt となっているが、オランダ語の here(紳士)とドイツ語の alt(老)の合成と考えられる。ドイツ訳は、はっきり「オランダ語の」としている。ホッブズは、ラテン語版にみられるように、Heraldum(伝令・紋章官)にむすびつけようとしたのかもしれない。
（14）　原語は French だが、すぐあとで Gaules となるので、ここもガリアとした。ラテン語版は「ガリア」。ローマ人がガリアとよんだ地域は、現在のフランスよりひろいが、一般にガリア、ゴールは、フランスの別称としてもちいられる。

(15) コンスタンティヌス大帝(二八五?—三三七年)は、ローマ帝国皇帝(在位三〇六—三三七年)として、コンスタンティノポリスを首都とさだめ、キリスト教を承認して、ニカイア会議によってその統一をはかった。

(16) この語源的説明も正確ではない。

(17) ジョン・セルドゥン John Selden, 1584-1654 は、イングランドの法学者、東洋学者で、ホッブズの親友。*History of tythes. That is, the practice of payment of them, the positive laws made for them, the opinions touching the right of them*, n. p. 1618 で、十分の一税を批判し、*Mare clausum*, London 1635 でグロチウスの『自由な海洋』を批判した。ホッブズがここで言及しているのは、*Titles of honour*, London 1614. である。

(18) ホッブズの保護者であったデヴォンシャー公は、デヴォンシャーに領地をもたなかった。

第十一章　さまざまな態度について

《ここで態度というのは何を意味するか》態度MANNERSによって私が、ここで意味するのは、人が相手にどのようにあいさつすべきか、あるいは人は同席者たちのまえでどのように口をすすぐべきか、歯をせせるべきか、およびその他類似の、小道徳の諸問題のような、おこないの上品さDecency of behaviourではなく、人類がいっしょに、平和と統一のなかに生活することにかんする、かれらの性質である。この目的のために、われわれはこの世の至福が、満足した精神の平安にあるのではないことを、考慮すべきである。なぜなら、昔の道徳哲学者たちの書物のなかでかたられているような、究極目的*Finis ultimus*(utmost ayme)も至高善*Summum Bonum*(greatest good)も、存在しないのだからである。また、人は、意欲が終末にくれば、感覚と造影力が停止した人とおなじく、それ以上生きていることはできないのである。至福は、ある対象から他の対象への、意欲の継続的な進行であって、前者の獲得はまだ、後者への径路にすぎないのである。そのことの原因は、人間の意欲の対象が、一度だけの、そして一瞬の享受ではなくて、かれの未来の意欲の道を永遠に確保することだ、ということである。そして、したがってすべての人の意志による行為と意向は、満足した生活を獲得するだけでなく、さらにそれを確保することにもむけられるのであって、ちがうのはただ径路においてである。そのちがいは、一部はさまざまな人びとにあっては情念がさまざまであることから、また一部は、意欲された効果をうむ諸原因について、各人がもっている知識または意見がさまざまであることから、生じてくる。

《すべての人において、やすむことのない、力への意欲》そこで第一に、私は、全人類の一般的性向として、つぎからつぎへと力をもとめ、死においてのみ消滅する、永久の、やすむことのない意欲をあげる。そして、このことの原因は、かならずしもつねに、人が、すでに取得したよりも強度のよろこびを希望するとか、ほどよい力に満足できないとかいうことではなくて、かれが現在もっている、よく生きるための力と手段を確保しうるためには、それ以上を獲得しなければならないからなのである。そして、このことから、王たちは、最大の力をもっていながら、かれらの努力を、それを国内では法によって、国外では戦争によって、確保することにむけ、そのことがなされたときには、あたらしい意欲がそれにつづくのである。ある王たちにおいては、あたらしい征服による名声への意欲、他の王たちにおいては、安楽と感覚的快楽への意欲、他の王たちにおいては、なにかの技芸あるいは他の精神的能力における卓越を、称賛されたり、へつらわれたりすることへの意欲である。

《競争からくる争論への愛好》財産、名誉、指揮、あるいはその他の力についての競争は、争論、反目、戦争になりがちである。なぜなら、競争者のひとりがその意欲を達成する道は、相手を殺したり、服従させたり、おしのけたり、おいはらったりすることだからである。とくに、称賛をもとめての競争は、古代崇拝になりがちである。というのは、人びとは、死者とではなく生者とあらそうのであり、生者の栄光をうすれさせることができるように、死者に不当におおくを帰属させるのだからである。

《安楽への愛好から生じる社会的服従》安楽と感覚的よろこびとへの意欲は、人びとを、共通《コモン》の力《パワー》にしたがおうという気持にさせる。なぜなら、そういう意欲によって、人は、かれ自身の勤勉と労働からえることを希望できたかもしれない保護を、放棄するのだからである。《死や傷への恐怖から》死や傷への恐怖も、おなじ気にさせるのであり、それはおなじ理由による。反対に、窮乏している人びと、強気で自分たちの現状に満足していない人びと、軍隊の指揮に野心をもつ人びととも同様に、戦争の諸原因を継続させ、紛争と騒乱をかきたてたいという気持になる。なぜなら、戦争によらないでは軍事的名誉はないし、カードをきりなおさせることよりほかに、不利なゲームの手なおしをする希望はないからである。

《そして、技芸への愛好から》知識と平和的な諸技芸《アーツ》への意欲は、人びとを共通の力に服従しようという気持にする。なぜなら、そういう意欲は、閑暇への意欲をふくみ、したがって、かれら自身のものでないなにかの力によって保護されたいという意欲をふくむからである。

《称賛への愛好から生じる徳性への愛好》称賛への意欲は、自分がその判断をたかく評価している人びとをよろこばせるような、ほめるべき行為をしたいという気持をおこさせる。というのは、われわれが軽視している人びとについては、われわれは、かれらの称賛をも軽視するからである。死後の名声への意欲も、おなじである。そして、死後には、たのしみというものは、天国のいいがたいたのしみにのみこまれるか、地獄の極度の苦悩にかきけされるか、いずれかなので、地上でわれわれに与えられる称賛についての感覚はないのであるが、それでも、そのような名声はむなしくはない。なぜなら、人びとは、それを予見し、それによって子孫に与えうる恩恵を予見することから、それについて現在のよろこびをもつのだからである。かれらはそれを、いま見るのではないとはいえ、造影するのである。そして、感覚において快楽であるものごとは、すべて、造影においても快楽なのである。

《おおきな恩恵にむくいることの困難さから生じる憎悪》われわれが、自分たちと同等だと考えている人から、むくいる希望がもてないほどおおきな恩恵をうけることは、にせの愛、しかしじつはひそかな憎悪の気持をおこさせ、そして人を絶望的な債務者の状態におくのであって、かれは自分の債権者を見ることをきらい、かれがもはやけっして見ることがないようなところに、債権者がいくことをひそかにねがうのである。すなわち、恩恵は債務を与えるものであり、債務obligationは負担であり、そしてむくいることができない債務は、永続的な負担であって、同等者に対するものであれば憎悪すべきものである。しかし、われわれが自分たちよりまさっているとみとめる人から、恩恵をうけることは、愛したいという気持をおこさせる。なぜなら、負債はあたらしい抑圧ではなく、そして、よろこんでうけとることは（人びとはそれを感謝*Gratitude*とよぶ）、与えるものに対してなされる名誉であって、一般に返礼と考えられるものだからである。同等または下位のものから恩恵をうけるのであっても、むくいる希望があるかぎり、愛情をおこさせる。なぜなら、うけとる側の意図では、この債務は、相互の援助と奉仕の債務であり、そこから、恩恵を与えることでどちらがまさるかという競争、すなわち、可能なかぎりもっとも高貴で有益なあらそいが生じ、そこにおいて勝利者はかれの勝利をよろこび、他方はそれを告白することによってしかえしをするのだからである。

《また、憎悪されるにあたいするという意識から》ある人に対して、かれがつぐないうる以上の、あるいはつぐなう意志がある以上の、害が与えられること(1)は、加害者に被害者を憎悪する気持をおこさせる。なぜなら、かれは復讐か赦免を期待しなければならず、それらはともに、憎悪すべきものだからである。

《恐怖から、傷つけたがること》抑圧への恐怖は人を、先手をうつか、あるいは社会のたすけをもとめるかの、気持にさせる。なぜなら、人が自分の生命と自由を確保できる道は、ほかにないからである。

《また、かれら自身の知力への不信から》自分たちの巧妙さを信用しない人びとは、動乱や騒乱において、自分たちが賢明で狡猾だと想定している人びとよりも、勝利しがちである。なぜなら、前者は相談することをこのみ、後者は(策略にかかるのをおそれて)まずうとうとするからである。そして、騒乱においては、人びとはつねに戦闘の近くにいるので、団結して力のすべてを利用することのほうが、知力の巧妙さからひきだしうるどんなことよりも、すぐれた戦略なのだ。

《うぬぼれから生じるむなしいくわだて》自分たちがおおいに有能だという意識をもたないで、

自分たちが勇敢だと想定してよろこんでいる、うぬぼれものたちは、みせかけようという気になるだけで、おこなおうという気にはならない。なぜなら、危険や困難が出現したときには、かれらは、自分たちの無能が暴露されることしか期待しないからである。

自分たちの有能さを、他人のへつらいによって、あるいは先行のある行為の幸運さによって評価していて、自分たちについての真実の知識からでた、希望のたしかな根拠をもたない、うぬぼれものたちは、軽率にことをおこしがちである。そして、危険や困難がちかづくと、かれらは、できるなら退却する。なぜなら、かれらは、安全な道をしらずに、生命をあやうくするよりも、むしろ名誉をそうすることをえらぶからであって、名誉はいいわけによって救済できるかもしれないが、生命にとっては、どんな救済も十分ではないのである。

《有能だという意見からでる野心》自分が統治のことがらについての知恵をもっているという、つよい意見の持主たちは、野心をいだきがちである。なぜならば、会議や為政者職において公共的に登用されないかぎり、かれらの知恵についての名誉は、うしなわれるからである。そして、したがって、雄弁な演説家は、野心をいだきがちである。なぜなら、雄弁は、かれら自身にも他の人びとにも、知恵にみえるからである。

《ちいさなことがらを過大評価することからくる不決断》小心は人びとを不決断にし、そのけっか、行為の機会と最大の好機をうしなわせる。すなわち、人びとが行為のときが近づくまで熟慮していたのちに、何がなされるべき最善のことであるかが、そのとき明白でないならば、それは、一方と他方との動機の差が、おおきくないことのしるしであり、したがって、そのばあいに決断しないのは、些細なことを秤量して機会をうしなうことであって、それは小心なのである。

節倹 Frugality は（まずしい人びとにおいては徳性なのであるが）その人を、一時におおくの人の強力を必要とするような諸行為を達成するのに、不適当にする。なぜなら、それは、報償によってやしなわれ、活潑にしておかれるべき、かれらの努力をよわめるからである。

《知恵と親切のしるしについての無知からくる、他人への信任》へつらいをともなう雄弁は、人びとを、その雄弁をもつ人を信任しようという気持にする。なぜなら、雄弁は知恵にみえ、へつらいは親切にみえるからである。それらのものに、軍事的な評判をつけくわえると、それは人びとを、それらを有する人に対して、帰依し臣従しようという気持にする。まえのふたつは、かれらに対して、かれからうける危険に対する保証を与え、後者は、他人からうける危険に対する保証を与えるのである。

《また、自然的諸原因についての無知から》科学の欠如すなわち諸原因についての無知は、人を、他の人びとの忠告と権威にたよろうという気持にするか、あるいはむしろ、そうするように拘束する。すなわち、真理にかかわりをもつすべての人は、もしかれらが自分自身の意見にたよらないならば、自分たちより知恵があるとおもい、自分たちをあざむくべき理由を知らない、誰か他人の意見にたよらなければならないのである。

《また、理解力の欠如から》語の意味についての無知、すなわち理解力の欠如は、人びとを、自分たちが知らない真理だけでなく、誤謬をも、信用しようという気持にする。そしてそのうえに、かれらが信用する人びとがもつ無意味な《ノン・センス》ことを信用しようという気持にするのである。というのは、誤謬も無意味も、語についての完全な理解力なしには、探知されえないからである。

おなじことからでてくるのは、人びとが、まさに同一のものごとに、かれら自身の情念のちがいによって、ちがった名辞を与えるということである。たとえば、ある私的な意見を是認する人びとは、それを意見〔世論〕とよぶのに、それをこのまない人びとは、異端とよぶのだが、それでも異端とは、私的な意見以上のものではなく、ただ、ふつうよりおおきな怒気をもっているのである。

おなじことから、さらにでてくるのは、人びとが、研究とすぐれた理解力なしには、おおくの人のひとつの行為と、ひとつの群衆のおおくの行為とを、区別しえないということである。例をあげれば、カティリーナ殺害(2)におけるローマの元老院議員全員の、ひとつの行為と、カエサル殺害における多数の元老院議員のおおくの行為とを、区別できないのである。そして、それゆえに、おそらくは一人の説得によってみちびかれた、一群の人びとa multitude of menによってなされた一群の行為であるものを、人民の行為the action of the peopleと、考えるようになるのである。

《正邪の本性についての無知からくる慣習への執着》権利、公正、法、正義の諸原因と本源的構造についての無知は、人を、慣習と先例を自分の諸行為の規則にしたいという気持にする。処罰するのが慣習であったことを、不正と考え、また、免罪または是認された先例、あるいは（正義についてのこの虚偽の尺度を使用する唯一の人びとである法律家たちが、乱暴にもよぶように）判例を提示しうることを、正義と考える、というようにしてである。それは、ちいさな子どもたちが、よい態度わるい態度について、自分たちの親や教師からうける匡正のほかには、なんの規則ももたないようなものであって、ただちがうのは、子どもたちはかれらの規則に忠実であるのに、人びとはそうではないということである。なぜならば、かれらは、成長して強健で(3)頑固になると、慣習からはなれて理性へ、理性からはなれて慣習へと、それが自分たちに役だつに応じて、うったえるのだからであり、かれらは自己の利益が必要とすれば慣習からとおざかるし、理性がかれらに反するごとに、自己を理性に対立させるのである。このことが、正邪についての学説が、ペンと剣との双方によって、永遠にあらそわれる原因なのだが、それに対して、線と図形についての学説は、そうではない。なぜなら、あとの主題においては、なにが真理であろうとも、人びとはそれについて、だれの野心、利益、熱望のさまたげともならないものとして、注意をはらわないからである。すなわち、もし、「三角形の三つの角は、とうぜん、正方形のふたつの角にひとしい」ということが、ある人の領土《ドミニオン》についての権利、あるいは領土をもつ人びとの利害関心に、反することであるとすれば、その学説は、論争されないとしても、幾何学のすべての書物をやくことによって、関係者としてできるかぎり、抑圧されたであろう。このことを私は、うたがわない。

《平和の原因についての無知から、私人たちにつきしたがうこと》とおい諸原因についての無知は、すべてのできごとを、直接で手段的な諸原因に帰着させたいという気持を、人びとにおこさせる。なぜなら、後者が、かれらが知覚する原因の、すべてなのだからである。そして、ここから、つぎのことが生じる。すなわち、あらゆるところで、公共体《パブリック》への支払いになやまされる人びとは、収税吏《パブリカン》すなわち徴税請負人や徴税人その他の公収入役人に対して、かれらの怒りをそそぎかけ、公共統治の欠陥をさがす人びとに、つきしたがうのであり、そのさいに、かれらが、正当化されるのぞみのないことに従事したときは、処罰への恐怖あるいは赦免をうけることへのはずかしさのために、最高権威をも攻撃するのだ。

《自然についての無知からくる軽信》自然的諸原因についての無知は、人を、不可能なことをしばしば信じるほどの、軽信 Credulity におちいらせる。すなわち、そういう人びとは、その不可能性を探知できないで、そのことがほんとうかもしれないというほかには、それと反対のことをなにもしらないのである。そして、人びとは同席者たちのなかで傾聴されることをこのむものであるから、軽信はかれらを、うそをつくようにしむける。したがって、無知そのものは、悪意なしにも、人に、うそを信じさせるとともに、うそをいわせることができるし、ときにはまた、うそを発明させることもできるのである。

《未来に対する配慮からくる、知ろうとする好奇心》未来に対する懸念は、人びとを、ものごとの諸原因を探求したいという気持にする。なぜならば、それらについての知識は、人びとを、自分たちにもっとも有利なように現在をととのえることが、それだけうまくできるようにするからである。

《おなじものからくる、自然宗教》好奇心すなわち諸原因についての知識への愛は、人を、効果についての考察から、原因の探求へ、さらにはその原因の原因の探求へひきよせて、必然的にかれは、最後にはつぎのような思考に到達するにちがいない。すなわちそれ以上まえにはなんの原因もなく、永遠であるような、ある原因が存在し、それは人びとが神とよぶものである、という思考である。したがって、自然的諸原因についての深遠な探求は、どんなものでも、そうすることによってひとつの永遠の神があることを信仰するように、させずにはおかない。もっとも人びとは、神の本性に対応するようなかれの観念を、なにももつことはできないのである。すなわち、うまれつき盲目である人は、人びとが火によって暖をとることについてかたるのをきき、かれ自身がおなじものによってあたたまるようにされて、そこに人びとが火とよぶもの、そして自分が感じる熱の原因であるものが、なにか存在するということを、容易に考えうるし確認しうるが、しかしかれは、それがどのようなものであるかを造影することはできないし、それを見る人がもつような、それについてのある観念を心のなかにもつこともできない。同様にまた、この世の目に見えるものごとと、それらの感嘆すべき秩序とによって、人は、それらものごとのひとつの原因で人びとが神とよぶものが、存在すると考えることはできるが、それでも、自分の心のなかに、かれについての観念または映像を、もつことはないのである。

そして、ものごとの自然的諸原因についての探求を、わずかしか、あるいはまったく、やらない人びとは、それでも、自分たちにおおくの利益や害悪を与える力をもっているのは何であるかということについての、無知そのものからでてくる恐怖によって、さまざまな種類の見えない力を想定し、そうおもいこみ、かれら自身の造影を畏怖し、こまったときにはそれらに援助をもとめ、また期待どおりに成功したときには、それらに感謝するというように、なるのであって、かれら自身の想像の被造物を、かれらの神がみとするのである。こういう手段によって、想像のかぞえきれない多様性から、人びとがこの世に、かぞえきれない種類の神がみをつくりだすということが、生じたのであった。そして、見えないものごとへのこの恐怖が、各人が自分についてはは宗教とよび、自分たちとはちがう力を崇拝または恐怖する人びとについては迷信とよぶものの、自然的な種子なのである。

そしてこの宗教の種子は、おおくの人によって観察され、それを観察した人びとのうちのある人びとは、それに栄養と衣裳と形態を与えて、法にしようという気持になり、また、自分たちが他の人びとをもっともよく統治し、かれらの力を自分たちにとってもっとも有効なものとすることが、できるようになるのに役だつとおもいさえすれば、未来の事象の諸原因についての、どんな意見であろうとも自分たちのおもいつきを、それにつけくわえようとおもった。

（1）　この文章のとおりだと、「かれ」は被害者になるが、被害者が「つぐなう」というのはおかしいから、加害者が、自分がつぐなう力も意志もない害を与えたばあい、ということだろう。

（2）　ルキウス・セルギウス・カティリーナ Lucius Sergius Catilina, B. C. 108-62. ローマの下級貴族出身の政治家で、六三、六二年に執政官《コーンスル》選挙に立候補したがキケローにやぶれ、下層階級や没落貴族を煽動して反乱をくわだてた。キケローはこの陰謀を察知して、元老院でカティリーナを弾劾し、元老院最終決議（非常決議ともいう）によって、非常独裁権を与えられ、カティリーナは、エトルリアにいる自分の軍隊のもとにのがれたが、ピストリア附近で戦死した。こうしてキケローがカティリーナおよびその仲間を処刑したことは、ホッブズがいうとおり、元老院の決議にもとづくとはいえ、この非常措置の合法性については論争があり、とくに民会の判決なしにローマ市民を処刑したことは、五年後にキケローが亡命においこまれる理由となった。

（3）　異文では「強健で」がない（初版B・C）。

第十二章　宗教について

《宗教は人間のなかにだけある》人間だけをのぞけば、宗教のしるしも果実も、どこにもないことを知るならば、宗教の種子もまた、人間のなかにだけあること、そして、他の生きた被造物のなかには見いだされないある特殊な性質、あるいはすくなくとも、それのある卓越した度合に存することを、うたがうべき理由はない。

《第一に、諸原因を知ろうとするかれの意欲から》そして第一に、人間の本性に特有なのは、かれらが見るできごとの原因について、探求的だということであり、人によりおおいかすくないかの差はあるが、すべての人は、自分自身の運命の善悪の原因をさがすことにおいては、せんさくずきといえるほど探求的である。

《ものごとのはじまりについての考察から》第二に、はじまりのあるなにかのものごとをみて、それにはまた原因があり、そのものごとが、おそくもはやくもなく、じっさいにはじまったときにはじまることを決定したのだと、考えることである。

《ものごとの連続についての、かれの観察から》第三に、獣は、かれらが見るものごとの、順序、帰結、依存の観察と記憶がないために、きたるべき時についての予見を、まったくないしほとんどもたないので、日常的な食物、安楽、情欲《ラスト》を享受する以外にはかれらの至福はないのだが、これに対して人間は、ひとつのできごとが、どのようにして、他のできごとによって生みだされたかを観察し、それらのなかの前提と帰結を想起する。そして、かれが自分では、ものごとの真の諸原因を確認できないときは（なぜなら善悪の運命の諸原因は、大部分は見えないものであるから）、かれはそれらのものの原因を、自分自身の想像が暗示するとおりのものと想定するか、あるいはそれが、かれが自分の味方であり自分より賢明だとおもう他の人びとの、権威を信用するとおりのものと、想定するのである。

《宗教の自然的原因、きたるべき時についての懸念》はじめのふたつは、懸念をつくる。なぜなら、これまでに到達した、あるいはこれから到達する、すべてのものごとには原因があることを、確認しているので、自分のおそれる害悪から身をまもり、自分がのぞむ善を獲得しようとして、たえず努力している人間にとっては、きたるべき時についての不断の心配をもたないということは、不可能だからである。したがって各人は、とくに先慮 provident のありすぎる人は、プロメテウス[1]と似た状態にある。すなわちプロメテウス（それは「慎慮ある人」のことだと解釈される）は、ひろいながめをもつカウカススの岡にしばりつけられ、そこでは鷹がかれの肝臓を餌にして、夜のあいだに回復しただけを、昼のあいだにくいつくすのであった。それで、未来への配慮において、あまりにもとおい前方をみる人は、かれの心を昼のあいだじゅう、死や貧困やその他の災厄への恐怖にくるしめられて、ねむりのなかにおいてしか、かれの懸念の休止も中断もないのである。

《それはかれらに、見えないものごとの力を恐怖させる》この永続的な恐怖が、くらやみのなかにあるかのように、原因についての無知のなかにある人類に、つねにつきまとうのであって、それは対象としてなにかをもたないわけにはいかない。したがって、見えるものがなにもないときは、かれらの運命の善悪いずれについても、責を帰すべきものは、ある見えない力または動因《エージェント》しかないのである。おそらくこの意味で、昔の詩人たちのうちのあるものが、神がみは、はじめ、人間の恐怖によって創造されたと、いったのであろう。それが、神がみについて（すなわち異邦人のおおくの神がみについて）かたられたのは、まったく真実である。しかし、ひとつの永遠・無限・全能の神をみとめることは、きたるべき時においてふりかかるはずのものへの恐怖からよりも、自然的諸物体の原因、それらのさまざまな能力と作用からのほうが、容易にひきだしうるであろう。すなわち、ある効果が生じるのをみて、それのもっとも近くの直接の原因を推理し、そこから、その原因の原因を推理し、諸原因の追求にふかく身を投じる人は、ついには、つぎのことに到達するであろう。それは、（異教徒の哲学者たちさえ告白したように）、ひとつの第一起動者、つまりすべてのものごとの最初にして永遠の原因があるにちがいないということであり、人びとが神という名辞によって意味するのは、これなのである。そして、いまのべたすべてのことには、かれらの運命についての思考がともなわない。運命についての心配は、他のものごとの諸原因の探求に、恐怖をいだかせるとともに、かれらがそうするのを阻止するのであり、それによって、神がみがあると仮想する人びとの数だけおおくの神がみの、仮想をひきおこすのである。

《そして、それらを無形のものと想定させる》そして、このように想像された、その見えない諸動因の、物質《マター》すなわち実体については、かれらは、自然の思索によっては、つぎのようなこと以外のどんな概念にも到達しなかった。すなわち、それは人間の魂とおなじものであるということ、そして、人間の魂は、ねむっている人間に夢のなかで、あるいは目ざめている人間に鏡のなかであらわれるのと、おなじ実体のものであるということであって、人びとは、そのような現出が想像の被造物にほかならないことを知らないので、それらを現実の外部の実体と考え、したがってそれらを幽霊《ゴースト》とよぶのである。そのことはちょうど、ラテン人が、それらを影像および影とよび、それらを霊すなわち稀薄な気体と考えて、かれらがおそれた見えない動因は、それらに類似していて、それらがおもいどおりにあらわれたりきえたりすることだけがちがうのだと、考えたようなものである。しかしながら、そのような霊が、無形あるいは非物質的だという意見は、どんな人の心にも、けっして自然には、はいりえなかったのであり、なぜなら、人びとは、霊と無形的というような、矛盾する意味の語をいっしょにすることがありうるとはいえ、それらに対応するなにものかの影像を、けっしてもつことができないのだからである。そして、それだから、かれら自身の冥想によって、ひとつの無限・全能・永遠の神の承認に到達する人びとは、かれの本性を無形の霊と定義して、そのあとで自分たちの定義がわけのわからぬものであることを告白するよりも、むしろ、かれがとらえられないもので、自分たちの理解をこえるものであると、告白することをえらぶのである。あるいは、もしかれらがかれに、そのような称号を与えるとすれば、それは神聖な本性を理解させようという意図をもって、教義的にそうするのではなく、見える諸物体のいやしさからできるだけとおい意味をもつ諸属性によって、かれに名誉を与えようと、敬虔にそうするのである。

《しかし、それらがどのようにして、なにかをもたらすのかを知らない》そこで、これらの見えない諸動因がその効果をつくりだす道すじだと、人びとが考えていること、すなわち、それらがものごとを生じさせるのに使用した直接の諸原因は何かということについては、われわれがひきおこす *causing* とよぶことが何であるかを知らない人びと(それはほとんどすべての人である)は、過去のある別のときまたはときどきに、類似の効果に先行したのを見たことのあるものごとを、観察し想起するよりほかに、推測のための規則をなにももたないのであって、かれらは、先行事象と後続事象とのあいだに、なんの依存も結合も、まったく見ないのである。そして、したがって、過去の類似のものごとから、かれらは、類似のものごとがやってくることを期待し、それをひきおこすのにまったくかかわっていないものごとから、迷信的に、幸運や不運を予期するのである。たとえば、アテナイ人が、レパントスでのかれらの戦いのために、もうひとりのフォルミオンをもとめ(2)、ポンペイウスの党派が、アフリカでのかれらの戦いのために、もうひとりのスキピオをもとめ(3)、そして他の人びとが、それ以来、他のさまざまな機会に、してきたようなことである。同様にして、かれらは自分たちの運命を、そこにいあわせた人、場所のよしあし、かたられた語のせいにし、とくに祈願や呪文(魔女たちの祈り)のように、神の名がそれらの語のなかにあれば、それらが石をパンにかえ、パンを人にかえ、どんなものをどんなものにもかえる力をもっていると、信じるほどなのである。

《しかし、かれらは、人間に名誉を与えるように、それらに名誉を与える》第三に、人びとが自然に、見えない力に対して示す崇拝についていえば、それは、かれらが人びとに対してよくつかうような、尊敬の表現以外のものではありえない。贈物、歎願、感謝、身体をひくくすること、慎重なよびかけ、謹厳な行動、まえもって考えられた語、かれらによびかけることによる誓い(すなわち約束をたがいにたしかめること)がそうである。それ以上は、理性はなにも示唆しないで、かれらがそこでとどまるか、それ以上の儀式について、かれらが自分たちより賢明だと信じている人びとにたよるかを、かれらにまかせている。

《そして、すべての異常なできごとを、それらに帰する》最後に、どのようにしてこれらの見えない力が人びとに対して、これからやってくるであろうものごとを、とくにかれらの一般的な運命のよしあしについて、あるいはなにかの個々のしごとの成否について、宣告するかということにかんしては、人びとはとうぜん、途方にくれてしまう。ただ、過去によって未来を推測するのになれているので、かれらは、偶然のものごとを、一度か二度の出あいのあとで、これからあといつまでもの、類似の出あいの前兆とみなしがちであるだけでなく、かれらが一度好意的な意見をもったことのある他の人びとからうけとる、おなじような前兆を信じがちなのである。

《宗教の自然の種子である四つのものごと》そして、幽霊についての意見、二次原因についての無知、人びとが恐怖するものへの帰依、および偶然のものごとを前兆とおもうことの、これらの四つのことのなかに、宗教の自然の種子があり、それは、個々の人のさまざまな想像、判断、情念のために、ひとりの人が使用する諸儀式の大部分が、他の人にはこっけいであるほどに、さまざまな儀式へと発展してきたのである。

《育成によってさまざまなものになった》(4) すなわち、これらの種子は、二種類の人びとによって、育成されてきた。ひとつの種類の人びとは、それらを、かれら自身の創意にしたがって、やしない秩序づけた人びとである。他方の人びとは、神の命令と指示によって、そのことをしたのだが、双方の種類はともに、かれらに依拠する人びとを、服従、法、平和、慈恵、および市民社会に、それだけふさわしいものとするために、そのことをしたのである。したがって、まえの種類の宗教は、人間の政治 humane Politiques の一部であり、地上の王たちがその臣民たちに要求する義務の一部分をおしえる。そして、あとの種類の宗教は、神の政治 Divine Politiques であり、神の王国の臣民となった人びとに対する、戒律をふくんでいる。異邦人のコモン－ウェルスの創設者および立法者たちのすべては、まえの種類に属し、アブラハム、モーシェおよびわれわれの祝福された救世主は、あとの種類に属するのであって、かれらによって神の王国の諸法が、われわれのあいだに導入されたのである。

《異邦人流《ジェンティリズム》の背理的な意見》そして、宗教のうちで、見えない力の本性にかんする意見である部分についていえば、名称をもつほとんどすべてが、異邦人たちのあいだで、あれこれの場所で神または悪鬼として尊敬されたり、あるいは、かれらの詩人たちによって、あれこれの霊に活気づけられ、住みこまれ、とりつかれたと、称せられたものなのである。

世界の、形づくられない素材《マター》は、混沌 *Chaos* とよばれる神であった。[5]

天、大洋、諸遊星、火、大地、風は、それだけの数の神がみであった。

男性、女性、鳥、鰐、子牛、犬、蛇、玉ねぎ、韮が、神化された。それとともにかれらは、ほとんどあらゆる場所を魔物とよばれる霊たちで、すなわち平野を男女のパン[6]すなわち野の精《セイター》[7]で、森を牧神《フォーン》[8]や妖精《ニンフ》[9]で、海を人魚やその他の妖精で、すべての川と泉を、それぞれの名前をもった幽霊や、妖精たちで、すべての家をその家神《ラーレス》[10]すなわち使い魔《ファミリア》[11]で、すべての人をかれらの守護神《ジニアス》で、地獄を幽霊たちと渡守 *Charon*[12] 番犬 *Cerberus*[13] 復讐神 *Furies*[14] のような霊的な役人たちで、そして、夜にはすべての場所を、ラルヴァエ *Larvæ*[15]、レムレース *Lemures*[16]、死者たちの幽霊、および妖女と妖怪の全王国で、みたしたのである。かれらはまた、時、夜、昼、平和、和合、愛、争い、徳性、名誉、健康、遅鈍、熱などのような、たんなる偶有性と性質に、神性を帰属させ、それらのために神殿をきずいた。人びとは、それらをもとめるときもさけようとするときも、まるでそれらの名称の幽霊たちが頭上におおいかぶさっていて、かれらがもとめあるいはさけようと祈る善悪を、落ちかからせたり、抑止したりしている[17]かのように、それらに対して祈ったのである。かれらはまた、自分たちの知力をムサエ *Muses* という名称でよび、自分たちの無知をフォルトゥナ *Fortune*[18] という名称で、自分たちの情欲《ラスト》をクピドー[19]という名称で、自分たちの憤怒をフリアエという名称で、自分たちの陰部を生殖神 *Priapus*[20] という名称でよび、それの堕落を男女の夢媾魔[21]のせいにした。こうして、詩人が人格としてかれの詩のなかにいれることができたもので、かれらが神か悪魔かどちらかにしなかったものは、なにもなかったほどであった。

異邦人の宗教の、おなじ創始者たちはまた、諸原因についての人びとの無知という、宗教の第二の根拠を見てとり、そして、そのさいにかれらが自分たちの運命を、なんの依存関係もまったくあきらかでない諸原因のせいにしたがることを見てとって、かれらの無知につけこんで、二次的原因のかわりに一種の二次的で代行者的な神がみをおしつけたのである。こうして、生殖の原因をウェーヌス[22]に、芸術の原因をアポロン[23]に、巧妙と技巧の原因をメルクリウス[24]に、嵐や暴風雨の原因をアエオロス[25]に、他の諸効果を他の神がみに帰し、異教徒のあいだでは、ほとんど仕事の種類とおなじだけの神の種類があったほどであった。

そして、自分たちの神がみに対してもちいられるのが適当だと、人びとが自然に考えた崇拝、すなわち奉納、祈願、感謝およびその他まえにのべたことに、おなじ異邦人立法者たちがつけくわえたのは、その神がみの画像と彫像の両方であって、それは、もっと無知な種類(すなわち大部分または一般の民衆)が、それらの影像で代表される神がみが、じっさいにそれらにふくまれ、いわばそれらのなかに住んでいると考えて、それだけますます、その神がみをおそれるようにするためであった。そのうえ、かれらはその神がみに、土地、家屋、役人、収入を、他のすべての人間の使用からきりはなして供与したのであって、すなわち、洞穴、木立、森、山、島全体[26]を、その神がみの偶像であるものに奉納し聖化したのである。そして、神がみに対して、あるものには人間の、あるものには獣の、あるものには怪物の形態を帰属させただけではなく、人間や獣の能力と情念をも帰属させた。感覚、ことば、性、情欲《ラスト》、生殖（しかもこれは、神がみが相互に混交することによって神がみの種類をふやすためだけでなく、人間の男女と混交することによって、バッコス、ヘラクレスその他のような、雑種の神がみで天上の同居人にすぎないものを、生みだすためである）、さらには怒り、復讐その他の、生きている被造物の諸情念と、詐欺、窃盗、姦通、男色、および力の効果あるいは快楽の原因と考えられうるすべての悪徳のように、それらの情念からでてくる諸行為、また、人びとのあいだで名誉に反するというより法に反すると考えられているようなすべての悪徳が、そうなのである。

さいごに、未来の予言は、自然的には過去の経験にもとづく推測にほかならず、超自然的には、神の啓示にほかならないが、異邦人の宗教の、おなじ創始者たちは、そういう予言に対して、一部はみせかけの経験にもとづき、一部はみせかけの啓示にもとづいて、かぞえきれないほどおおくの、他の迷信的なやりかたの占いをつけくわえ、人びとに、自分たちの運命をそのなかに見いだすのだと、信じさせた。それは、あるときには、デルフォイ、デロス、アンモン[27]およびその他の有名な託宣所の神官たちの、あいまいな、あるいは意味のないこたえのなかに見いだされるというのであって、それらのこたえは、できごとがいずれにしてもそれに帰するように、故意にあいまいにされたものであるか、または、硫黄洞がきわめてしばしばそうであるように、その場所のよわせる蒸気によって、背理的なものにされたのであった。あるときには、巫女たちの幣帛のなかに見いだされるというのであり、かれらの予言については(おそらくノストラダムス(28)のものである予言と同様に、というのは現在のこっている断片は、後の時代に案出されたらしいので)、ローマ共和国の時代に、評判のたかいいくつかの本があった。あるときは、聖霊につかれたと想定された狂人の、意味のないことばのなかに、見いだされるというのであって、かれらはそうしてとりつかれることを神がかり Enthusiasme(29) とよび、これらの種類の予言的なできごとは、神占または予言と考えられた。あるときには、人びとのうまれたときの星の相のなかに見いだされるというのであって、それは星占いとよばれて、人事占星術(30)の一部とみなされた。あるときは、かれら自身の希望と恐怖のなかに、見いだされるというのであって、それは予感(31)または予見とよばれた。あるときは、死者と会談すると称する魔女たちの予報のなかに見いだされるといい、それは、降霊術(32)、妖術、魔術とよばれるが、欺瞞的で共謀の悪行にほかならない。あるときは、鳥が偶然にとんだり、餌をたべたりすることのなかに、見いだされるといい、それは鳥占いとよばれた。あるときは、犠牲獣の内臓のなかに見いだされるといい、それは卜腸 Aruspicina であった。あるときは、夢のなかに、あるときは、鳥のなき声や鳥のさえずりのなかに、見いだされるといったし、あるときは顔の相貌のなかに見いだされるといって、それは、観相術とよばれた。あるいは、手相術によって手の筋のなかに、見いだされるといい、偶然の用語のなかに見いだされるというのは、予兆(33)とよばれた。あるときは、日月蝕、彗星、稀な流星、地震、洪水、異常出産、およびこれに類似した、怪異や異常事件のなかに、見いだされるといい、かれらはそれらを、前兆《ポルテンタ》および予示《オステンタ》とよんだ。そのわけはかれらが、それらのものを、きたるべきなにかおおきな災厄を前兆し予示するものと、考えたからである。あるときは、貨幣の表裏、ざるの目かずの計算、ホメロスやウェルギリウスの詩のひろいよみ、およびその他の数えきれないほどの、こうした無駄なおもいつきのような、たんなるくじのなかに、見いだされるといった。人びとはこのように容易に、かれらの信用をえた人びとと、そして、上品と巧妙さによってかれらの恐怖と無知をとらえることができる人びとによって、なんでも信じるようにひきずりこまれるのである。

《異教徒の宗教の創始者たちのもくろみ》そして、それであるから、民衆を従順と平和にしておくことだけを目標とした、異邦人のなかのコモン-ウェルスの最初の建設者たち立法者たちは、あらゆる場所でつぎのことに注意をはらった。第一に、宗教にかんしてかれらが与えた戒律が、かれら自身の案出からでてきたものと考えられることなく、ある神または他の霊の命令からでてきたのだと考えられるための信仰を、あるいはまた、かれらの諸法がいっそう容易にうけいれられるように、かれら自身が、たんなる人間《モータル》よりもたかい本性をもつのだという信仰を、民衆の心に刻印することである。そこでヌマ・ポンピリウス(34)は、かれがローマ人のあいだに樹立した諸儀式を、エゲリアの妖精からうけとったと称し、ペルー王国の最初の王であり建設者であったものは、かれ自身とかれの妻が、太陽の子どもであると称し、そしてマホメットは、かれのあたらしい宗教を設立するために、鳩のかたちの聖霊と協議をすると称したのである。第二に、法によって禁止されたまさにそのものごとは、神がみにとって不愉快なのだということを、かれらが信じるように注意した。第三に、儀式、祈願、犠牲献納、祝祭をさだめて、それによって人民が、神がみのいかりがなだめられうると信じるように、また、戦争における不成功、病気の大流行、地震、各人の私的な不幸は、神がみのいかりからきたのであり、かれらのいかりは、かれらに対する崇拝をおこたったか、必要とされる儀式のある点をわすれたり、まちがったりしたことから、きたのだと、信じるように、注意したのである。そして、古代ローマ人のあいだでは、人びとは、詩人たちがこの世のあとの苦痛と快楽について書いていることを、否定することを禁止されなかったし、その国の権威あり重きをなす人びとが、かれらの大演説 *Harangues* のなかで、それを公然とあざけったのであるが、それでもこの信仰《ビリーフ》は、すてられるどころか、大切にされるのがつねであった。

そして、これらの、またはほかのこのような、諸制度によって、かれらは自分たちの目的（それはコモン－ウェルスの平和であった）のために、つぎのことを達成した。すなわち、一般民衆は、不幸にであったときに、落度を自分たちの儀式における怠慢か過失、あるいは法に対する自分たちの不従順に帰して、かれらの統治者たちに反抗する傾向が、それだけすくなかったのである。それで、かれらは、神がみをたたえるためにおこなわれる祭礼の行列と遊戯や、公衆競技によって、たのしまされているので、かれらが国家に対して不満をもち、不平をいい、暴動をおこすことがないようにしておくには、パンのほかにはなにも必要ではなかった。したがって、その当時知られていた世界の最大部分を征服した、ローマ人たちは、ローマの都市自体のなかで、どんな宗教でも、それがなにかかれらの市民政府と両立しえないものをふくんでいるのでないかぎり、寛容するのに躊躇しなかったし、またわれわれは、そこではユダヤ人のもの以外のどんな宗教も、禁止されたということを読みはしないのである。ユダヤ人は(神の特別の王国であるから)、どんなものであれ現世《モータル》の王や国家に対して、臣従を承認することは、法にそむくと考えたのだ。こうしてあなたは、異邦人の宗教がどのように、かれらの政策の一部をなしていたかを、知るのである。

《真の宗教と神の王国の法とは、おなじものである》しかし、神自身が、超自然的な啓示によって、宗教をうえつけたところでは、かれはまた、かれ自身に対して特別の王国をつくり、かれ自身に対してだけでなく相互に対しても、態度についての法を与えたのであり、そのことによって、神の王国では、政策と市民法とは、宗教の一部なのである。そして、したがって、現世的支配と霊的支配との区別は、そこには存在の余地がない。たしかに、神は大地全体の王ではあるが、それでもかれは特別のえらばれた国民の、王でありうる。なぜなら、そこには、全軍の総指揮をもつものが、とくにかれ自身の連隊や中隊をもつということとおなじく、矛盾はないのだからである。神はかれの力によって、大地全体の王であるが、かれのえらばれた人民については、かれは信約 Covenant による王なのである。《第三十五章》しかし、自然と信約との双方による神の王国について、さらにくわしくかたるために、私は、以下の論述において、別の場所をさだめておいた。

《宗教における変化の諸原因》宗教の普及を考えれば、それがその最初の種子または諸原理に帰着することの諸原因を、理解するのは困難ではない。(35)その諸原理とは、神性 Deity とみえない超自然的な諸力についての、ひとつの意見にすぎないのだが、人間本性からそれを廃棄してしまうことは、けっしてできないのであって、あたらしい諸宗教がふたたび、そのような目的について評判のいい人びとにそだてられて、それらのなかから芽ばえさせられるであろう。

すなわち、すべての形成された宗教は、はじめは、あるひとりの人に対して群衆がもつ信仰《フェイス》にもとづくのであり、かれらはかれが、賢明な人で自分たちの幸福をもたらすために骨をおるというこことだけでなく、神自身がその意志を超自然的に宣示したまう神聖な人だということをも、信じているのであって、このことを見れば、必然的につぎのようなことになる。宗教の統治をする人びとが、それらの人びとの(36)賢明さや誠実さや愛情をうたがわれるようなことになるか、あるいは、かれらが、神聖な啓示のほんとうらしいしるしを、なにも示すことができなくなれば、かれらが維持しようと欲する宗教は、同様にうたがわれ、そして(政治的武力 Civill Sword への恐怖がなければ)反対され拒否されるに、ちがいないのである。

《不可能なものごとについての信仰をしいること》宗教を形成する人の、あるいはそれがすでに形成されたばあいになにかをつけくわえる人の、賢明だという評判を除去するのは、矛盾するものごとについての信仰をしいることである。なぜなら、矛盾の双方の部分が真ではとうていありえず、したがってそれらを信仰することをしいるのは、無知の証拠だからである。それは、その創始者が無知であることを暴露し、かれが超自然的啓示によるものとして提示する、他のすべてのことにおいて、かれに対して不信をいだかせる。そういう啓示を、人はたしかに自然理性をこえたおおくのものごとについて、もつことがありうるが、自然理性に反するものごとについてではないのである。

《かれらが樹立する宗教に反するおこないをすること》誠実だという評判を除去するのは、他の人びとに対して信仰するようにもとめているものごとが、かれら自身によって信仰されていないということの、しるしに見えるような言動である。したがって、それらの言動はすべて、つま《スキ》ずきのもと《ヤンダラス》とよばれる。[37]なぜなら、それらは、不正義、残酷、瀆神、貪欲、奢侈のように、宗教の道において人びとをころばせる、つまずきの石塊となるからである。すなわち、通常、これらの根のうちのどれかから生じるような行為をしている人が、それよりちいさなあやまちについて他のすべての人びとをかれがおどすような、おそるべきみえない力があることを信仰しているとは、だれが信じうるであろうか。

愛情があるという評判を除去するものは、私的な目的を探知されることである。それはたとえば、かれらが他人に対して要求する信仰が、かれら自身だけの、あるいは特にかれら自身の、支配、財産、位階を獲得したり、快楽を確保したりするのに役だつか、役だつように見えるかするばあいである。すなわち、人びとがそれによって自分たちに対する便益を取得するようなことは、かれらは自分たち自身のためにおこなうのであって、他の人びとへの愛情のためにではないと、考えられるのである。

《奇蹟についての証拠の不足》最後に、人びとが神の召命 divine Calling について提示しうる証拠は、奇蹟の作用か真の予言(それもまた奇蹟である)か、異常な至福よりほかのものではありえない。したがって、宗教のうちで、そのような奇蹟をおこなった人びとから受容された項目に対して、自分たちの召命をなにかの奇蹟によって証明しない人びとがつけくわえるものは、かれらがそのなかで教育される諸地方の、慣習と法がかれらのなかにつくりだした信仰よりも、おおきな信仰を獲得することはできない。なぜなら、自然のものごとにおいて、判断力のある人びとが自然のしるしまたは証拠をもとめるように、超自然的なものごとにおいて、かれらは、内面的にかれらの心から同意するまえに、超自然的なしるし(それは奇蹟である)をもとめるのだからである。

人びとの信仰《フェイス》をよわめるこれらの原因のすべては、つぎの諸実例のなかに明白にあらわれている。第一に、われわれは、イスラエルの子孫たちの実例をもっている。《出エジプト・三二・一―二》[38]モーシェがかれらに対して、諸奇蹟とかれらを首尾よくエジプトからつれだしたことによって、かれの召命を立証したあとに、わずか四十日のあいだ不在であったとき、かれらは、かれによってすすめられた真の神の崇拝にそむき、そして、黄金の子牛をかれらの神として設置して、かれらがそこからあれほど最近すくいだされたばかりの、エジプト人の偶像崇拝に逆もどりしたのである。《士師・二・一一》さらにまた、モーシェ、アーロン、ヨシュア(39)および、イスラエルにおける神の偉大なわざをみた世代が、死んだのちに、他の世代がでて、バール(40)に奉仕した。こうして奇蹟がおとろえると、信仰もまたおとろえたのである。

《サムエル前・八・三》さらに、サムエル(41)の息子たちが、その父によってベエルシバ(42)の裁判官に任命され、賄賂をうけとって不正な裁判をしたとき、イスラエルの人びとは、神が他の人民に対して王であるのとちがったやりかたで、これ以上かれらの王であることを拒否したのであって、したがってかれらはサムエルにむかって、他の国民のやりかたにならってひとりの王を、かれらのためにえらぶようにと、さけんだのである。こうして正義がおとろえて、信仰もまたおとろえたのであり、それは、かれらが、自分たちの神が自分たちを支配するのを、排除するほどであった。

そして、キリストの宗教が植えつけられていくなかで、ローマ帝国のすべての部分で、神託《オラクル》が消滅し、使徒や福音伝道者の説教によって、キリスト教徒の数が日に日にどこでも、驚異的に増加したが、その成功のおおきな部分を、当時の異邦人の祭司たちが、かれらの不潔と貪欲と王侯たちへのへつらいによって、みずからまねいた軽蔑のせいにするのは、もっともであろう。ローマ教会の宗教もまた、部分的にはおなじ原因によって、イングランドとキリスト教界の他のおおくの部分で廃止されたのであり、それは、牧師たちのあいだでの徳のおとろえが、民衆のあいだで信仰をおとろえさせるほどであった。そして部分的には、アリストテレースの哲学と教義を、スコラ学派の人びとが宗教にもちこむことによって、そうなったのであり、このもちこみによって、そこにひじょうにおおくの矛盾と背理が発生し、聖職者を、無知であるとともに詐欺的な意図をもっているという、評判におとしいれたほどであった。そして民衆は、フランスとオランダにおいてのように、かれら自身の王侯の意志に反して、あるいはイングランドにおいてのように、その意志とともに、聖職者から離反する気になったのである。

　最後に、ローマの教会が、救済のために必要だと宣告した項目のなかには、あきらかに法王と、他のキリスト教徒の王侯たちの領土内にすむかれの霊的臣民とに有利なものが、ひじょうにおおく、それだから、もしそれらの王侯が相互に対抗しなかったならば、かれらはイングランドにおいてのように容易に、すべての外国の権威を、戦争も紛争もなく排除できたであろう。すなわち、司教が冠をさずけなければ、王はかれの権威をキリストからえられないと信じられることが、だれの便益になるかをさとらない人が、いるであろうか。王が、もし祭司であれば、結婚できないということ、王子が合法的な結婚によってうまれたかどうかが、ローマからの権威によって判断されなければならないということ、もし王がローマの法廷によって、異端者だと判決されるならば、臣民たちは忠誠と義務を免除されうるということ、王（フランクのキルペリッヒ[43]のように）が法王（ザカリアス法王のような）によって、理由なしに廃位され、かれの王国はその臣民のひとりに与えられていいということ、どの国においても聖職者と修道士は、刑事事件においてかれらの国王の司法権から、除外されるべきだということについても、そうである。あるいはまた、私的ミサの料金と煉獄の心づけが[44]、だれの利益になるかを、さとらないものがあろうか。それらは、その他の私的利害関心のしるしとともに、もし(私がいったように)為政者 civill Magistrate と慣習が、人びとがかれらの教師たちの神聖、賢明、あるいは誠実についてもつなんらかの意見にまさって、ささえとならないならば、もっともいきいきとした信仰をも、きずつけるのに十分なのである。それだから私は、この世における宗教のあらゆる変化を、同一の原因に帰着させていいであろう。そして、それは不快な祭司たちであり、かれらはカソリック教徒のなかにだけでなく、宗教改革にもっとも積極的な教会のなかにも、いるのである。

(1) プロメテウス Prometheus はギリシャ神話の神で、ゼウスが人類からとりあげた火を、とりもどして人類に与えたために、本文のような処罰をうけたが、ヘラクレスにすくわれた。この名前は「未来を考えるもの」を意味し、普通名詞としてもつかわれているという。

(2) フォルミオン Phormion ?–B.C. 428? は、アテナイの提督で、ペロポンネソス戦争 B.C. 431–404 の初期に活躍し、とくに四三〇—四二九年に、少数の兵力でペロポンネソス同盟軍をやぶった。レパントス(ナウパクトス)は、コリントス湾口北岸の港で、フォルミオンが四三〇年にコリントス艦隊を湾内にとじこめたところである。本文にいう「レパントスでのかれらの戦い」とは、フォルミオンの死後まもなく、アカルナニアが、コリントスに対抗するために、フォルミオンの血統のものを派遣することをアテナイにもとめ、息子のアソピオスが隊長として派遣されたことをさす。Thucydides, III, 7.

（3） ポンペイウス Pompeius, B. C. 106–48 は、ユリウス・カエサルの同僚であったが敵となり、エジプトにのがれて殺された。スキピオ家はローマの名門で、とくに Scipio Africanus Major, B. C. 236–184/3 は、ザマでハンニバルをやぶり、カルタゴを降伏させたことで有名である。したがって、ポンペイウス派は、アフリカでカエサルと戦うために、スキピオの再来をもとめたということになる。Plurtarcos, *Cato* 65.

（4） 異文では「困難になった」(初版B・C)。

（5） ヘシオドスは、『神統記』で、「まず原初にカオスが生じた」という(一一六)。それは原初神のひとつであるが、混沌と訳されることからも推測されるように、空間である。

（6） パンについては、一〇六ページをみよ。

（7） セイターSatyres すなわちサテュロスは、ギリシャ神話の森の神で、しばしばパンに似た姿(上半身が人間で下半身が山羊)をもつ。

（8） ファウヌスは、ローマ神話の牧人の神で、パンと同一視されることもある。

（9） ニュムペー、ニュムファは、ギリシャ＝ローマ神話の自然の霊で、女性。

（10） ラーレスは、死者の霊で、しばしば家の床にいるとされたが、その役割はかなり拡大されて、道路、旅人、あるいは国家の守護者とされることもある。ここではもちろん最初の意味であげられている。

（11） Familiars は familiar spirits のことで、魔物の使いをする霊。

(12) カロンは、地獄の川(ハデス)の渡守。
(13) ケルベルスは、地獄の門の番犬。
(14) フリアエは、ギリシャの刑罰・復讐の神、エリニュエスから転じたものとされるが、ローマ神話での位置や性格はあきらかではない。しかし英語で Furies というときは、アレクト、メガエラ、ティシポネの三姉妹神(頭髪が蛇の復讐神)をさし、憤怒 fury という名詞とむすびつけられる。
(15) ラルウァはラテン語で仮面、悪霊。
(16) レムレースはラテン語で死者の霊。
(17) ムサエは、英語ではミューズたちとよばれる。ギリシャ神話の詩・文学・音楽・舞踏の神で、のちに、天文学、哲学、およびすべての知的追求の神とされた。ヘシオドスによれば、九人である。
(18) 英語のフォーチュンは、運命または偶然という意味をもつが、ここでは古代イタリアの神話からローマに導入されたフォルトゥナの女神をさす。ただし、フォルトゥナが運命の女神で、気まぐれ(偶然)だということは、かなりあとになって追加されたようである。そのもっとも明白な表現は、マキアヴェルリの『君主論』第二十四章であろう。ホッブズが本文で、無知をフォルトゥナと名づけるとのべているのは、人びとが将来についての無知(見とおしの欠如またはあやまり)を、フォルトゥナの気まぐれのせいにするということである。
(19) クピドーは英語のキューピッド。ローマ神話で恋愛の媒介をする少年神。

(20) プリアプスは、ギリシャ神話の繁殖の神。

(21) インクビ Incubi とスックバエ Succubæ は、睡眠中の人間の男女と性交をする魔物で、インクブスは女に、スックブスは男にとりつくとされる。

(22) ウェーヌスは、もとはイタリア神話の女神で、薬草園の成育をつかさどるとされたが、ローマ時代にギリシャ神話のアフロディテ(愛・美・生殖の女神)と同一視されるようになった。

(23) アポロンは、もっともギリシャ的な神といわれ、音楽、医学、牧畜などをつかさどる。

(24) メルクリウスは、ギリシャ神話のヘルメスに対応するローマ神話の、知恵・商業・盗みなどの神。前出、一六〇ページ。

(25) アエオロスは、浮島アエオリアにすむ風の神で、風を袋または洞窟にとじこめて、吹きかたを調整した。

(26) もちろん、これでは家屋、役人、収入の奉納の例にはならない。

(27) デルフォイは、パルナソス山の西南斜面で、アポロンの神殿があった。デロスは、エーゲ海の島で、アポロンとラトナの神殿があった。アンモンは、エジプトのテーベの最高神で、紀元前七世紀ごろからギリシャで知られるようになり、各地に神殿がつくられた。アレクサンドロス大王が神託をもとめたことは、有名である。

(28) ミシェル・ドゥ・ノートルダム Michel de Notredame 1503-66 は、プロヴァンスのユダヤ人医師で、占星術の大家といわれる。一五五五年に予言集 *Propheties* を出版し、その後もこれを増補していった。アンリ二世の死を予言したことが、もっとも有名である。

(29) Enthusiasme は、ギリシャ語のテオス(神)に起源をもち、神につかれることを意味する。
(30) 人事占星術 judiciary astrology とは、星の人間世界への影響を対象とするもので、自然占星術 natural astrology が、現代の天文学に対応する。
(31) Thumomancy は、ギリシャ語のテュモス θυμός(たましい)とマンティス μάντις(うらない)の合成語で、自己のたましいによるうらないのこと。
(32) Necromancy は、ネクロス(死体)によるうらない。
(33) Omina は、ラテン語 omen(しるし、前兆)の複数形。
(34) ヌマ・ポンピリウス Numa Pompilius B. C. 714–671 は、ローマの二代目の王で、さまざまな改革の伝説をもっているが、実在の人物とされている。エゲリアは、泉と出生の女神であり、ヌマ・ポンピリウスに忠告を与えたとも、その妻であるともいわれる。
(35) トゥリコーは、「諸原理にふたたび帰着〔または解消〕する」と訳しているが、そのほうがわかりやすい。
(36) 「それらの人びと」は「宗教の統治をする人びと」としか考えられないが、かれらと群衆が信仰する人との関係が、あきらかではない。
(37) Scandal は、ギリシャ語の「つまずきの石塊」から転じたことばで、すぐあとにくる「つまずきの石塊 stumbling block」とおなじである。
(38) ここと次の二つの、聖書への参照は、欄外に見だしとしてではなく注として、アスタリスクをもって示されている。ほかにもこのようなかたちはあるが、大部分は見だしとおなじかたちになっているので、区別をしないでとりあつかう。ただ、注はとうぜん、該当する本文のおわりに対応する欄外におかれているのに、見だしははじめに対応するから、注を見だしとしてとりあつかうと、原書の位置よりまえにおくことになる。

(39) ヨシュアは、モーシェの死後イスラエル人をひきいてカナーンの地にはいり、土地を十二部族に分配した。

(40) バールは、カナーン地方の豊饒の神。

(41) 「……そこでイスラエルのすべての長老があつまって、ラマのサムエルのもとにきていった——ごらんなさい、あなたはすでに年をとり、あなたの息子たちはあなたの道をあゆまない。だから、他のすべての国民とおなじく、われわれに王を与えて、われわれをさばくようにして下さい。……ヤハヴェはサムエルにいった——国民のすべてがおまえにいうその声をきけ。なぜなら、かれらはおまえを拒んだのではなくて、私を拒んだのであり、私がかれらを支配しないようにというのだからである。」

(42) イスラエル南部の町。

(43) 聖ザカリアスは、在位七四一—七五二年の法王で、かれとあらそったフランクの王は、メロヴィング王朝の最後の王であるキルデリッヒ三世(在位七四一—七五一年)であるが、ホッブズは第四十二章(第三分冊三一七ページ)でも、キルペリッヒとしている。

(44) Vales of Purgatory は、そのまま訳せば「煉獄の谷」であるが、Vailes となっている版(たとえば初版B)もあり、それによって役得、心づけとするのがただしいようである。カソリック教会では、ざんげの謝礼をこうよんでいた。

第十三章　人類の至福と悲惨に関するかれらの自然状態について

《人びとは生れながら平等である》 自然は人びとを、心身の諸能力において平等につくったのであり、その程度は、ある人が他の人よりも肉体においてあきらかにつよいとか、精神のうごきがはやいとかいうことが、ときどきみられるにしても、すべてをいっしょにして考えれば、人と人とのちがいは、ある人がそのちがいにもとづいて、他人がかれと同様には主張してはならないような便益を、主張できるほど顕著なものではない、というほどなのである。すなわち、肉体のつよさについていえば、もっとも弱いものでも、ひそかなたくらみにより、あるいはかれ自身とおなじ危険にさらされている他の人びととの共謀によって、もっとも強いものをころすだけの、つよさをもつのである。

そして、精神の諸能力についていえば、〔語にもとづく諸学芸《アーツ》、とくに科学とよばれる普遍無謬の諸法則にもとづいてことを処理する技倆をのぞいてのことであり、その技倆は、われわれとともにうまれる生得の能力でもなく、〔慎慮のように〕なにか他のものをわれわれが追求しているあいだに取得されるのでもないから、きわめてわずかの人が、わずかなものごとについて、有するにすぎない〕、私はむしろ、つよさについてよりもさらにおおきな平等性が、人びとのあいだにあるのを、見いだすのである。というのは、慎慮は経験にほかならず、それは、ひとしい時間がすべての人に、ひとしく専念するものごとについて、ひとしく与えるものだからである。おそらく、そのような平等性を信じがたくするかもしれないのは、人が自分の賢明さについて有するうぬぼれにすぎないのであって、ほとんどすべての人は、自分が大衆よりもおおきな程度の賢明さをもつと、おもっているのである。それは、かれら自身および、名声によって、あるいは自分たちとの競争によって、かれらが承認する少数の他人をのぞいた、すべての人びとよりも、ということである。すなわち、おおくの人が自分より知力や雄弁や学識がすぐれていることを、いくらみとめることができても、自分たちとおなじく賢明なものがおおくいることは、なかなか信じたがらないのが、人間の本性なのだ。それは、かれらが、自分たちの知力を手もとにみて、他の人びとのそれを、距離をおいて見るからである。しかしこのことはむしろ、人びとがその点で不平等であるよりも平等であることを証明する。なぜなら、あるものの平等な分布については、各人が自分のわけまえに満足していることよりも、おおきなしるしはないのがふつうだからである。

《平等から不信が生じる》能力のこの平等から、われわれの目的を達成することについての、希望の平等が生じる。したがって、もしだれかふたりが同一のものごとを意欲し、それにもかかわらず、ふたりがともにそれを享受することができないとすると、かれらはたがいに敵となる。そして、かれらの目的(それは主としてかれら自身の保存 conservation であり、ときにはかれらの歓楽 delectation だけである)への途上において、たがいに相手をほろぼすか屈服させるかしようと努力する。こうしてそこから、つぎのようなことが生じる。すなわち、侵入者が、ひとりの他人の単独の力以上には、おそれるべきものをもたないところでは、ある人が植えつけ、種子をまき、快適な住居を建築または占有すると、他の人びとが合同した力をもってやってきて、かれを追いだし、かれの労働の果実だけでなく、かれの生命または自由をも、うばいとることが、おそらく予想されるだろう。そして、その侵入者は、さらに別の侵入者による、同様な危険にさらされるのである。

《不信から戦争が生じる》この相互不信から自己を安全にしておくには、だれにとっても、先手をうつことほど妥当な方法はない。それは、自分をおびやかすほどのおおきな力《パワ》を、ほかにみないように、強力または奸計によって、できるかぎりのすべての人の人格《パースン》を、できるだけながく支配することである。そしてこのことは、かれ自身の保全が必要とするところをこえるものではなく、一般にゆるされている。また、ある人びとが、自分たちの安全が必要とする以上に追求する征服行為のなかに、自分の力をながめることをよろこぶということのためにも、他の人びとは、そうでなければ謙虚な限界のなかで安楽をたのしんでいたであろうのに、征服によって力を増大させなければ、守勢にたつだけでは、ながく生存することができないであろう。その帰結として、人びとに対する支配のこのような増大は、人の保存のために必要なのだから、かれに対して許容されるべきなのである。

さらに、人びとは、かれらすべてを威圧しうる権力《パワ》がないところでは、仲間《カンパニ》をつくることをよろこばない（反対におおきな悲歎を感じる）。というのは、各人は、かれが自分自身についてさだめるのとおなじ額で、かれの仲間がかれを評価することをもとめるからであり、そして、軽視または過小評価のあらゆるしるしに対して、かれにその気があるかぎり（そのことは、かれらをしずかにさせておく共通の権力をもたない人びとのあいだでは、かれらをたがいにほろぼしあわせるのに、十分なのである）、かれを軽視する人びとからは加害により、他の人びとからはその実例によって、もっとおおきな評価を強奪しようと努力するのが自然であるからである。

それであるからわれわれは、人間の本性のなかに、三つの主要な、あらそいの原因を見いだす。第一は競争、第二は不信、第三は誇り《グローリ》である。

第一は、人びとに、利得をもとめて侵入をおこなわせ、第二は安全をもとめて、第三は評判をもとめて、そうさせる。第一は自分たちを他の人びとの人格、妻子、家畜の支配者とするために、暴力を使用し、第二は自分たちを防衛するために、第三は、一語一笑、ちがった意見、その他すべての過小評価のしるしのような、些細なことのために、それらが直接にかれらの人格にむけられたか、間接にかれらの親戚、友人、国民、職業、名称にむけられたかをとわず、暴力を使用する。

《諸政治国家のそとには、各人の各人に対する戦争がつねに存在する》これによってあきらかなのは、人びとが、かれらすべてを威圧しておく共通の権力なしに、生活しているときには、かれらは戦争とよばれる状態にあり、そういう戦争は、各人の各人に対する戦争である、ということである。すなわち、**戦争**は、たんに戦闘あるいは闘争行為にあるのではなく、戦闘によってあらそおうという意志が十分に知られている一連の時間にある。だから、戦争の本性においては、天候の本性においてとおなじく、時間の概念が考慮されるべきである。というのは、不良な天候の本性が、ひと降りかふた降りの雨にあるのではなく、おおくの日をいっしょにしたそれへの傾向にあるのと同様に、戦争の本性も、じっさいの闘争にあるのではなく、その反対にむかうなんの保証もないときの全体における、闘争へのあきらかな志向にあるのだからである。そのほかのすべての時は、平和である。

《そのような戦争の諸不便》したがって、各人が各人の敵である戦争の時代の、帰結として生じることが、どんなことであっても、それと同一のことが、人びとが自分自身のつよさと自分自身の工夫とが与えるもののほかには、なんの保証もなしに生きている時代の、帰結としても生じる。そのような状態においては、勤労のための余地はない。なぜなら、勤労の果実が確実ではないからであって、したがって土地の耕作はない。航海も、海路で輸入されうる諸財貨の使用もなく、便利な建築もなく、移動の道具およびおおくの力を必要とするものを動かす道具もなく、地表についての知識もなく、時間の計算もなく、学芸もなく文字もなく[2]社会もなく、そしてもっともわるいことに、継続的な恐怖と暴力による死の危険があり、それで人間の生活は、孤独でまずしく、つらく残忍でみじかい。

これらのものごとをよく考量したことのない人には、自然が人びとを、このように分裂させ、相互に侵入しほろぼしあわせるということは、ふしぎにおもわれるかもしれない。したがってかれは、情念からなされたこの推論を信じないで、おそらく、そのことが経験によってたしかめられることを、欲するであろう。それではかれに、かれ自身についてつぎのことを考察させよう。すなわち、かれが旅にでるときに、自分は武装し、かつ十分な同伴者とともにいくことをもとめるということ、かれがねむるときに、扉にかぎをかけるということ、かれの家にいるときでさえ、かれは自分の金庫にかぎをかけるということ、しかもこれは、かれに対してなされるであろうすべての侵害に復讐するための、法があり武装した公共の役人があるのを、かれが知っているばあいのことだということ、かれが武装して馬にのっているときには、かれの同胞臣民について、かれが扉にかぎをかけるときには、かれの同胞市民について、かれが金庫にかぎをかけるときは、かれの子どもたちや召使たちについて、かれがどういう意見をもっているのか、ということをである。かれはそのばあいに、かれの諸行為によって、私が自分の語によってするとおなじく、人類を非難しているのではないだろうか。しかし、われわれのうちのどちらも、それによって人間の本性を非難しているのではない。人間の諸意欲およびその他の諸情念は、それら自体では罪ではない。それらの情念からでてくる諸行為も、人びとが(3)、それらを禁止する法を知るまでは、おなじく罪ではなく、そのことは、諸法がつくられるまえには、かれらが知りえないし、どんな法も、それをつくるべき人格についてかれらが同意するまでは、つくられえないのである。

このような戦争の時代も状態も、けっして存在しなかったと、おそらく考えられるかもしれない。また私は、全世界にわたって普遍的にそうだったのでは、けっしてないと信じる。しかし、かれらが今日、そのように生活している、おおくの地方があるのだ。すなわち、アメリカのおおくの地方における野蛮人は、自然の情欲にもとづいて和合する小家族の統治をのぞけば、まったく統治をもたず、今日でも私がまえにいったような残忍なやりかたで生活している。いずれにしても、恐怖すべき共通の権力がないところでは、生活の様式がどういうものになるかということは、以前に平和な統治のもとにくらしていた人びとが、内乱においておちいるのをつねとする生活の様式から、見てとることができよう。

しかし、個々の人びとがたがいに戦争状態にあったときが、けっしてなかったにしても、それでも、すべての時代に、王たち、および主権者の権威をもった諸人格は、かれらの独立性のゆえに、たえざる嫉妬のうちにあり、剣闘士の状態と姿勢にあって、たがいにかれらの武器をつきつけ、目をそそいでいる。かれらの王国の国境にあるかれらの要塞や守備兵や銃砲と、かれらの隣国に対するたえざるスパイが、そうであって、これは戦争の姿勢である。しかし、かれらはそうすることによって、かれらの臣民の勤労を維持しているのであるから、個々の人びとの自由にともなう悲惨は、それからは生じてこないのである。

《このような戦争においては、なにごとも不正ではない》各人の各人に対するこの戦争から、なにごとも不正ではありえないということもまた、帰結される。正邪 Right and Wrong と正不正 Justice and Injustice の観念は、そこには存在の余地をもたない。共通の権力がないところには、法はなく、法がないところには、不正はない。強力と欺瞞は、戦争においてはふたつの主要な徳性である。正義と不正は、肉体または精神のいずれの能力にも属さない。もし、それらがそうであれば、この世にただひとりの人間にも、かれの感覚や情念と同様に、存在したであろう。それらは、孤独ではなく社会のなかにいる人びとに、関係する性質である。さらにまた、前述の状態の帰結として、そこには所有 Propriety[4] も支配 Dominion もなく、私のものとあなたのものとの区別もなくて、各人が獲得しうるものだけが、しかもかれがそれを保持しうるかぎり、かれのものなのである。そして、人がたんなる自然によってじっさいにおかれる、わるい状態については、これだけにしておく。ただし、それは、それから脱却する可能性をともなっていて、その可能性の一部は諸情念、一部はかれの理性にある。

《人びとを平和にむかわせる諸情念》人びとを平和にむかわせる諸情念は、死への恐怖であり、快適な生活に必要なものごとに対する意欲であり、それらをかれらの勤労によって獲得する希望である。そして理性は、つごうのよい平和の諸条項を示唆し、人びとはそれによって、協定へとみちびかれうる。これらの条項は、別に自然の諸法ともよばれるものであって、私はそれについてつぎの二章で、さらにくわしくのべるであろう。

（1）Civil States は、もちろん社会状態あるいは市民状態と訳してもいいのだが、ここではとくに複数になっているので、政治国家とした。政治権力が樹立されている国家のことだから、ホッブズにおいては、社会状態・市民状態とおなじである。

（2）no Arts; no Letters; は、芸術または技術と文学または学問をさすものと考えることもできる。

（3）　ここから人間が複数の代名詞になる。

（4）　Propriety は、各人に固有のものとして与えられた所有を、Dominion は力で取得された所有をあらわす。ただし、ホッブズにとっては、所有は主権がさだめるものであって、そのまえには各人に固有の財産はない。

第十四章　第一と第二の自然法について、および契約について

《自然の権利とは何か》著作者たちがふつうに自然権 *Jus Naturale* とよぶ**自然の権利** RIGHT OF NATURE とは、各人が、かれ自身の自然すなわちかれ自身の生命を維持するために、かれ自身の意志するとおりに、かれ自身の力を使用することについて、各人がもっている自由であり、したがって、かれ自身の判断力《ジャジメント》と理性《リーズン》において、かれがそれに対する最適の手段と考えるであろうような、どんなことでもおこなう自由である。

《自由とは何か》自由とは、このことばの固有の意味によれば、外的障碍が存在しないことだと理解される。この障碍は、しばしば、人間がかれのしたいことをする力の、一部をとりさるかもしれないが、かれが自分にのこされた力を、かれの判断力と理性がかれに指示するであろうように、使用するのをさまたげることはできない。

《自然の法とは何か》**自然の法** LAW OF NATURE(自然法 *Lex Naturalis*)とは、理性によって発見された戒律すなわち一般法則であって、それによって人は、かれの生命にとって破壊的であること、あるいはそれを維持する手段を除去するようなことを、おこなうのを禁じられ、また、それをもっともよく維持しうるとかれが考えることを、回避するのを禁じられる。すなわち、この主題についてかたる人びとは、権利と法 *Jus* and *Lex*, *Right* and *Law* を混同するのがつねで

あるが、しかし、両者は区別されなければならない。《権利と法のちがい》なぜならば、権利は、おこなったりさしひかえたりすることの自由に存し、それに対して法は、それらのうちのどちらかに、決定し拘束するのであって、したがって法と権利は、義務 Obligation と自由がちがうようにちがい、同一のことがらについては両立しないのだからである。

《各人は自然的に、あらゆるものに対して権利をもつ》そして、人間の状態は（前章で明示されたように）各人の各人に対する戦争の状態なのであり、このばあいに各人は、かれ自身の理性によって統治されていて、かれが利用しうるものごとで、かれの敵たちに対してかれの生命を維持するのに、かれのたすけになりえないものは、[1] なにもないのであるから、したがってそういう状態においては、各人はあらゆるものに、相互の身体に対してさえ、権利をもつのである。それだから、各人のあらゆるものに対するこの自然権が存続するかぎり、どんな人にとっても（かれがいかに強力または賢明であるにしても）、自然が通常、人びとに対して生きるのをゆるしている時間を、生きぬくことについての保証はありえない。《基本的自然法》そして、したがって、「各人は、平和を獲得する希望があるかぎり、それにむかって努力すべきであり、そして、かれがそれを獲得できないときには、かれは戦争のあらゆる援助と利点を、もとめかつ利用していい」というのが、理性の戒律すなわち一般法則である。この規律の最初の部分の内容は、第一のかつ基本的な自然法であり、それは、「平和をもとめ、それにしたがえ」ということである。第二の部分は、自然権の要約であって、それは「われわれがなしうるすべての手段によって、われわれ自身を防衛する」権利である。

《第二の自然法》人びとに平和への努力を命じるこの基本的自然法から、ひきだされるのは、つぎの第二の法である。「人は、平和と自己防衛のためにかれが必要だとおもうかぎり、他の人びともまたそうであるばあいには、すべてのものに対するこの権利を、すすんですてるべきであり、[2]他の人びとに対しては、かれらがかれ自身に対してもつことをかれがゆるすであろうのとおなじおおきさの、自由をもつことで満足すべきである。」というのは、各人が、なんでも自分のこのむことをするというこの権利を保持するかぎり、そのあいだすべての人びとは、戦争状態にあるのだからである。しかし、もし他の人びとがかれらの権利を、かれとおなじように放棄しようとはしないならば、そのときはだれにとっても、自分の権利をすてるべき理由がない。なぜなら、それはかれ自身を平和にむかわせる[3]よりも、むしろ餌食としてさらすようなもの(だれもそうするように拘束されてはいない)だからである。これは、「他人が自分に対してしてくれるように、あなたがもとめるすべてのことを、あなたが他人に対しておこなえ」という、あの福音の法である。[4]そして、「あなたに対してなされるのを欲しないことを、他人に対してしてはならない *Quod tibi fieri non vis, alteri ne feceris*」という、あのすべての人間の法である。[5]

《権利を放棄するとは何か》ある人のあるものに対する権利を放棄する *lay down* とは、他人がそのものに対する自分の権利からえる便益を、さまたげる自由をすてる *devest* ことである。すなわち、自分の権利を放置したり譲渡する人は、自分がまえにもっていなかった権利を、どの他人に与えるのでもなく、なぜなら、各人が自然による権利をもたないものは、なにもないからであって、その人はただかれの道のわきにたって、他人がかれにさまたげられることなしに、他人自身の本源的《オリジナル》権利を享受できるようにするだけである。第三者にさまたげられることがない、というのではない。したがって、他人の権利の欠如によって、ある人に帰する効果は、かれ自身の本源的権利の行使に対する障碍が、それだけ減少することにすぎない。

《権利を放置するとは何か》権利は、たんにそれを放置することによってか、あるいは、それを他人に譲渡することによって、除去される。たんに**放置すること** RENOUNCING によってというのは、それについての便益がだれに帰するかを、かれが顧慮しないばあいである。《権利を譲渡するとは何か》譲渡によってとは、かれがそれについての便益を、ある特定の人または人びとのものとする意図をもっているばあいである。《義務づけ》そして、人がどちらかのやりかたで、かれの権利をすてたり与えたりするならば、そのばあいにかれは、そういう権利の譲渡または放棄をうけた相手の人びとが、その権利の便益をえるのをさまたげないように、**義務づけられる** OBLIGED あるいは**拘束される** BOUND といわれる。《義務》そしてかれは、かれ自身の意志によるその行為を無効にしてはならない *Ought* のであり、それがかれの**義務** DUTY なのであって、《不正義》そういう妨害は、**不正義** INJUSTICE であり、無権利 *Sine Jure* であるから**侵害** INJURY[6] である。その権利は、まえに放棄または譲渡されているのだからである。したがって、世間での論争における侵害または不正義は、スコラ学者たちの討論において背理 *Absurdity* とよばれるものに、いくらか似ている。すなわち、そこにおいて、その人がはじめに主張したことへの背反が背理とよばれるように、世間では、はじめからかれが意志をもってしてきたことを、意志によって解消することが、不正義および侵害とよばれるのである。人がかれの権利をたんに放置あるいは譲渡するやりかたは、その権利をうけとる人に対して、かれがそれをそのように放置または譲渡するか、そのように放置または譲渡したということについての、なにかの意志的で十分なひとつまたはいくつかのしるしによる、言明または表示である。そして、これらのしるしは、ことばだけであるか、行為だけであるか、あるいは(もっともしばしばそうであるように)ことばと行為の双方であるかの、いずれかである。そして**証文**BONDSもおなじであって、それによって人びとは、拘束され義務づけられる。証文はその力を、それ自身の本性によってではなく(なぜなら人のことば《ワード》〔約束〕ほどやぶられやすいものはないから)、それをやぶることからくるなにかのわるい帰結への、恐怖によってもつのである。

《すべての権利が移譲可能なのではない》人がかれの権利を譲渡しあるいはそれを放置するときはいつでも、それと交換にかれ自身に譲渡されるなにかの権利への考慮によってか、あるいはそうすることによってかれが期待するなにかほかの利益《グッド》のためであるかの、いずれかである。なぜなら、それは意志による行為であり、すべての人の意志による行為の目的は、かれ自身に対するなにかの利益なのだからである。そして、したがって、だれも、どんなことばまたは他のしるしによっても、それらの権利を放棄したとか譲渡したとか理解されることができないような、いくつかの権利がある。第一に人は、かれの生命をうばおうとして力ずくでかれにおそいかかる人びとに、抵抗する権利を、放置することはできない。なぜならば、かれはそうすることによって、かれ自身のどんな利益を目ざしたとも、理解されえないからである。おなじことは、傷害、鎖による拘束、投獄についていわれうる。そのような受忍の帰結としては、他人が傷害や投獄をうけることの受忍の帰結とはちがって、なんの便益もないからであり、また人は、人びとが暴力をもってかれに迫ってくるとき、かれらがかれの死を意図しているかどうかを、いうことができないからでもある。そして最後に、権利のこの放置と譲渡がひきおこされる動機と目的は、かれの身《パー》がら《スン》を、その生命において、また生命を嫌悪すべきものとしてではなく維持する手段において、安全に確保することにほかならない。そしてしたがって、もし人がことばまたは他のしるしによって、それらのしるしが意図するとおりにこの目的をすてるようにみえるとしても、かれがそうするつもりであったとか、それがかれの意志であったとか、理解されるべきではなく、かれはただ、そういうことばや行為が、どのように解釈されるべきかについて、無知であったにすぎないのである。

《契約とは何か》権利の相互的な譲渡は、人びとが契約 Contract とよぶものである。

あるものに対する権利の譲渡と、そのもの自体の譲渡または交付、すなわちひきわたしとのあいだには、ちがいがある。すなわち、そのものは、現金での売買または財貨や土地の交換のように、権利の移行とともにひきわたされるかもしれないし、あるいは、それはいくらかあとになって、ひきわたされるかもしれない。

《信約とは何か》さらに、契約者の一方が、かれの側では契約されたものをひきわたして、相手を、ある決定された時間ののちにかれのなすべきことを履行するまで放任し、その期間は信頼しておくということも、ありうる。そしてこのばあいは、かれにとってのこの契約は、**協定** PACT または**信約** COVENANT とよばれる。あるいは、双方が現在契約して、これから履行するということもありうる。このばあい、きたるべき時に履行するはずの人は、信頼されているのだから、かれの履行は約束の遵守 *Keeping of Promise* あるいは**誠実** FAITH とよばれ、不履行は(もしそれが意志によるのであれば)誠実の破棄 *Violation of Faith* とよばれる。

権利の譲渡が相互的でなく、当事者の一方が、相手かその友人たちから友情または便宜《サーヴィス》を獲得することを希望して、あるいは、慈善または度量についての評判を獲得することを希望して、あるいは、かれの心を同情の苦痛から解放されるために、あるいは天上でのむくいを希望して、譲渡するばあいには、《無償贈与》これは契約ではなくて、**贈与** GIFT **無償贈与** FREE-GIFT **恩恵** GRACE であり、これらのことばは、まったく同一のことをあらわす。

契約のしるしは、表現されたもの *Expresse* であるか推測によるものである。《表現された契約のしるし》表現されたものとは、何をあらわすかの理解をともなって、かたられることばであり、そういうことばは、「私は与える」、「私はゆるす」、「私は与えてしまった」、「私はゆるしてしまった」、「私はこれがあなたのものであることを欲する」というように、現在または過去の時のものであるか、あるいは、「私は与えるだろう」、「私はゆるすだろう」というように、未来の時のものである。未来についてのそれらのことばは、約束とよばれる。

《推測による契約のしるし》推測によるしるしは、あるときはことばの帰結であり、あるときは沈黙の帰結であり、あるときは行為の帰結であり、あるときは行為をひかえることの帰結であって、一般に、どんな契約についても、推測によるしるしとは、なんであっても、契約者の意志を十分に証拠だてるもののことである。

《無償贈与は、現在または過去のことばによって転移する》ことばだけであれば、もしそれらが、きたるべき時にかんするものであり、たんなる約束を内容とするものであるならば、無償贈与の不完全なしるしであって、したがって義務的ではない。すなわち、もしそれらが、「私は明日、与えよう」というように、きたるべき時についてのものであれば、それらは私がまだ与えていなかったことのしるしであり、したがって私の権利がまだ譲渡されないで、私がなにか他の行為によってそれを譲渡するまで、残存するということのしるしである。しかし、もしことばが、「私は与えてしまったとか、私は明日ひきわたされるように、いま与える」というように、現在または過去の時についてのものであれば、そのばあいには、私は明日の権利が今日手ばなされ、それは、他になにも私の意志の証拠がなくても、そのことばの効力によってそうなのである。そして、*Volo hoc tuum esse cras* と *Cras dabo* すなわち「私はこれが明日あなたのものになることを欲する」と「私はそれを明日あなたに与えることを欲する」とのあいだには、おおきな意味のちがいがある。すなわち、まえのいいかたにおける「私は欲する *I will*」ということばは、現在の意志の行為をあらわすが、あとのいいかたにおいては、それはきたるべき意志の行為についての、約束をあらわすのであって、したがってまえのことばは、現在のものであるから、未来の権利を譲渡し、未来についてのものである後者は、なにも譲渡しないのである。しかし、もしそこに、ことばのほかに、権利譲渡の意志のしるしがあれば、そのばあいには、贈与は無償であっても、その権利は未来についてのことばによって転移するものと理解されうる。ある人が競争の決勝点に最初にくる人に賞を与えようと提案するように、贈与は無償であり、そしてことばが未来のものであるにもかかわらず、権利は転移するのである。なぜなら、もしかれが、自分のことばをそのように理解されたいとおもわないならば、かれはかれらをはしらせなかっただろうからである。

《契約のしるしは、過去、現在、未来についてのことばである》諸契約において権利が転移するのは、ことばが現在または過去の時についてのものであるばあいだけではなく、それらが未来についてのものであるばあいも、そうである。なぜなら、すべての契約は、権利の相互的な移行または変更であり、したがって、自分が約束する目的である便益をすでにうけとってしまったために、約束だけをする人は、かれがその権利の転移を意図していたかのように理解される。なぜなら、かれが自分のことばをそのように理解されることに、満足していたのでなければ、相手はかれの分をさきに履行してしまわなかっただろうからである。そして、そういう理由で、売買およびその他の契約の諸行為において、約束は信約にひとしいのであり、したがって義務的なのである。

《あたいするとは何か》契約のばあいに、さきに履行する人は、相手の履行によってかれがうけとるべきものに、あたいする MERIT といわれ、そしてかれはそれを、当然うけるべきもの *Due* としてもつのである。また、賞がおおくの人びとに対して提案されて、勝利者だけに与えられることになるばあい、あるいは、貨幣がおおくの人びとのなかになげられて、それをつかんだ人びとだけがそれを享受することになるばあいにも、これは無償の贈与ではあるが、それでも、そのようにして勝利すること、そのようにしてつかむことは、あたいすることであり、それを当然うけるべきものとしてもつことなのである。なぜなら、その権利は、賞の提案において、および貨幣をなげおろすことにおいて、譲渡されるのであり、ただ、だれに対してであるかは、競争のけっかによってしか、決定されないのである。しかし、これらの二種類のあたいすることのあいだには、つぎのようなちがいがある。すなわち、契約においては、私は私自身の力と契約相手の必要とによって、あたいするのだが、この無償贈与のばあいには、私はただ授与者の仁慈 benignity によって、あたいするようにしてもらえるのである。契約においては、私は、契約相手の側でかれがその権利を手ばなすことにあたいするが、この贈与のばあいには、私は、授与者がその権利を手ばなすことにあたいするのではなく、かれがそれを手ばなしたときに、それが他の人びとのものとなるよりもむしろ、私のものとなるということに、あたいするのである。そして、私はこのことが、スコラ学派における承認によってあたいする *Meritum congrui* と価値によってあたいする *Meritum condigni* との、あの区別の意味なのだとおもう。すなわち、全能の神は、この世をかれがさだめた戒律と制限にしたがって(肉欲にまよわされながら)あゆみとおしうる人びとに、楽園を約束したのであるから、このようにしてあゆむ人は、承認によって楽園にあたいするのだと、かれらはいう。しかし、だれも、かれ自身のただしさ、あるいはその他のかれ自身のなかにある力によって、それに対する権利を要求することはできず、神の無償の恩恵によってのみ、そうすることができるのだから、かれらは、だれも価値によって楽園にあたいすることはできないというのである。まさにこれがあの区別の意味だと私はおもうのだが、しかし論争者たちは、かれら自身の学術用語の意味について、それが自分たちの役にたつあいだしか一致しないのであるから、私はそれらの意味について、なにも断定しようとはおもわない。私がいいたいのはただ、贈与が、競争に対する賞のように不定的に与えられるばあいには、勝利者はその賞にあたいし、それを当然うけるべきものとして請求できるのだ、ということである。

《相互の信頼による信約が、無効なばあい》当事者のいずれもが現在は履行せず、相互に信頼するという、信約がむすばれるとすれば、まったくの自然の状態(それは各人の各人に対する戦争の状態である)においては、なにかもっともな疑いがあれば、それは無効になる。しかし、もし双方のうえに、履行を強制するのに十分な権利と強力をもった共通の権力が設定されていれば、それは無効ではない。すなわち、はじめに履行するものは、相手があとで履行するであろうという保証をなにももたないのであって、なぜなら、ことばの束縛《ボンド》は、なにかの強制的な力への恐怖なしには、人びとの野心、貪欲、怒り、およびその他の諸情念をおさえるにはよわすぎるからである。そういう権力は、すべての人が平等で、自分自身の恐怖の正当性についての裁判官である、まったくの自然の状態においては、とうてい想定されえない。それで、したがってはじめに履行するものは、かれの生命と生存手段をまもる権利（かれはそれをけっして放棄しえない）に反して、自己をうらぎってその敵にひきわたすのである。

しかしながら、ひとつの権力が設定されて、さもなければ自分たちの誠実を破棄しようとする人びとを拘束する、社会状態 civill estate においては、その恐怖はもはや、もっともなものではない。そしてそういう理由で、その信約によってはじめに履行することになっている人は、そうするように義務づけられるのである。

そのような信約を無効にする恐怖の原因は、つねに、信約がなされたあとに[7]生じてくるなにかでなければならず、それは、たとえば、（相手の）不履行の意志をあらわすなにかあたらしい行為《ファクト》あるいはその他のしるしである。[8] そうでなければ、それは信約を無効にすることはできない。なぜなら、人が約束するのを阻止しえなかったことは、履行を阻止することとして容認されるべきではないからである。

《目的への権利は手段への権利をふくむ》どんな権利でも、譲渡するものは、それを享受する手段をも、かれの力のうちにあるかぎりで譲渡する。土地を売却するものは、牧草その他、そのうえに成長するすべてを、譲渡するのだと理解され、水車を売却するものは、それを運転する水流をきりはなすことができない、というようにである。そして、主権者として統治する権利を、ある人に与える人びとは、兵士たちを維持するための貨幣を徴収し、裁判《ジャスティス》の運営のための為政《マジス》者《トレーッ》たちを任命する権利を、かれに与えるものと理解される。

《獣との信約はない》理性のない獣《ブルート》と信約をむすぶことは、不可能である。なぜなら、かれらは、われわれのことばを理解しないので、権利のいかなる移行も理解せず受容もしないし、いかなる権利を相手に移行させることもできないからである。そして、相互的受容がなければ、信約はない。

《神との信約も、特別な啓示がなければ、ない》神と信約をむすぶことは、超自然的な啓示によってか、あるいはかれのもとでかれの名において統治するかれの代理人によって、すなわち神がはなしかけるものの媒介によるのでなければ不可能である。[9] なぜなら、そうでなければわれわれは、われわれの信約が受容されるかどうかを、知ることがないからである。そして、したがって、なにかの自然法に反することを誓う人びとは、それがなんであっても、むだに誓うのであって、そういう誓いをはたすのは不正なことだからである。またもしそれが、自然法によって命令されたことであれば、かれらを拘束するのは、誓いではなくてその法なのである。

《可能でかつ未来のものでないような信約はない》信約の内容または主題はつねに、熟慮のもとにおかれるなにかであり(なぜなら、信約することは、意志による行為であり、それはすなわち熟慮によるひとつの、そしてさいごの行為なのだから)、したがってつねに、きたるべきなにかであると理解される。そしてそれは、信約する人にとっては、履行することが可能だと判断されているのである。

それだから、不可能だと知られていることを約束するのは、信約ではない。しかし、まえには可能だとおもわれていたことが、あとになって不可能であることがわかるとすれば、その信約は有効であり、(そのものごと自体にではないが)なおその対価について拘束する。あるいは、可能なかぎり履行しようとのいつわらない努力にとっても、それがやはり不可能であるならば、だれもそれ以上に対しては義務づけられえない。

《信約はどのようにして無効とされるか》人びとはかれらの信約から、ふたつのしかたで解放される。履行によってと、免除されることによってである。なぜなら、履行は、義務づけの自然の終末であり、また免除は、義務づけのもととなった権利の再譲渡なので、自由の回復であるからである。

《恐怖によって強要された信約は、有効である》まったくの自然の状態で、恐怖によってむすばれた信約は、義務的である。たとえば、私が敵に対して、自分の生命とひきかえに、身代金または役務《サーヴィス》を支払うことを信約すれば、私はそれに拘束される。すなわち、それは、一方が生命についての便益をえて、他方がそのかわりに貨幣または役務をえるという契約であり、したがって、(まったくの自然の状態においてのように)ほかにその履行を禁止する法がないところでは、その信約は有効である。それであるから、戦争の捕虜たちは、かれらの身代金の支払いについて信頼されるならば、それを支払うことを義務づけられる。また、もし弱い王侯が恐怖によって、強い王侯と不利な講和をするならば、（まえにいわれたように）、戦争を再開すべき、なにかあたらしくて正当な恐怖の原因が、発生したのでないかぎり、かれはそれをまもるように拘束される。そして、コモン－ウェルスのなかにおいてさえ、もし私が、盗賊に対して金を約束することによって、自分をかれから請けださざるをえないとすれば、市民法が責務を解除するまで、私はそれを支払うように拘束される。すなわち、なにごとであれ私が義務づけなしに合法的におこないうることならば、私はそれをすることを恐怖によって信約しても合法的なのであり、そして私が合法的に信約することを、私は合法的にやぶりえないのである。

《ある人に対するまえの信約は、別の人に対するあとの信約を無効にする》まえの信約は、あとの信約を無効にする。すなわち、今日ある人に自分の権利を転移してしまったものは、それを明日、他の人に転移するために、もってはいないのであり、したがってあとの約束は、いかなる権利を転移するのでもなく、無内容なのである。

《人が、かれ自身を防衛しないという信約は、無効である》力に対して、力によって私自身を防衛しないという信約は、つねに無効である。なぜなら（私がまえにしめしておいたように）だれでも、自分自身を死と傷害と投獄（それらを回避することが、どんな権利を放置するについても唯一の目的である）[10]からすくうという権利を、譲渡または放置することはできないからであり、したがって、力に抵抗しないという約束は、どんな信約においても、なんの権利も譲渡しないし、義務づけもしない。すなわち、人は「私がこれこれのことをしないならば、私をころせ」と信約してもいいが、「私がこれこれのことをしないならば、あなたが私をころしにくるときに、私はあなたに抵抗しないだろう」と信約することはできないのである。なぜなら、人間は本性によって、抵抗しないことによる確実な現在の死というおおきな害悪よりも、むしろ、抵抗における死の危険というちいさな害悪を、えらぶものだからである。そしてこのことは、犯罪人たちが、かれらを断罪する法律に同意したにもかかわらず、人びとがかれらを処刑と牢獄へつれていくのに武装した人びとをつきそわせることにおいて、すべての人びとに真実として容認されているのである。

《だれも自分を告訴することを義務づけられない》赦免の保証なしに自分を告訴するという信約は、同様に無効である。なぜなら、各人が裁判官である自然の状態においては、告訴の余地はなく、社会状態《シヴィル・ステート》においては、告訴は処罰をともない、それは力であって、人はそれに抵抗しないことを義務づけられないからである。おなじことはまた、父や妻や恩人のように、かれらを有罪とすることが当人を悲惨におとしいれるような人びとを、告訴することについても真実である。すなわち、そのような告訴人の証言は、もしそれが自発的に与えられたものでなければ、本質的に不純なものと想定され、したがって受容されるべきではない。そして、人の証言が信用されるべきでないところでは、かれはそれを与えるように拘束されない。拷問にもとづく告訴もまた、証言とみなされるべきではない。なぜなら、拷問は、真実をさらに審査し探求するさいの、推測の手段および光としてのみ、使用されるべきものだからである。そして、そのばあいに告白されることは、拷問されるものを楽にするのに役だち、拷問するものに知識を与えるのには役だたず、したがって、十分な証言としての信用を与えられるべきではない。なぜなら、かれが自分を、真実または虚偽の告訴のいずれによって解放しようとも、かれは、かれ自身の生命を維持する権利によって、それをするのだからである。

《宣誓の目的》ことばの力は、(私がまえにのべておいたように)人びとをかれらの信約を履行するように拘束するには、よわすぎるので、それを強化するには、人間本性のなかに、ふたつの補助手段しか考えられない。そして、それらは、かれらの約束を破棄することの帰結への恐怖か、あるいは、それを破棄する必要がないようにみえることの自慢や誇りかである。この後者は、あまりにまれにしかみられないので、あてにすることができないような、寛大さ Generosity であって、人類の最大部分である富や支配や肉体的快楽の追求者たちにおいては、とくにそうである。あてにされるべき情念は、恐怖であり、それについてはふたつのきわめて一般的な対象がある。ひとつは、みえない霊の力、もうひとつは、かれらがそうすることによって立腹させるであろう人びとの力である。これらふたつのうちで、前者のほうが力はおおきいのだが、後者への恐怖のほうが、ふつうはおおきい恐怖である。前者への恐怖は、各人におけるかれ自身の宗教であり、それは市民社会のまえの人間本性のなかに、その場所をもっている。後者はそういう場所をもたず、すくなくとも、人びとにかれらの約束をまもらせるに十分な場所をもってはいない。なぜなら、まったくの自然の状態においては、力がひとしくないことは、戦闘の結果によってでなければ見わけられないからである。それだから、市民社会の時代のまえ、あるいは戦争によるその中断において、協定された平和の信約を、貪欲、野心、情欲《ラスト》、あるいはその他のつよい意欲に抗して、強化しうるものとしては、各人が神として崇拝し、かれらの背信への復讐者として恐怖する、見えない力への恐怖のほかには、なにもありえない。したがって、政治権力に臣従しないふたりの人のあいだでなされうるのは、たがいに相手を、かれが恐怖する神によって宣誓させることがすべてである。《宣誓の形式》その誓い Swearing あるいは宣誓 OATH は、「約束につけくわえられることばの形式で、これによって、約束する人は、かれが履行しなければ、かれはかれの神の慈悲をあきらめること、あるいは、かれ自身に復讐するように神にもとめることを、あらわすのである。」異教的な形式は、「そうでなければ、この獣を私がころすように、ユピテルに私をころさせよ」というようなものであった。同様にわれわれの形式は、「私はこれこれのことをするであろう、それだから神よ、私をたすけよ」というのである。そしてこれは、各人がかれ自身の宗教において使用する儀礼と儀式をともなって、誠実破棄への恐怖を増大させるためのものである。

《神によるのでない宣誓はない》これによって、つぎのことがあきらかになる。誓う人のもの以外のなにかの形式または儀礼によってなされた宣誓は、空虚であって宣誓ではない。そして、誓う人が神と考えないどんなものによる誓いも、存在しない。すなわち、ある時代には人びとは、恐怖やへつらいから、かれらの王たちによって誓うのがつねであったが、かれらは、そうすることによって王たちに、神聖な名誉を帰属させたのだと解されることをのぞんだのである。そして、不必要なのに神によって誓うのは、かれの名を冒瀆することにほかならないし、人びとがふつうの説話においてするように、ほかのものによって誓うのは、誓いではなくて、はなすのに熱中しすぎることによって生じた不敬虔な慣習である。

《宣誓は義務になにもつけくわえない》宣誓が義務になにもつけくわえないということもまた、あきらかである。なぜなら、信約は、合法的なものであれば、神のまえでは、宣誓をともなってもともなわなくても、おなじように拘束するのだし、合法的でなければ、宣誓によって確認されたにしても、まったく拘束しないのだからである。

（1）「かれの敵たちに対してかれの生命を維持するのに、かれのたすけになるもので、かれが利用してならないものはなにもない」としたほうがわかりやすい。
（2）異文では「すてるべき be willing」が「すてていい may be willing」となる(初版C)。
（3）to expose himselfe to Prey と to dispose himself to Peace の対置。
（4）マタイ・七・一二、ルカ・六・三一。
（5）Scriptores historiae augustae のなかの、「アレクサンデル・セウェルス伝」第五一章。
（6）訳語では表現できなかったが、Injury は、権利 Jus がない行為(不法行為)という意味での、他人に対する侵害であるから、Sine Jure と Injury はむすびつく。

（7）異文では、「なされた信約から」となる（初版C）。

（8）「相手の」も「をあらわす」も原文にはない。自分の不履行のしるしということは、ここでは意味がないし、「なにかあたらしい行為 some new fact」を意志の「他のしるし other signe」とならべると、やはり意味をなさないからである。なお fact を行為と訳したのは、他の箇所でもホッブズがこのことばを、ラテン語の原義にそって使用していることによる。

（9）「神が超自然的な啓示によってはなしかけるような人びとの媒介によるか、かれのもとでかれの名において統治するかれの代理人たちによるのでなければ」としなければ意味がとおらないが、「啓示によって」と「代理人たち」が either でつながれているので、そうは訳せない。

（10）このとじるかっこは原文にない。

第十五章　その他の自然法について

《第三の自然法、正義》保留されていると人類の平和をさまたげるような諸権利を、第三者に譲渡すべきことを、われわれに義務づけるあの自然法から、第三のものがでてくる。それは、「人びとは、むすばれた信約を履行すべきだ」というのであって、これがなければ信約はむなしく、空虚なことば《ワーズ》〔約束〕にすぎない。そして、すべての人のすべてのものに対する権利はのこっているのだから、われわれはまだ、戦争の状態にあるのである。

《正義、不正義とは何か》そしてこの自然法のなかに、**正義** JUSTICE の源泉と起源がある。なぜなら、なんの信約も先行しなかったところでは、なんの権利も譲渡されていなかったのであり、各人はあらゆるものに対する権利をもち、したがって、どんな行為も不正 Unjust ではありえない。しかし、信約がなされるときは、そのばあいにそれを破棄するのは不正である。それで**不正義** INJUSTICE の定義は、信約の不履行にほかならない。そして、不正でないものごとは、なんでも正しいのである。

《正義と所有権は、コモン－ウェルスの設立とともにはじまる》しかし、相互信頼による信約は、いずれかの側に不履行についてのおそれがあれば(まえの章でいわれていたように)無効であるから、正義の起源は信約の成立ではあっても、そういうおそれの原因が除去されるまでは、そここには、じっさいには、なにも不正義はありえない。その除去は、人びとが戦争という自然状態にあるあいだは、おこなわれえないのである。したがって、正と不正という名辞が場所をもつためには、そのまえに、ある強制権力が存在して、人びとがかれらの信約の破棄によって期待するよりもおおきな、なんらかの処罰の恐怖によって、かれらが自分たちの信約を履行するように、平等に強制しなければならず、かれらが放棄する普遍的権利のつぐないとして、人びとが相互契約によって獲得する所有権 Propriety[1] を確保しなければならないのであり、そしてそういう権力は、コモン－ウェルスの設立のまえには、なにもないのである。そしてこのことは、スコラ学派における正義についての通常の定義からも、推測される。すなわち、かれらは「正義とは各人に各人のものを与えようとする不断の意志である」という。したがって、自分のものがないところ、すなわち所有権がないところでは、なにも不正義はなく、強制権力がなにも樹立されていないところ、すなわちコモン－ウェルスがないところでは、所有はない。すべての人がすべてのものに対して、権利をもつのだからである。したがって、コモン－ウェルスがないところでは、なにごとも不正ではない。それであるから、正義の本性は、有効な信約をまもることにあるが、しかし信約の有効性は、人びとにそれをまもることを強制するのに十分な、政治権力の設立とともにのみ、はじまるのであって、しかもそのときにまた、所有権もはじまるのである。

《正義は理性に反しない》おろかなものが心のなかで、正義というようなものはないのだといい[2]、ときには口にだしてもいった。そのばあい、かれはまじめにつぎのように主張したのである。

すなわち、各人の保存と満足は、かれ自身の配慮にゆだねられているのだから、各人がそれに役だつと考えることを、してはならないという理由はありえず、したがってまた、信約をむすんでもむすばなくても、守っても守らなくても、それがかれの便益《ベニフィト》に役だつならば、理性には反しない、というのである。かれはそのさいに、信約というものがあること、そしてときにはやぶられ、ときにはまもられること、それらのそういう破棄は不正義とよばれ、遵守は正義とよばれうることを、否定しないのだが、不正義は神への恐怖を除去して(おなじおろかものは心のなかで、神はないといったのだから)、各人にかれの利益を指示する理性と、両立しうることがないだろうか、とくに、それがある人を、他の人びとの非難や罵倒だけでなく力をも無視するような立場におくという、便益に役だつならば、そうではないかと、たずねるのである。神の王国は暴力によって獲得される。(3)しかし、もしそれが不正な暴力によって獲得されうるとしたら、どうであろうか。そのようにしてそれを獲得することは、それによって傷つくことがありえないならば、理性に反するであろうか。そして、もしそれが理性に反しないならば、それは正義に反しない。もしそうでなければ、正義は、善として是認されるべきではない。以上のような推理から、成功した邪悪さが、能力 Vertue(4)という名称をえてきたのであり、他のすべてのことについては誠実の破棄をゆるさなかった人びとも、それが王国を獲得するためであれば、ゆるしてきたのである。そして、サトゥルヌス(5)がその息子のユピテルによって廃位されたと信じていた異教徒は、それにもかかわらず、おなじユピテルが不正義への復讐者であることを信じていた。それは、クックのリトゥルトンへの注解(6)のなかの一片の法に、いくらか似ている。そこにおいてかれはつぎのようにいう。もし、ただしい王位継承者が、反逆によって公権剝奪をうけるとしても、それでも王冠はかれのものとなるであろうし、そしてその瞬間に公権剝奪は無効になるであろう。これらの例から人は、ひじょうに、つぎのように推論しがちであろう。すなわち、ある王国の法定推定相続人が、その王国を保有している人を、それがかれの父であっても、殺すばあいに、あなたはそれを不正義とよんでいいし、あなたのすきなように他のどんな名称でよんでもいいが、それでもそのことは、人びとの意志的な行為はすべてかれら自身の便益のためであり、かれらの目的にもっとも役だつ行為はもっとも理性的であるということからすれば、理性に反するものではありえない。このもっともらしい推理は、それにもかかわらず、虚偽である。

すなわち問題は、約束する当事者たちのうえに樹立された政治権力がないばあいのように、どちらの側にも履行の保証がないところでの、相互の約束についてのものではないからである。なぜなら、そういう約束は、信約ではないからだ。しかし、当事者の一方がすでに履行してしまったか、あるいは、かれに履行させる権力があるかのばあいには、〔他方が〕履行することが理性に反するかどうか、すなわち他方の便益に反するかどうか、という問題がある。そして私は、それは理性に反しないという。このことをあきらかにするために、われわれはつぎのことを考察しよう。第一に、ある人があることをして、それが、予見しあてにしうるかぎりのどんなことにもかかわらず、かれ自身の破滅にむかっているというばあいに、かれが予期しえなかったなにかの偶発事件がおこって、それをかれの便益に転じるかもしれないとしたところで、それでもそういう事件はその〔まえの〕ことを、理性的あるいは賢明になされたものとするのではない。第二に、すべての人びとを畏怖させておく共通の力がないために、各人が各人に対して敵であるような、戦争状態において、だれも同盟者の援助なしには、自分自身の強力や知力では、破滅に対して自己を防衛することをのぞみえない。そこでは、各人は同盟によって、他のだれでもがするのとおなじく、防衛を期待するのである。したがって、ある人が、かれを援助する人びとをあざむくのが理《リー》性《ズン》的だとおもうと、言明するならば、かれはとうぜん《イン・リーズン》、かれ自身の単独の力によって獲得しうるもののほかには、安全のためのなんの手段も期待することができない。それであるから、信約を破棄し、その帰結として、そうすることは理性にかないうるとおもうと、言明する人は、自分たちの平和と防衛のために結合したどんな社会にも、受容する人びとのあやまちによるのでなければ、受容されえないし、受容されるばあいには、かれらのあやまちの危険がわからないので、かれをそのなかにとどめておくのである。そういうあやまちは、人がかれの安全保証の手段として、合理的にあてにできるものではなく、したがって、もしかれが社会のそとに残されるか投げだされるかするならば、かれはほろびるのだし、もしかれが社会のなかで生きているならば、それは他の人びとのあやまちによるのである。あやまちは、かれが、予見することもあてにもすることもできないものであり、したがって、かれの保存についての理性に反するものである。それだから、かれを破滅させるのに力をださないすべての人びとは、何がかれら自身の利益であるかについての無知からのみ、かれをがまんするのである。

なんらかのやりかたで、確実で永遠の天上の至福を獲得するという例についていえば、それはたいした問題ではない。考えられるやりかたはひとつしかないからであって、それは信約を破棄することではなくて、まもることである。

そして、反乱によって主権を獲得するという、もうひとつの例についていえば、そういう結果になるとはいえ、それは、そのことが合理的に期待しえず、むしろその反対だからであり、そして、そのようにして主権が獲得されることによって、他の人びともおなじものを類似のやりかたで獲得するようにおしえられるのだから、このくわだては理性に反する。したがって、正義すなわち信約の遵守は、理性の法則であって、これによってわれわれは、われわれの生命を破滅させるいかなることをも、することを禁止される。したがってこれはひとつの自然法なのである。

ある人びとは、これより先にすすんで、自然法を、地上での人間の生命の維持に役だつ規則としてではなく、死後の永遠の至福に到達するのに役だつ規則として、考えようとする。かれらは、信約の破棄がそれに役だつかもしれないし、したがって正しく合理的であるかもしれないと、考えるのである(それは、かれら自身の同意によってかれらのうえに設立された主権者権力を、殺したり、廃位したり、それに反乱したりすることを、値うちのある仕事だと考えるような人びとである)。しかし、人間の死後の状態については、自然的知識はなにもないし、そのときに誠実の破棄に対して与えられる報酬についてはさらにないのであって、ただ、それを超自然的に知っているとか、あるいは、それを超自然的に知っている他人を知っている人びとを知っているとかいう、他の人びとのいうことにもとづく信仰があるにすぎないのであるから、誠実の破棄は、理性または自然の戒律とは、よばれえないのである。

《信約は、それがむすばれた相手の人物の悪徳によって、解除されるのではない》他の人びとは、誠実の遵守が自然法であることをみとめるが、それにもかかわらず、異端者たち、および他の人びとに対する信約を履行しないのが習慣である人びとのような、一定の人については例外をもうけるのである。だがこれもまた理性に反する。なぜなら、もしある人物のなにかの欠陥が、むすばれたわれわれの信約を解除するのに十分であるとすれば、おなじことはとうぜん、その信約をむすぶのをさまたげるにも、十分であったにちがいないからである。

《人間の正義および行為の正義とは何か》正 Just 不正 Injust という名辞は、それらが人間に帰属させられるときと、行為に帰属させられるときとでは、別のことをあらわす。それらが人間に帰属させられるときは、それらは態度《マナーズ》の理性に対する一致と不一致をあらわす。しかしそれらが行為に帰属させられるときは、それらは、態度または生活様式のではなく、個々の行為の、理性に対する一致と不一致をあらわすのである。したがって正しい《ジヤスト》人とは、自分の行為がすべて正しいように、できるかぎりのすべての配慮をするもののことであり、正しくない《アンジヤスト》人とは、それをおこたるもののことである。そして、そういう人びとは、われわれの言語では、Just と Unjust という名辞よりも、意味は同一なのだが Righteous と Unrighteous という名辞でよばれることがおおい。したがって、正しい人は、とつぜんの情念や、ものごとまたは人物についての誤解から生じた、ひとつまたは少数の正しくない行為によって、その称号をうしないはしないし、また正しくない人は、かれが恐怖によっておこなったりひかえたりする諸行為のために、その性格をうしないはしない。なぜなら、かれの意志は、正義によってではなく、かれがしようとすることの見かけの便益によって、形成されているのだからである。人間の諸行為に正義の色あいを与えるのは、ある種の気持の高貴さ優雅さ(めったにみられない)であって、それによってその人は、生活の満足をえるためにあざむいたり約束を破棄したりしようと、身がまえていることを軽蔑するのである。正義が徳とよばれ、不正義が悪徳とよばれるばあいには、この態度の正義が、意味されているのである。

しかし、行為の正義は、人びとに正しいという名称ではなく罪がない *Guiltlesse* という名称を与える。そしておなじものの不正義(それは侵害ともよばれる)は、かれらに罪ある *Guilty* という名称だけを与える。

《態度の正義と行為の正義》さらにまた、態度の不正義とは、侵害をしようとする性向あるいは傾向であって、それが行為にすすむまえに、不正義なのである。しかし、ひとつの行為の不正義(いいかえれば侵害)は、侵害された個別的な人物、すなわち信約がなされた相手を想定する。そして、それだから、ひとりの人が侵害をうけて、その損害が他人におよぶことがたびたびある。たとえば、主人が召使に、見しらぬ人に金を与えるように命じるばあいに、もしそれがおこなわれなければ、侵害は、かれがまえもって服従することを信約した主人に対してなされるのだが、損害はその見しらぬ人に、およぶのであり、その人に対してはかれはなんの義務もおっていなかったし、したがって、その人を侵害することはありえなかったのである。そして、おなじように、コモン-ウェルスにおいても、私人たちは相互にかれらの負債をゆるしていいが、かれらが損害をうける強盗その他の暴力をゆるしてはならない。なぜなら、債務の延滞はかれら自身に対する侵害であるが、強盗と暴力は、コモン-ウェルスの人格に対する侵害なのだからである。

《ある人に対して、かれの同意によってなされることは、なにごとも侵害ではありえない》ある人に対してなされることが、なんであっても、行為者に対してあらわされたかれ自身の意志に一致するものであれば、かれに対する侵害ではない。すなわち、もしそれをするものが、したいことをするというかれの本源的な権利を、ある先行の信約によって、手ばなしてしまったのでなければ、そこにはなにも信約の破棄はなく、したがって、かれに対してなされる侵害はないのである。また、もしかれが手ばなしていたならば、そのことをさせるというかれ〔行為をうける人〕の意志が表示されたことは、その信約の解除であって、このようにしてやはり、かれに対してなされる侵害はないのである。

《交換的正義と分配的正義》行為の正義は、著作者たちによって交換的 *Commutative* と分配的 *Distributive* とにわけられている。そしてかれらは、前者は算術的比例に、後者は幾何的比例に存するという。したがってかれらは、交換的なものを、契約されるものごとの価値のひとしさのなかにおき、そして分配的なものを、ひとしいあたい《メリット》[7]の人びとへの、ひとしい便益の分配のなかにおく。われわれが買うよりも高く売ること、あるいはある人にかれの値うち以上に与えることが、不正義であるかのようである。契約されるすべてのものごとの価値は、契約者たちの欲求によってはかられるのであり、したがって、ただしい価値とは、かれらが与えるのに満足する価値である。そして値うちとは、(一方の側での履行が、他方の側での履行にあたい《メリット》し、分配的ではなく交換的正義に属するという、信約による値うちを別にして)、正義によってとうぜんうけるべきものなのではなく、恩恵だけによってむくいられるものである。そして、それだから、この区別は、それがいつも説明されている意味では、ただしくない。適切にいえば、交換的正義とは、契約者の正義であり、それは、売買、賃貸借、貸借、為替取引《イクスチェンジ》、物々交換《バーター》、およびその他の契約上の諸行為における、信約の履行なのである。

そして、分配的正義は、仲裁者の正義、いいかえれば、何がただしいかを決定する行為である。そこにおいて、かれが(かれを仲裁者とする人びとによって信用されているので)、その信用にこたえるならば、かれは各人に各人のものを分配するといわれる。そして、これがまさに、ただしい分配なのであり、(適切ではないにせよ)分配的正義とよばれていいのだが、公正 Equity とよばれるほうが、もっと適切である。これもまた、しかるべき場所でしめされるように、ひとつの自然法なのである。

《第四の自然法、報恩》正義が先行の信約に依存するように、報恩 GRATITUDE は先行の恩恵《グレイス》、すなわち先行の無償贈与に依存する。それは第四の自然法であって、つぎのようなかたちで考えることができる。「他人から、まったくの恩恵からでた便益をうけた人は、それを与えた人が自分の善意を後悔するもっともな理由をもたないように、努力すること。」すなわち、だれでも、自分自身への利益を意図することなしには、与えないのであって、なぜなら、贈与は意志によるもので、すべての意志による行為の目的は各人にとって、かれ自身の利益なのだからである。もし、人びとがそれについて、うらぎられるだろうと知るならば、仁慈や信用のはじまりはないであろうし、したがって相互援助のはじまりも、人と人との和解のはじまりもないであろう。そうすればかれらはなお、戦争の状態にとどまることになり、それは人びとに平和をもとめよと命令する第一の基本的な自然法に反するのである。この法の破棄は忘恩 *Ingratitude* とよばれ、恩恵に対して、不正義が信約による義務に対してもつのと、おなじ関係をもつ。

《第五、相互の順応、あるいは従順》第五の自然法は、従順 COMPLEASANCE であって、いいかえれば、「各人は自分を、残余の人びとに順応させるように、努力すること」である。それを理解するために、われわれはつぎのことを考察すればいいだろう。すなわち、人びとの社会に対する適合性には、かれらの感情 Affections の多様性から生じる、性質の多様性があって、ひとつの建物をたてるためによせあつめられた石について、われわれがみるものに似ないでもない。というのは、形がでこぼこで不規則であるために、それ自身よりおおきな空間を他の石からうばう石や、固くて容易にたいらになりえないために、建築をさまたげる石は、建築者によって不利益で面倒なものとして、なげすてられるが、それとおなじように、性質がでこぼこなために、かれ自身にとっては余計でありながら他の人びとには必要なものを、保持しておこうと努め、かつ、その情念が頑固なために匡正されえない人は、社会にとって厄介ものとして、その外にのこされるか、なげだされるのだからである。すなわち、各人は、権利によってだけではなく、自然の必要によっても、かれの保存のために必要なものを獲得するために、できるかぎりの努力をするのだと想定されているのをみれば、余計なもののためにそれに反対する人は、そこからでてくる戦争について、有罪であり、したがって、平和をもとめることを命令する基本的自然法に、反することをおこなうのである。この法をまもる人びとは、社交的 SOCIABLE とよばれ（ラテン人はかれらを適応性のある人びとと *Commodi* とよぶ）、反対の人びとは、頑固な *Stubborn* 非社交的な *Insociable* 強情な *Froward* 手におえない *Intractable* とよばれる。

《第六、許容の容易さ》第六の自然法は、つぎのものである。「将来についての保証にもとづいて、人は、過去に罪をおかしたものが悔いあらためて許容をのぞむならば、その罪を許容すべきである。」すなわち、許容 PARDON とは平和を与えることにほかならず、敵意を固執する人びとに与えられるそれは平和ではなくて、恐怖であるとはいえ、それでも将来について保証を与える人びとに与えないのは、平和を嫌悪するしるしであって、したがって自然法に反する。

《第七、復讐において人びとは将来の善だけを顧慮するということ》第七は、「復讐（それは悪に悪をむくいることである）において、人びとは、すぎさった悪のおおきさにではなく、これからくる善のおおきさに、注目すること」である。それによってわれわれは、刑罰を課するにあたって、犯罪者の匡正か他の人びととの指導のほかの、どんな意図をもってすることをも、禁止される。なぜなら、この法は、将来についての安全保証にもとづいて許容することを命じる、すぐまえの法の帰結なのだからである。そのうえ、実例〔とすること〕および将来の利益を顧慮しない復讐は、相手を傷つけることについてのかちほこり《トライアンフ》あるいはほこり《グローリ》であって、なんの目的にもむかっていない(なぜなら、目的はつねに、きたるべきなにものかであるから)。そして、なにも目的なしにほこることは、虚栄 vain-glory であって理性に反し、理由《リーズン》なしに傷つけることは、戦争の導入にむかう。それは自然法に反することであり、ふつうに残酷 *Cruelty* という名称でよばれている。

《第八、反傲慢》そして、憎悪あるいは軽蔑のあらゆるしるしは、闘争を挑発するものであって、たいていの人は、復讐しないでいるよりも、むしろ生命をかけることをえらぶほどであるから、われわれは、自然法として第八の場所につぎの戒律をおくことができる。「だれも、行為、ことば、表情、身ぶりによって、相手に対する憎悪または軽蔑を表明しないこと。」この法の破棄は、ふつうに傲慢 *Contumely* とよばれる。

《第九、反自慢》どちらがすぐれた人であるかという質問は、まったくの自然状態においては、存在の余地がない。そこでは(まえに示されたように)、すべての人は平等なのだ。現在あるような不平等性は、市民法によって導入されたのである。私は、アリストテレースが、かれの政治学の第一巻[8]で、かれの学説の基礎として、人びとは自然によってつぎのようなものであるとしたことを、知っている。すなわち、ある人びとは、より賢明だ(かれがかれ自身をその哲学のゆえにそう考えたように)という意味で、支配するのにふさわしく、他の人びとは奉仕するにふさわしい(強い身体をもっているが、かれのような哲学者ではなかった人びとを意味して)というのであって、まるで主人と召使が人びとの同意によってではなく、知力のちがいによって導入されたかのようである。しかしそれは、理性に反するだけではなく、経験にも反する。なぜなら、他の人びとに統治されるよりも、自分で自分を統治したいとおもわないおろかものは、きわめてまれにしかいないし、また、賢明だとうぬぼれている人びとが、自分たちの賢明を信じない人びとと、力であらそうばあいに、前者がつねに、あるいはたびたび、あるいはほとんどいつも、勝利をえるのではないからである。したがって、もし自然が、人びとを平等につくっておいたならば、その平等性はみとめられるべきである。あるいは、もし自然が人びとを不平等につくっておいたとしても、自分たちが平等だとおもう人びとは、平等な条件でなければ平和の状態にはいろうとしないから、そのような平等性は容認されなければならない。そして、したがって、第九の自然法として私は、「各人は他人を、自然によってかれと平等なものとして、みとめること」をおく。この戒律の破棄は、自慢 *Pride* である。

《第十、反尊大》もうひとつの法が、この法にもとづいている。「平和の状態にはいるにあたって、だれも、他の各人が留保することに自分が満足しないような、いかなる権利をも、自分が留保することをもとめないこと。」平和をもとめるすべての人にとって、一定の自然権を放置すること、すなわちかれらが欲するすべてのことをおこなう自由をもたないことが、必要であるように、人間の生命にとっては、いくつかの権利を留保することが必要なのであって、それは、かれら自身の身体を統治する権利、空気、水、運動、場所から場所へいく道、およびそれなしには人間が生きられないか、よく生きられない他のすべてのものを、享受する権利などである。このばあいにもし、平和をつくるにあたって、人びとが、他人に与えられることをのぞまないものを、自分たちはもとめるとすれば、かれらは自然的平等性の承認を命令する先行の法に反することをするのであり、したがって自然法にも反する。この法を遵守するものは、われわれが謙虚なとよぶ人びとであり、破棄するものは、尊大な *Arrogant* 人びとである。ギリシャ人は、この法のじゅうりんを欲ばり *πλεονεξία* とよぶ。それは、自分たちのわけまえ以上のものへの欲求である。

《第十一、公正》また、もし「ある人が、人と人とのあいだを裁くことを信託されるとすれば」自然法の戒律は、「かれはかれらのあいだを平等にとりあつかうこと」である。なぜなら、それなしには、人びとの論争は、戦争によってしか決定されえないからである。したがって、判決において不公平なものは、人びとを裁判官および仲裁者の効用からとおざけるために、自分かってなことをするのであり、その帰結として（基本的自然法に反し）、戦争の原因なのである。

この法の遵守は、各人に、とうぜんにかれに属するものを、平等に分配するということから、**公正** Equity および（私がまえにいったように）分配的正義とよばれ、そのじゅうりんはえこひいき *Acception of persons* プロソーポレープシア[9] *προσωποληψία* とよばれる。

《第十二、共有物の平等な使用》そして、これからもうひとつの法がひきだされる。「分割できないようなものは、できるならば共同で享受すること、そして、もしそのものの量がゆるすならば制限なしに、そうでなければ、権利をもつ人びとの数に応じて、そうすること。」なぜなら、そうしなければ分配は不平等であり、公正に反するからである。

《第十三、くじについて》しかし、若干のものは、分割することも共同で享受することもできないだろう。そのばあいには、公正を規定する自然法は、「その権利の全体、そうでなければ（交替して使用するとして）最初の占有が、くじによって決定されること」をもとめる。なぜなら、平等な分配は、自然法によるものであり、平等な分配のためのほかの手段は、考えられないからである。

《第十四、長子相続と先占について》くじ *Lots* には、任意的 *Arbitrary* なものと自然的なものとの二種類がある。任意的なものとは、競争者たちによって協定されたものであり、自然的なものとは、長子相続 *Primogeniture*[10]（ギリシャ人はそれをクレロノミア *Κληρονομία*[11] とよび、それはくじによって与えられたことを意味する）あるいは先占 *First Seisure* である。

そして、したがって、共有で享受することも分割することもできないものは、くじによって取得されたものとして、最初の占有者に、若干のばあいには最初の生誕者に、授与されるべきである。

《第十五、仲介者について》「平和を仲介するすべての人びとには、行動の安全が許容されること」もまた、自然法である。なぜなら、目的としての平和を命令する法は、手段としてとりなし Intercession を命令し、とりなしのためには、行動の安全[12] safe Conduct が手段なのだからである。

《第十六、仲裁への服従について》そして、人びとがいくらこれらの法をまもろうとしても、それにもかかわらず、人の行為については、つぎのような問題がおこりうる。第一に、それがなされたのか、なされなかったのか、第二に(もしなされたならば)、法に反するか、法に反しないか。このうちの前者は事実の *Of Fact* 問題とよばれ、後者は、権利の *Of Right* 問題とよばれる。したがって、その問題をあらそう当事者たちが、ある他人の判決をまもることを、たがいに信約しないかぎり、かれらはまえと同様に平和からとおいのである。かれらがその判決に服従するこの他人は、**仲裁者** Arbitrator とよばれる。そして、それであるから、「争論している人びとは、かれらの権利を、仲裁者の判断に服従させること」が、自然法に属するのである。

《第十七、だれも自分自身についての裁判官ではない》また、各人は自分の便益のためにあらゆることをするものと、想定されることからして、だれも、自分自身の訴訟事件において、適切な仲裁者ではない。そして、もしかれがどんなに適切であるとしても、公正は各当事者にひとしい便益をゆるすのだから、一方が裁判官であることを許容されるならば、他方もまた許容されるべきであり、こうして、争論すなわち戦争の原因は、自然法に反して存続するのである。

《第十八、不公平であることの自然の原因を自分のなかにもつものは、だれでも、裁判官であるべきではない》おなじ理由によって、どんな訴訟事件においても、一方の側の勝利から、他方の側の勝利からよりも、おおきな利益や名誉や快楽が、あきらかに生じてくるような人は、だれでも、仲裁者としてうけいれられるべきではない。なぜなら、かれは(さけられない賄賂だとはいえ、それでも)賄賂をうけとってしまったのであり、だれもかれを信用するように義務づけられえないのである。こうしてまた、自然法に反して、争論と戦争状態が存続するのだ。

《第十九、証人について》そして、事実についての争論において、裁判官は、一方を他方よりおおく信用することはないので、(もし他の証拠がないならば)第三者を、あるいは第三者と第四者を、あるいはさらにおおくを、信用しなければならない。なぜなら、そうしなければ問題は決定されず、自然法に反して力にゆだねられるからである。

以上が、群衆としての in multitude 人間の保存の手段として、平和を指示する、自然法であり、それは市民社会についての学説だけに関係するのである。ほかにも、泥酔や他のすべての不節制のように、個々の人の破滅になる事項があるし、それだから、それらもまた、自然法が禁止しておいたことのなかに、かぞえられるのだが、しかしながら、のべる必要もなく、この場所に適当でもない。

《自然法を容易に検査することができる法則》これは諸自然法のあまりに精細な演繹であって、すべての人によって注意されえないように、見えるかもしれない。理解するには、人びとの大部分は、食物をえるのにいそがしすぎ、のこりは怠惰にすぎるのである。そうではあるが、すべての人をいいのがれができないようにするために、諸自然法は、もっともとぼしい能力にさえ理解できるような、ひとつのわかりやすい要約にまとめられた。それは「あなたが自分自身に対して、してもらいたくないことを、他人に対してしてはならない[13]」というのである。これはかれに、諸自然法をまなぶにあたって、つぎのこと以上はしなくていいということを示す。すなわち、他の人びとの諸行為をかれ自身のそれと秤量するときに、かれらのそれのほうが重いように見えるならば、それらを秤の他方にまわして、かれ自身のものをかれらの場所におき、かれの自身の情念と自愛心が、なにも重さをくわえないようにせよ、ということである。そうすれば、これらの自然法のうちのどれひとつとして、かれにとってひじょうにもっとも《リーズナブル》だとおもわれないものは、ないであろう。

《自然法は、良心においてつねに義務づけるが、結果については、安全保証があるときにのみ義務づける》自然法は、内面の法廷において *in foro interno* 義務づける。いいかえれば、それらは、それらがおこなわれるべきだという意欲をもつように、拘束する。しかし、外面の法廷において *in foro externo* すなわちそれらを行為にうつすことには、つねに拘束するのではない。なぜなら、ある人が謙虚で従順であって、かれのすべての約束を、他のだれもが履行しない時と所において、履行するとすれば、それはかれ自身を他の人びとの餌食にし、かれ自身の確実な破滅をまねくだけであって、そのことは自然の保存を目ざすすべての自然法の基礎に反するのだからである。さらにまた、他の人びとがかれに対しておなじ自然法を遵守するという十分な保証がありながら、自分ではそれらを遵守しない人は、平和ではなく戦争をもとめるのであり、したがって暴力によるかれの自然の破壊をもとめるのである。

そして、内面の法廷において拘束する諸法はすべて、その法に反する行為《ファクト》によってのみならず、それに一致した行為によっても、もし人がそれに反して考えるならば、破棄されうる。なぜなら、このばあいは、かれの行為《アクション》は法と一致しているとしても、かれの目的は法に反していたのであり、それは、義務が内面の法廷におけるものであるところでは、破棄なのだからである。

《自然法は永遠である》自然法は不変であり永遠である。すなわち、不正義、忘恩、尊大、自慢、不公正、えこひいき、およびその他のことは、けっして合法的とされえない。なぜなら、戦争が生命を保存し、平和がそれを破壊するということは、けっしてありえないからである。

《しかもやさしい》このおなじ[14]諸法は、意欲と努力だけを、私がいうのはいつわらぬ不断の努力のことだが、義務づけるので、遵守するのは容易である。すなわち、諸法は努力以外のことは要求しないのだから、それらを履行しようと努力するものは、それらにかなうのであり、法にかなうものは、ただしいのである。

《これらの法についての科学が、真実の道徳哲学である》そして、それらについての科学が、真実で唯一の道徳哲学である。なぜなら、道徳哲学は、人類の交際と社会において何が善で何が悪であるかについての、科学にほかならないからである。善と悪は、われわれの欲求と嫌悪をあらわす名辞であって、それらは、人びとの気質、習慣、学説がちがうのに応じて、ちがっている。そして、さまざまな人びとは、味覚・嗅覚・聴覚・触覚・視覚において、何が快であり何が不快であるかについての、判断がちがっているだけでなく、日常生活の諸行為において、何が理性に合致し何が合致しないかについての判断も、ちがっている。いな、同一の人間でも、時がちがえば、自分自身とちがうのであって、他のときには非難して悪とよぶものを、あるときに称賛し、すなわち善とよぶのだ。そこから議論がおこり争論がおこり、ついには戦争がおこる。そして、それだから、私的な欲求が善悪の尺度であるかぎり、人はまったくの自然状態(それは戦争の状態である)にあり、そのけっかすべての人は、平和が善であること、したがってまた、それへの道あるいは手段、すなわち(私がまえに示したように)正義、報恩、謙虚、公正、慈悲およびその他の自然法が、善であり、いいかえれば道徳的な徳 *Morall Vertues* であり、それらの反対の悪徳が、悪であることに同意する。ところで、徳と悪徳についての科学は、道徳哲学であり、したがって、自然法についての真実の学説は、真実の道徳哲学である。だが、道徳哲学の著作者たちは、同一の徳と悪徳を承認するとはいえ、それらのものの善性が何にあるかがわからず、またそれらが称賛されるようになるのは、平和で社交的で快適な生活への手段としてであることがわからないで、それらを諸情念の中庸性 mediocrity のなかにあるものとするのである。それはちょうど、大胆さの原因ではなく程度が、剛毅さをつくるかのようであり、贈物の原因ではなくて量が、気前のよさをつくるかのようである。

これらの理性の指示を、人びとは法という名でよぶのがつねであるが、適切ではない。なぜなら、それらは、何がかれら自身の保存と防衛に役だつかについての、諸結論または諸定理であり、それに対して法とは、適切にいえば、権利によって他の人びとを支配するものの、ことばなのだからである。しかし、それでも、もしわれわれが、おなじ諸定理を、権利によってすべてのものを支配する神のことばのなかにのべられたものとして考察するならば、そのばあいには、それらは法とよばれるのが適切である。

(1) Propriety と property は、語源がおなじであり、フランス語には propriété しかないことも、その証拠である。
(2) 詩・一四・一「おろかなものは、かれの心のなかで、神というものはないといった。かれらは腐敗している。」同・五三・一にも同様なことばがある。
(3) マタイ・一一・一二「天国は力ずくでおそわれている。そして、はげしくおそうものが、それをうばいとろうとしている。」
(4) 三四ページ注(4)、一二四ページおよびそれへの注をみよ。
(5) サトゥルヌスは、ギリシャ神話のクロヌスがその子ゼウスにおわれて、ラティウムにきたものといわれる。クロヌスはウラヌスの末男で、ティタンのたすけによって父をたおし、世界の支配者となった。かれとレアとのあいだの子供たちのうちのひとりが、かれをたおすであろうと、レアが予言したので、かれはそのすべてをのみこもうとしたが、ゼウスだけはレアにたすけられた。ゼウスはクロヌスをせめて、のみこんだ子供たちをはきださせた。サトゥルヌスは古代イタリアの播種と収穫の神となるが、ここでは、クロヌスとゼウスの関係が、そのあとのサトゥルヌスとユピテルの関係におきかえられている。

（6）クック Sir Edward Coke, 1552-1634 は、イングランドの法学者で、ジェイムズ一世の王権神授説に対して慣習法の優位を主張し、王権の絶対性を支持するフランシス・ベイコンと対立した。ホッブズは主権の絶対性を主張するから、クックに対しては批判的である。ここにあげられているリトゥルトン注解とは、*The first [second, third, and fourth] part of the institutes of the lawes of England, or a commentarie upon Littleton*, London 1628〔-1644〕であり、ブラクストーンの著書があらわれるまでは、イングランド慣習法研究の最高権威とされていた。リトゥルトン Sir Thomas Littleton, 1422-81 は、ローマ法の影響をうけないで、イングランド慣習法を研究し、とくに土地法の解説において業績をあげた。

（7）功績 merit については、第十章のおわり（一六三―一六四ページ）と第十四章のなかば（二二五―二二六ページ）にも説明がある。

（8）「生れながらに……あるものは支配されるように、またあるものは支配するように、できている。」『政治学』第一巻第五章。

（9）プロソーポレープシアは、プロソーポン（面・マスク）への嫌悪。特定の人物をきらうこと。

（10）Primogeniture は、「最初の生誕」のこと。

（11）クレロノミアは、クレロス（くじ）とノモス（法・秩序）の合成語で、相続財産のわけまえのこと。

（12）safe Conduct には、戦時の通行証という意味がある。

（13）マタイ・七・一二、ルカ・六・三一を、逆に表現したことばであるが、このとおりの禁止的表現の出典は不明。ラテン語版では、「哲学者たち」のことばとされている。

(14) 初版A・Cでは sames と誤植。

第十六章　人格、本人、および人格化されたものについて

《人格とは何か》人格 PERSON とは、「かれのことばまたは行為が、かれ自身のものとみなされるか、あるいはそれらのことばまたは行為が帰せられる他人またはなにか他のもののことばまたは行為を、真実にまたは擬制的に代表するものとみなされる」人のことである。

《自然的人格と人為的人格》それらがかれのものとみなされるならば、そのばあいにはかれは、自然的人格 *Naturall Person* とよばれる。そして、それらがある他人のことばと行為を代表するものとみなされるならば、そのばあいには、かれは仮想の *Feigned* または人為的な *Artificiall* 人格である。

《人格という語はどこからきたか》人格という語は、ラテン語である。それのかわりにギリシャ人は、プロソーポン *πρόσωπον* という語をもっていて、それは顔をあらわし、ラテン語のペルソナ *Persona* が、舞台上でまねられる人間の仮装や外観をあらわし、ときには、もっと特殊的に、仮面や瞼甲のように、それの一部分で顔を仮装するものを、あらわすのとおなじである。そして、それは舞台から、劇場においてと同様に法廷においても、ことば《スピーチ》と行為を代表するすべてのものに、転化した。それだから、人格とは、舞台でも日常の会話でも、役者 *Actor* とおなじであって、扮する *Personate* とは、かれ自身や他の人を演じる *Act* こと、すなわち代表する *Represent* ことで

あり、そして他人を演じるものは、その人の人格をになうとか、かれの名において行為するとかいわれる。（キケローが、*Unus sustineo tres Personas; Mei, Adversarii, & Judicis* すなわち、私はひとりで三つの人格をもつ、私自身と私の敵たちと裁判官たちの人格である、というばあいに、かれはそれをこの意味でもちいているのだ）。そしてそれは、さまざまなばあいに、代表者 *Representer* または代表 *Representative* 代行者 *Lieutenant* 代理人 *Vicar* 代人 *Attorney* 副官 *Deputy* 代官 *Procurator* 行為者 *Actor* などと、さまざまによばれる。

《行為者と本人》人為的人格のうちのあるものは、かれらのことばと行為が、かれらが代表するものに帰属 *Owned* する。そしてそのばあい、その人格は行為者〔役者〕であって、かれのことばと行為が帰属するものは、**本人** Author であり、こういうばあいに、行為者は、本人の権威《オソリティ》によって行為するのである。[1] すなわち、財貨や所有物についてかたるときに所有者とよばれ、ラテン語でドミヌス、ギリシャ語でキューリオス[2] *Κύριος* とよばれるものは、行為についてかたるときには本人とよばれる。《権威》そして、所有物についての権利が、支配権《ドミニオン》とよばれるように、なにかの行為をする権利は、**権威** Authority とよばれる。したがって、権威とは、つねに、なにかの行為をする権利のことだと理解され、そして、権利によってなされるとは、その権利をもつものの委任または許可によって、なされるということだと、理解される。

《権威にもとづく信約は、本人を拘束する》このことから、つぎのことがでてくる。行為者が権威にもとづいて信約するときは、かれはそれによって本人を、本人自身が信約したのとおなじく拘束し、それのあらゆる帰結に、おなじくかれを従属させる。そして、それだから、自然の資格における人と人とのあいだの信約の性質について、まえに(第十四章)いわれたすべてのことは、それがかれらから権威をうけとったかれらの行為者、代表者、代官によっておこなわれるばあいにも、かれらの委任の範囲をこえてではなく、その範囲内において真実なのだ。

したがって、行為者や代表者がもつ権威を知らないで、かれらと信約するものは、かれ自身の危険において、それをするのである。なぜなら、だれも自分が本人でない信約によって義務づけられはしないし、またその帰結として、かれが与えた権威に反して、あるいはそれをはなれて、なされた信約によってもそうである。

《しかし行為者をではない》行為者が本人の命令によって、なにか自然法に反することをおこなうばあいに、もしかれが、まえの信約によってかれ〔本人〕に服従することを義務づけられているならば、かれ〔行為者〕ではなくて本人が、自然法を破棄するのである。なぜなら、その行為は自然法に反するものであるが、それでも、それはかれのものではないのであって、反対に、それをするのを拒否することが、信約の破棄を禁じた自然法に反するのだからである。

《権威は示されるべきである》そして、行為者の媒介によって、かれがどんな権威をもっているかを知らず、ただかれのことばだけをうけいれて、本人と信約する人は、そういう権威が要求に応じてかれに明示されないばあいには、もはや義務づけられない。すなわち、本人とむすばれる信約は、かれの対応保証 Counter-assurance なしには無効なのである。しかし、もし、そのように信約する人が、行為者たちのことばのほかのなんの保証も期待すべきでないことを、まえもって知っていたならば、その信約は有効である。なぜなら、このばあいの行為者は、自分を本人とするのだからである。そして、したがって、権威が明白であるばあいに、信約が行為者ではなくて本人を義務づけるように、その権威が虚偽であるばあいには、行為者自身のほかの本人はいないのだから、その信約は行為者だけを義務づけるのである。

《人格化された無生物》擬制《フィクション》によって代表されることができないものは、ほとんどない。教会、慈善院《ホスピタル》(3)、橋のような無生物は、教区長、院長、橋番によって、人格化 Personate されうる。しかし、無生物は本人であることができないし、したがってまた、それらのものの行為者たちに、権威を与えることもできない。それでも、行為者たちは、それらのものの所有者または統治者である人びとによって、かれらに与えられた、それらのものの維持を達成するための権威を、もつことはできる。そして、それであるからそういうものは、市民政府のなんらかの状態が存在するよりまえには、人格化されることができない。

《非理性的なもの》同様に、子ども、愚人、狂人、すなわち理性を使用できないものは、後見人や管理人によって、人格化されうるが、(その期間中は)自分たちによってなされたどんな行為についても、(かれらが理性の使用を回復するときに)その行為を理性的なものと判断するということ以上には、本人であることはできない。それでも、おろかであるあいだ、かれらを統治《ガヴァーン》する権利をもつ人が、後見人に権威を与えることはできる。だが、これもまた、社会状態 State

Civill のなかにしか、場所をもたない。なぜなら、そのような状態よりまえには、人格に対する支配《ドミニオン》はないからである。

《虚偽の神がみ》偶像すなわち頭脳のたんなる虚構は、異教徒の神がみがそうであったように、人格化されうる。それらの神がみは、国家が任命した役人たちによって人格化され、人びとがつぎからつぎへとそれらに献納し聖別した、財産およびその他の財貨と権利を保有した。しかし、偶像は本人ではありえない。なぜなら、偶像はなにものでもないからである。その権威は、国家からきた。そして、したがって、市民政府の導入よりまえには、異教徒の神がみは人格化されえなかったのである。

《真実の神》真実の神は、人格化されうる。たとえば、まず、モーシェによって人格化されたのであり、かれはイスラエル人たち(それはかれのではなく神の人民であった)を、かれ自身の名において、「これをモーシェがいう *Hoc dicit Moses*」といってではなく、神の名において、「これを神がいう」といって統治したのである。第二には、人の子であり神自身の子であり、われわれの祝福された救世主であるイェス・キリストによって、人格化されたのであり、かれは、ユダヤ人たちをかれの父の王国に復帰させ、すべての国民をそこへみちびくために、かれ自身ででではなく、かれの父によってつかわされたものとして、きたのであった。そして第三に、使徒たちのなかでかたりはたらく、聖霊すなわちなぐさめるもの Comforter(4) によって、人格化されたのであり、その聖霊は、かれ自身できたのではなく、かれら双方によって、つかわされ、生じてきたのである。

《人間の群衆がどのようにしてひとつの人格となるか》人間の群衆 a Multitude of men は、かれらがひとりの人、あるいはひとつの人格によって、代表されるときに、ひとつの人格とされる。だからそれは、その群衆のなかの各人の個別的な同意によって、おこなわれる。なぜなら、人格をひとつにするのは、代表者の統一性であって、代表されるものの統一性ではないからである。そして、その人格をになうのは、代表者であるが、しかしひとつの人格をになうのであり、統一性ということは、群衆については、このようにしか理解されえない。

《各人が本人である》そして、群衆はとうぜん、ひとつではなくて多数であるから、かれらの代表者がかれらの名において、いったりおこなったりするすべてのことについて、かれらはひとりの本人として理解されることはできず、おおくの本人たちとして理解される。各人はかれらの共通の代表者に、個別的なかれ自身から権威を与えるのであり、かれらが制限なしにかれに権威を与えるばあいには、代表者がおこなうすべての行為を自己のものとしてひきうけるのであって、そうではなくてかれらが、何においてどこまでかれらを代表すべきかについて、かれを制限するばあいには、かれらのうちのだれも、かれらがかれに行為することを委任した以上には、自己のものとしてひきうけない。

《行為者は、意見《ヴオイス》の多数性によってひとつにされた、おおくの人びとでありうる》そして、もし代表がおおくの人びとからなっているならば、比較多数の意見が、かれらすべての意見と、みなされるべきである。すなわち、少数が(たとえば)肯定的に発言し、多数が否定的に発言するとすれば、そこでは、否定は肯定をうちまかすに十分なほど、おおいであろうし、それによって、反対されずにのこる否定の超過が、その代表がもつ唯一の意見〔声〕なのである。

《代表は、偶数であるときは利益がない》そして、偶数の代表は、とくにその数がおおきくなくて、そのために対立する意見がしばしば同数であるばあいには、したがってしばしば唖であり、行為ができない。それでも、いくつかのばあいには、対立する意見が数においてひとしくても、問題を決定することができる。たとえば、有罪とするか赦免するかというばあいに、意見が同数であることは、有罪としないということだけでも、赦免することなのである。すなわち、ある訴訟事件が審理されるばあいに、有罪としないのは赦免することであるが、反対に、赦免しないのは有罪とすることだというのは、真実ではない。現在ただちに施行するか、他のときまで延期するかの熟慮においても同様であって、意見が同数であるばあいは、施行を宣告しないことは、延期の宣告なのである。

《否定的意見》あるいは、もし数が三つまたはそれ以上(の人びとまたは諸合議体)というように、奇数であるとして、そこにおいて各人が、ひとつの否定意見によって、残余の肯定的意見のすべての効果を除去する権威をもつならば、この数は、代表ではない。なぜなら、人びとの意見と利害関心の多様性によって、それはしばしば、そしてもっとも重要なばあいに、唖の人格となり、他のおおくのものごとについてとおなじく、群衆の統治について、とくに戦時には、不適当となるからである。

本人にはふたつの種類がある。第一は、単純にそうよばれるものであって、私はまえにそれを、他人の行為を単純に自己のものとする人と、定義した。第二は、他人の行為または信約を、条件つきで自己のものとする人であって、いいかえれば、かれは、もしその他人がそのことを、一定の時またはそのまえにおこなわないならば、それをすることをひきうけるのである。そして、これらの条件つき本人は、一般に**保証人** SURETYES とよばれ、ラテン語では、信頼をもってみとめるもの *Fidejussores* および約束をまもるもの *Sponsores* とよばれ、そして、とくに債務についてはおおやけに語るもの *Prædes*、裁判官や為政者のまえに出頭することについては、出頭者 *Vades* とよばれる。

（1）　Actor と Author は、演劇において役者と作者をあらわすように、日常生活においては、代理人として行為をするものと、その行為の本人として、それを自己のものとみとめる own もの、権威づける authorize ものをあらわす。

（2）　キューリオスは、クリストの語源で、ドミヌスとおなじく、主人、支配者をあらわし、権威をもつものという意味でオーサーにつうじる。

（3）　ホスピタルということばが、病院だけを意味するようになったのは、比較的あたらしく、もとは、巡礼や旅行者の接待所あるいは貧窮者などの救済所であった。

（4）　なぐさめるものは、聖霊を意味し、ヨハネ福音・一六・七—八にでている。

注(ラテン語版との比較)

英語版による邦訳本文の該当部分を、ページ・行、および(長文のばあいは)はじめとおわりのことばによって示し、→印で、それに対応するラテン語版の異文を掲げる。「欠」は、その部分がラテン語版では欠如していることをあらわす。Lはラテン語版の略称。なお、ラテン語版では、欄外の小見だしが、英語版よりすくなく、第十一章以下には欠如している。対照にあたって、主として使用したラテン語版は、一六七〇年のアムステルダム版である(例言参照)。

〔献　辞〕

頁 行
三 8—11 「神への奉仕……いたからであります。」→「神への崇拝や祖国への奉仕や市民社会やたぐいない友好にむかわせるすべての徳性、すなわち神への献身、平和における洗練、戦争における勇敢、よろこばしい会話、かたい友好が、かれにおいて卓越していたからであります。」

三 12―13 「コモン-ウェルス」→「市民的〔政治的〕および教会的権力」

三 13―三 10 「それを世間が……おもいます。」→「それがふくむ学説に対して好意的にみえる人びとを、人びとがどのように判断するかは、いまや時代が時代なので、はっきりしません。なぜなら、最高権力を主張してあらそう刃と刃のあいだを、傷つかずにとおるのは、容易ではないからです。しかし、どちらか一方が、わたくしに対して怒る理由は、なにも見あたりません。ようするにわたくしがやっているのは、政治権力（だれがそれをもとうとも、最大にしようと欲するもの）を、大きくすること以外のなんでしょうか。そしてわたくしは、人間の権利をではなく、権利それ自身を、論じているのです。ちょうど昔、カピトール神殿で、攻めのぼるものの音に、鵞鳥が大きくさわぎたてたように、私はさわいでいるのです。」

三 12―15 「しかし、わたくしは……のだからです。」→「しかし、わたくしはそのことを必要によって（わたくしが設定した任務の順に）おこなった（なぜなら、それらの章句は、政治権力を論難する人びとにとって、まもっている都市の城壁に近づけられる、敵の攻城やぐらのようなものですから）だけでなく、わたくしは、われわれの教会の公的な教義（個人個人のちがいは事実上許容される）に反しては、なにも書かないように、努力しました。」

三 4 「パリ、……ホッブズ」→「トマス・ホッブズ」

序　説

三七 8 「それだけの数の」欠。

三七 10 「さらにすすんで……作品である」→「動物だけでなく、もっとも高貴な動物である」

三七 10―12 「すなわち……にほかならない。」→「都市 civitas とよばれる、あの偉大なリヴァイアサンは、技術の産物であり、人工的人間である。」

三七 15 「その他の司法と行政の役人たち」→「高官たち Praefecti」

三八 5 「公正と……理性と意志」→「法的公正は人工の理性」

三八 11―13 「主権者の……解体するか。」→「かれの諸権利、かれの権力すなわちかれの権威とは何か、そして最高権力はどこにあるか。」

三九 15―17 「あって、諸情念の……のことではない。」→「ある。」

第一章

四四 4 「反対圧力」→「反対圧力あるいは *ἀντιτυπία*」

四四 6 「外観 *seeming* あるいは想像 *fancy*」→「Apparitio あるいは Phantasma」

四四 7 「光あるいは形をもった色」→「人が光あるいは色とよぶもの」

四四 15 「こすったり」→「さわったり、こすったり」

四五 1―2 「あるならば……不可能だからである。」→「あるならば、それらから分離されることは不可能である。だがそれらは、鏡にうつってみえるものや山岳地帯できこえるものを考えればあきらかなように、分離される。」

四五　4　「ある一定の距離」→「わずかな距離」

四五　5　「それがわれわれのなかに生じさせる想像」→「それの映像」

四五　10　「哲学の諸学派」→「スコラ諸哲学」

四五　10　「キリスト教世界のすべての大学にわたって」欠。

四五　15—16　「可聴的な相あるいは可聴的なみえるもの」→「可聴的な相すなわち現われ」

第二章

四七　5　「変化」→「運動」

四七　6—7　「他の人びと……ものごと」→「他のすべての物体」

四七　14　「もっているもの以上」→「たいていもっていないもの」

四八　6　「われわれが見ているときよりも」→「ある程度」

四八　7—10　「これは、ラテン人が……ついても適当である。」→「その影像のために、われわれはその能力を造影 *Imaginatio* と名づける。ギリシャ人はそれを想像 Phantasia とよび、なんであれ感覚が生みだしたおおくのものを、そうよぶ。しかし、造影は、見えるものごとに適している。」

四八　10—11　「感覚にほかならず」→「感覚すなわち、うすれ、消えつつあるファンタスマであり」

四八　11　「他のおおくの生きた被造物」→「ほとんどすべての動物」

四八　14　「それがはっきり見えなくなること」→「他の諸対象によって、諸機関が先取りされること」
四九　1　「影響されない」→「影響されることがすくなくなる」
四九　6　「造影」→「Imaginatio または Phantasma」
五〇　2　「おおくの記憶……についての記憶」→「おおくのものごとについての記憶」
五〇　7　「影像」→「Phantasma」
五〇　13　「太陽の影像」→「しみのような、ちいさな、太陽の影像」
五〇　15―16　「ふつうに人びとの……をもたない。」→「たびたび人が論じることではないので、私はその固有の名称をしらない。」
五一　1―2　「感覚においては」欠。
五一　7―8　「にぶくなって」→「とじられて」
五一　9―10　「目ざめているときのわれわれの諸思考」→「目ざめている人びとの諸影像」
五二　4　「思考と」欠。
五三　11　「造影」→「Phantasmata」
五三　1―2　「それを夢以外の……容易にできない」→「それがかれに、夢以外のものと見えることは、ありえない」
五三　3　「謀殺した」→「恩しらずにも殺した」
五三　6　「幻影」→「ほんとうの幻影」

亖 16 「それはかれら自身の想像」→「かれらは、たんなるファンタスマをみている」
亖 17—吾 1 「夜、変装して……にいくのだ。」→「死人の衣服を身につけて、しばしばいくことがまったく不名誉とおもわれる場所に」
吾 4 「妖精、幽霊、妖鬼について」→「de Lamiis & Lemuribus」(魔女と悪霊)
吾 4 「魔女」→「予言者」
吾 5—6 「魔女に……魔術が」→「私は予言者の力が」
吾 8—9 「かれらの仕事は……ちかいのである。」→「反対に、かれらのうらない自体は、ほんとうの力や技術や学問というよりも、かれらに特有の宗教なのだと、私は考える。」
吾 9 「妖精」→「悪霊」(死者の)
吾 10—11 「宗教人たち」→「hominum Spiritualium」
吾 12 「自然的でない」→「超自然的な」
吾 2 「精霊」→「幽霊」
吾 2 「迷信的な」欠。
吾 2 「偽の予言」欠。
吾 3—5 「人びとは現在……利用するのである。」→「そして、狡猾で野心的な人びとが、単純な人びとを、あざむいて利用するためのものが除去されるならば、すべての都市の市民は、現在そうであるよりもはるかに、服従する気になるであろう。」

二五五 14—15 「ものをつぎからつぎへと」欠。

二五六 2 「主人のよび声や叱声」→「主人がよんでいるのか追い払っているのか」

第三章

二五八 7—8 「それについての……なにも影像を」→「感覚のなかにもったことがないものの影像を」

二五八 12 「まえのもの」→「まえの思考」

二五九 2 「ものごとの造影」→「思考」

二五九 2 「造影する」→「思考する」

二五九 14 「現在の」欠。

二六〇 2—3 「あの意地のわるい」→「前述の」

二六一 16—二六二 1 「これをわれわれは……想起」→「精神のこの能力を人は想起」

二六三 8 「当然」→「一般に」

二六四 1 「区別」→「本質的に区別」

二六四 9 「ほとんど」欠。

二六四 9—10 「双方とも……だからである。」欠。

二六四 14—15 「たいていの人の……学習される」→「指導と訓練に起源をもつ」

二六四 16 「思考」→「造影」

六五 3 「とよぶ、どんなものについても」→「という名称によってよびおこされる」

六六 2 「だまされたあるいは」欠。

第四章

六八 13 「コモン-ウェルスも社会も」→「公共体 Respublica も社会 Societas も」

六八 13―15 「ことばの最初の……指示した。」→「ことばの最初の作者はアダムであり、かれは神がかれに見せた諸被造物に、名辞を与えた。」

六八 15 「聖書は……のである。しかし」→「聖書はこのことについて、ここまでであるが、さしあたってはそれで十分である。というのは」

六九 1―3 「さらに名辞を……十分であった。」→「そのようにして、かれは、他のものごとにはちがった名辞を与え、こうしてすこしずつ、それらを結合して、理解されることができたのだからである。」

六九 5 「想像」→「思考」

六九 5―6 「関係についての名辞をおしえられた」→「関係の多様性についての名辞を与えた」

六九 7―8 「語やことば」→「名辞とことば」

七〇 2 「連続の」欠。

七〇 3 「われわれにあたらしい労働をさせるのであるが」欠。

七一 7 「あるものを手で」→「人間を手で」

七二 17 「いっしょにした」→「個別的なものごとの」

七三 13 「かれの諸行為においてかれの国の諸法」→「元老院布告、法と権利」

七三 3—5 「しかし、もし……知ることができない。」欠。

七四 2 「使用され」→「ほとんど存在し」

七四 5 「十までをかぞえうる人」→「十の数詞をもつ人」

七四 6—7 「でたらめな順序で……したかを知らない」→「無秩序に誦するならば、十までかぞえることはできない」

七四 10 「はやさ」→「はやさの程度」

七五 7 「科学」→「正確な科学」

七五 15 「書物」→「他の著者たちをあまりに」

七六 1 「最初の根拠」→「かれらの師たちの諸原理」

七六 13 「記憶」→「精神」

七八 10 「自分たちの身体の諸固有性」→「自分たちがそれによってものごとを区別する、それらのものごとの固有性」

七八 11 「そのもの」→「つねにそのもの」

七八 12 「想像のなかにある……観念」→「姿、色、観念、および見られたものの想像 Phantasma」

七八 15 「こういうものは、想像の名辞」→「他の想像についても同様」

七九　4　「概念し」↓「みえ」

七九　9―10　「効用をもち……よびおこす。」↓「効用をもつ。」

七九　14　「それについては……ものが、豊富に」↓「その種のものは、苦心した哲学者とスコラ学者とによって案出されたもので」

八〇　6　「背理で」欠。

八〇　7―11　「なにかのラテンか……しかないのである。」↓「大衆が理解できない名辞から構成されていないものに、であうことはありえない。」

八〇　12―13　「人がなにかの……諸思考をもつ」↓「あるべきように秩序づけられたはなしをきくことが、なにかのものごとについての思考をひきおこす」

八〇　16　「背理で」欠。

八一　7　「意味をもつ。」Lはここで改行。

八一　8―10　「のであり、われわれの……ほとんどさけられない」↓「のであるから、われわれが同一のものごとについて、同様に感じないばあいは、それをちがったように名づけることは、さけられない」

八一　13―15　「推理にあたって……もつのであり」↓「すべての推理にあたって、注意をはたらかせなければならないのであって、それは、ものごと自身の意味とはちがった、はなす人の本性、気質、愛着によってなにかを、うけいれないようにするためであり」

第五章

八五 3 「正」→「Jus」

八五 3 「邪」→「Injuria」

八五 12 「あるいは立証」欠。

八六 9 「人びと」→「傲慢な人びと」

八七 2 「ときめられた意味と」欠。

八七 3 「帰結の、合計および真実を」→「帰結を」

八七 5 「それの基礎であり……すべての」→「それを構成する」

八七 10—12 「他のすべての……労働をむだにし」→「どんなものごとの推理においても、それぞれの名辞自体からひきださないで、他の著者たちへの信頼にもとづいてうけいれる人は、むだな骨折りをするのであり」

八七 14 「特定のものごと」→「個々の名辞」

八八 5 「ありえないということが発見できなかった」→「不可能とはみえなかった」

八八 9—12 「したがって……というであろう。」→「たとえば、正方形はまるい、実体は非物質的である、臣民は自由である、というようなことを人がかたるのを、もし私が理解するとすれば、私はかれが誤謬をおかしているとはいわないで、かれが背理をかたっているというであろう。」

二八八 14―15 「探求しようとする、この能力」→「うまれながら探求するに適していること」
二八九 2 「推理すなわち」欠。
二八九 8 「理性推理」→「諸理性推理」
二八九 9―10 「それは幾何学に……なったのである。」→「この方法は、幾何学に特有のものである。」
二八九 11―13 「背理的な結論の……かのようである。」→「他の諸科学の背理的な結論は、方法の欠如に帰せられるべきである。なぜなら、諸理性推理が、名辞の定義からはじまらないからである。それはちょうど、数詞の価値を知るまえに計算をしようとのぞむようなものであり、そして、これが、一般的原因である。」
二八九 14 「そして」欠。改行せずに続く。
二八九 15―16 「これらの考察は……したがって」→「これらの考察のあいだの区別の欠如から、おおくの背理が生じる。そこで、命題において名辞がまちがって結合されるからである。」
二八九 17 「《2》背理的な断定の第二の原因を」→「1 したがって第一に」
二九〇 1 「ことに帰する。」→「ことである。」
二九〇 4 「《3》第三のものを」→「2 第二に」
二九〇 5 「ことに帰する。」→「ばあいである。」
二九〇 7 「《4》第四を」→「3 第三に」
二九〇 7 「ことに帰する。」→「ばあいである。」
二九〇 8 「あるいは『普遍的なものである』など」欠。

九〇 10 「《5》第五を」→「4 第四に」

九〇 10 「ことに帰する。」→「ばあいである。」

九〇 13 「《6》第六を」→「5 第五に」

九〇 13 「ことに帰する。」→「ばあいである。」

九〇 15―16 「(道は……しないのだが)」欠。

九一 1―2 「《7》第七を……に帰する。」→「6 第六に、たまたま受容した、何もあらわさない名辞を使用するばあいである。」

九一 2 「実体的」欠。

九一 7 「よい」→「真実で明白な」

九一 13―14 「諸要素すなわち……である三段論法」→「名辞から命題へ、命題から三段論法」

九一 15 「当面の主題に属する」→「科学にかんする」

九一 15 「すなわち人びとが科学とよぶもの」欠。

九一 16 「すぐれた秩序ある方法をえる」→「ただしい方法の」

九一 17―九二 1 「諸帰結と……への依存と」→「ひとつの事実から他の事実への諸帰結」

九二 2 「ほかのことを……類似のことを」→「類似のほかのことを、もしのぞむならば」

九二 3―5 「あるものごとが……どうしたらいいかが」→「諸結果の起源と原因と、どうしてそれらが生じるかを、知ればいつでも、われわれは、(自分たちの手中にあれば)類似の原因が類似の結果を生むことが」

九二　7—8　「まったく推理を……というあきらかな」→「推理行為をもたないが、ちかい将来の」

九二　9　「ある程度の」欠。

九二　14　「手品」→「魔術 ars magica」

九三　6—8　「虚偽の諸法則を……そらせはしない」→「虚偽の法則や原因ほどには、おおきな誤謬を生まない」

九四　2　「使用能力と技巧と」→「技巧」

九四　11—12　「事象が……立証する」→「事象についてだけ、かれのいうことが真実であって、他のおおくについてはそうでない」

九四　12—13　「なぜならば……想起するのは」→「だれでも、自分が経験するすべてのものごとのなかに、事象についての不可欠な事情をみること、みたとしてもそれらを想起することは、」

九四　14—17　「それを処理する……軽蔑される。」→「無謬の科学がなにも存在しないばあいに、自分の本来の判断からはなれて、書物の章句にみちびかれるままになるのは、慎慮のないことである。」

第六章

九七　6—7　「運動には……運動」→「動物的および意志的運動」

九七　7—8　「想像」→「精神《アニマ》の思考」

九七　10　「想像」→「phantasia」

九七　13　「造影力」→「phantasia」(6「造影力 imagination」→「imaginatio」)

九七　14　「無教育な人びとは」欠。

九七　15—九八　1　「そこにどんな……のではあるが」→「どんな運動があることをも、否定する人がいるとしても」

九八　6　「努力」→「conatus」

九八　11—13　「という語は……同様である。」→「という二語を、ギリシャ人はオルメーとアプホルメーで表現する。」

九八　15　「行こうとか……たんなる」欠。

九八　16　「じっさいの」欠。

九九　6　「もっともふつうには」→「たいていは、そして適切に」

九九　9—11　「(それはまた……欲求がそうである。」→「がそうであり、それらは別の観点からすれば嫌悪とよぶことができる。なぜならそれらは、身体をみたし、その重荷になっている、なにかわるいものからの逃避だからである。」

九九　12　「と試験」欠。

九九　13　「味わいこころみる」→「経験する」

一〇〇　9　「とるにたりない」欠。

一〇〇 10 「軽視すべき」→「つまらない」

一〇〇 11 「善悪」→「善悪つまらないもの」

一〇〇 16—一〇一 15 「ラテン語には……ものである。」→「美と醜は、善悪とほとんどおなじことを意味するが、正確におなじではない。美は、あきらかなしるしによって、善を約束するものを意味し、同様に醜は悪を約束するものである。それぞれについて、さまざまな種類があって、かっこうがいい、高貴な、礼儀ただしい、快適なというのが、美の種類であり、かっこうがわるい、卑しい、不快なというのが、悪の種類である。これらの語はすべて、善または悪の約束以外のものを意味しない。したがって、善には三つの種類があり、ひとつは、約束のなかのもので、それは美であり、もうひとつは、ものごと自体のなかのもので、善とよばれ、第三は、終末のなかのもので、快適である。さらに、終末のなかにあって快適とよばれる善が、中間〔手段〕にあるときは有用といわれる。同様に、悪が約束であれば醜、終末にあれば邪魔と名づけられる。」

一〇三 1—3 「おなじ対象の……のなかにある。」→「対象の行為が、目、耳および他の感覚器官へ継続されたものは、対象の欲求または嫌悪のなかにある運動または努力にほかならない。」

一〇三 4 「または感覚」欠。

一〇三 6—10 「欲求とよばれ……とよばれた。」→「しかし、（快楽をひきおこす）この運動は、生命的運動を補助するもののようにみえるので、それをもたらす運動を快適な（まさしく歓喜から）とよぶのがふつうであり、それは不適当ではない。そして、その反対が邪魔なとよばれる。」

一〇二　11—12　「快楽……感覚である。」→「したがって、快楽は善とみえるものであり、邪魔は悪とみえるものである。」
一〇三　16—17　「(感覚的という……をもたない)。」→「それはたしかに、法が有罪とするまでは、なにも処罰されるべきものを意味しない。」
一〇三　7—8　「苦痛……とよばれる。」→「身体の苦痛とよばれ、他のものは期待のなかにあって、精神のanimi苦痛と名づけられる。」
一〇三　10—12　「それらが……によばれる。」→「それらのあるものが他のものに継続するはずだと、おもわれるのに応じて。」
一〇三　13—14　「第四に……そうなるのである。」→「さいごに、あるものが他のものに継続するしかたによって。」
一〇四　8—10　「他人に善を……とよばれる。」欠。
一〇四　16　「地位あるいは席次」→「公共的位階」改行せず前に続く。
一〇五　4　「死傷」→「暴力的な死または傷」
一〇五　4　「勇敢さ、剛毅」→「戦闘的徳性 Virtus bellica」
一〇五　6—7　「おなじことにおける……あるいは」→「おなじものの使用における小心は、吝嗇」〔とよばれる〕。
一〇五　8—15　「社交をもとめての……とよばれる。」欠。
一〇六　7　「まさる」→「はるかにまさる」

一〇七　6　「それの諸帰結の」→「偉大な行為に続くのをつねとする」
一〇七　7—8　「うぬぼれ……与えられている。」→「空虚でむなしい得意といわれる。」
一〇七　8　「十分な根拠をもつ」欠。
一〇七　9　「そうではなく……とよばれるのだ」→「なにも生むことができない」
一〇八　4　「嘲笑」→「軽蔑」
一〇八　12—13　「ともにとりのぞく。」→「減少させる。」
一〇八　14—17　「能力のなにかの……ことができない。」→「なにかただしくないことをしたとおもったことによる悲しみは、恥とよばれ、赤面によってあらわされる。その情念は、青年においては、ほめられることのほかはしたくないという熱意のしるしであるから、ほめられる。老人においては、老人は寛容にあたいすることがすくないから、ほめられない。」
一〇九　3　「造影」→「考察」
一〇九　5　「最良の人間は」欠。
一〇九　8　「したりわずかしか感じなかったり」欠。
一〇九　13　「かれと対等あるいはそれ以上に」欠。
一〇九　14　「おしのけよう」→「だまそう」
一一〇　4　「不可能と考えられる」→「拒否される」
一一〇　6　「過去の……あきらかに」→「過去は」

二〇 10—11 「われわれが……に応じて」欠。
二〇 12 改行しない。
二〇 15—16 「不可能と考えられる」→「不可能に帰着する」
二〇 17 「欲求や嫌悪」→「意向 arbitrio」
二一 2 「能力」→「潜在力 potentia」
二一 10—11 「それにもかかわらず……ひかえた」→「結局、おこなおうとおもわなかった」
二一 12—13 「それに……依存する」→「すべての欲求にではなく最後の欲求に、依存するにちがいない」
二三 3—4 「自分の諸思考を……にちがう。」→「別の諸思考をあらわす形態と、部分的にはおなじである。」
二三 6 「私は命令する」欠。
二三 7—8 「それらが……のほかに」欠。
二三 15 「復讐心」→「および他のおおくの欲求」
二三 2 「慣習的」→「わるい慣習的」
二三 3—5 「われわれの情念の……に使用されうる」→「たしかに、諸情念の意志による表現なのだが、それは意志的〔恣意的〕だ」
二三 5 「最良の」→「もっとも確実な」
二三 6—7 「および……どれかにある。」→「人がもっている仕事によってとらえられる。」
二三 9—11 「ひきおこされる……しかし、」→「変化し、人がしばしば終末を見ることができない諸帰結のながい連鎖を形成するのだから、もし」

一三　11—13　「おおきいと……とよぶもの」→「おおきいようにみえるならば、全連鎖は、見かけの善」

一三　14　「最確実」欠。

一三　15—16　「かれがそうする意志をもてば」欠。

一三　17　「人がそのとき……するという」→「意欲されたものごとにおける」

一四　2　「ここに」欠。

一四　3　「恐怖」→「恐怖または他の諸情念」

一四　4—7　「神がどのような……たのしみなのである。」欠。

第七章

一七　1　「論究の終末すなわち解決」→「諸論究の諸決定について De discursuum determinationibus」

一七　3—4　「そして……あるのである。」→「もし、思考の系列が事情によって中断されるならば、それは決定とはいわれない。」

一七　7　「それだから……切断すると」→「同様に、論究の連鎖がどこでとまろうとも」

一七　9　「ひとつの仮定のなかに、残す」→「仮定が残る」

一七　9—10　「それらはすべて、意見」→「それは決定とよばれる意見」

一七　13　「論究する人の」欠。

二八　2　「絶対的」→「完全」
二八　7　「絶対的」→「完全」
二八　10　「ひとつのものごとの……から他の」→「名辞から」
二八　11　改行しない。
二八　13—14　「終末すなわち……とよばれる。」→「それは、先行諸命題のすべての合計である、なんらかの決定におわるであろう。」
二八　14—15　「それがあらわす……すなわち語の」→「それが科学すなわちひとつの語の他の語への」
二八　17—二九　1　「理解される可能性のない」欠。
二九　4—5　「あるいは第三者の」欠。
二九　6　「堕落させたり強制し」→「しむけ」
二九　7—8　「それだから……てきたのである。」欠。
二九　8—9　「のちになって……おなじ」→「しかし人は、ひじょうにしばしば、良心という」
二九　9—10　「そして……のである。」欠。
二九　10—14　「そして……かのようであった。」→「自分たちの才能への愛着から、自分たちの私的なあたらしい意見を（ときには背理的であっても）頑強に維持する人びとについても、同様であって、かれらはそれらに、愛好する良心という名称を与え、まるで、それらの意見を変更することが、最大の罪であるかのようである。」

二九 17―三〇 4 「それは……とよばれる。」→「それはつねに、意見におわる。しかし、それが、だれか他人の主張からはじまり、その人についてわれわれが知識においても誠実さにおいても、うたがいをもたないときは、問題は、ものごとよりも人物にかんするものであるから、それは、信頼と信仰に終結する。」
三〇 4―5 「信仰は……ものである。」→「信仰は人間について、信頼はものごとについて、もちいられる。」
三〇 5―7 「したがって……の意見である。」欠。
三〇 7 「ある人を……おなじこと」→「人に信《クレド》をおくと人を信じるとは、たいていおなじこと」
三〇 11 「なかでしか、けっして」→「なかでなければ、きわめてまれにしか」
三〇 12―16 「著作では……ひきおこしてきた。」→「ほかの著作者たちは、credo illi, confido illi, fidem illi habeo という。」
三〇 17 「意味される」→「本来意味される」
三一 1 「その」→「おおくの箇条に提示されている」
三一 2 「かれらにいうこと」→「いったことおよびいうであろうこと」
三一 3 「するのであり、」→「するのである。」
三一 3―5 「どんな人格に……のではない。」→「どんな信仰も、これよりおおきいものではありえない。しかし、すべての人が信仰箇条の教義を信じているのではなく、キリスト教徒だけがそうなのである。」
三一 9―12 「そのばあいに……のみ与えられる。」→「信仰の対象は、主として、かつ本来的に、話し手である。」

三三 12 「神自身からの直接の」→「なにか個別的な」

三三 13 「信頼、信仰、信用」→「信仰」

三三 13—14 「教会に……それに」→「教会にむすびつけられるのであって、その権威にわれわれは」

三三 15—17 「その予言者の……信頼するのである。」→「その予言者に信をおき、真の予言者であろうと偽の予言者であろうと、かれに名誉を与え、かれを信用し信仰するといわれるべきである。」

三三 6—7 「人びととかれらの著作との」→「人間の」

三三 8—9 「それは人びとへの……ということである。」→「われわれの信仰は、神へのものではなく、人間へのそれにかぎられている。」

第八章

三四 1 「ふつうに知的とよばれる諸徳性」→「知的諸徳性」

三四 3 「評価」→「注目」

三四 11—13 「自然のというときに……べきではない。」→「自然の知力によって私が意味するのは、人とともに生れるものだけではない。なぜなら、それは感覚以外にはなく、それにおいてある人が他の人にまさるのは、獣からと同様にたいしたものではないからである。」

三四 15 「えられる」→「老齢によって人間に与えられる」

三五 8—9 「ある人びとの……さまざまに観察する。」→「さまざまな人の思考は、さまざまな道筋をとり、ものごとにさまざまなやりかたでとらえられる。」

一三五 10 「人びとの思考」→「思考」

一三五 13 「ないばあい」→「ないのがふつうであるばあい」

一三五 14 「観察する」→「もっともよく観察する」

一三五 14—15 「知力をもつ……よい想像力」→「知力すなわちよい想像力 Ingenium, id est bonum Phantasiam」

一三五 16 「区別」→「よく区別」

一三六 1 「交際」→「市民的交際 conversatione civili」

一三六 2 「この徳性は」→「この徳性はともに」

一三六 3 「推称」→「めったに推称」

一三六 5 「いいかえれば……効用に」欠。

一三六 6—7 「このことが……気づきやすくなり」→「こうしてたしかに比較が生じ」

一三六 13 「この種の……知らないが」欠。

一三六 14—16 「そのために……些細と考える」→「他の人びとにはつまらなく見えるものが、あたらしく語るにあたいすると見えるのであり、他の人びとにはそうでない」

一三六 17—一三七 1 「しだいに」→「つねに」

一三七 2 「それが……いずれで」→「どんな種類で」

二三七　4　「誇張」→「なみはずれ」

二三七　7　「知ることがもっとも有益な諸行為」→「かたるべきこと」

二三七　9　「企図されるの」→「目的」

二三七　10　「下品な」→「下品なまたは笑うべき」

二三七　16—17　「ときにはなにか……が効用をもつ。」→「聴衆または読者を理解に到達させるのに適した、なにかの比較が、おそらくときには必要になるだろう。」

二三八　2　改行しない。

二三八　5　「けっしてそうはならないであろう。」→「それは知力のしるしとして、称賛される。」

二三八　10—13　「他の人としては……欠如なのである。」→「他の人にはゆるされない。それが仕事ではないからである。」

二三八　13—15　「くつろぎが……もてあそんでいい。」→「くつろぎにおいて、およびしたしい仲間の交際においては、語の音や意味をたのしんでも、(それはつねにだれを不快にすることもないので)、礼を失しない。」

二三八　15　「説教においてあるいは公共の場」→「公共的演説 Concione」

二三八　17　「もっぱら、分別の欠如にある」→「分別または判断力」

二三九　4　「観察」→「すばやく観察」

二三九　5　「このかれの知力は、慎慮」→「かれはよい知力をもつ」

二元九 6 「類似の……のなりゆき」→「類似の諸帰結をともなうおおくの類似のものごと」

二元九 9—10 「それぞれの……のだからである。」→「それぞれが個別の仕事をもっているので、日常注意するものごとがちがうのである。」

二元九 11—12 「ちいさくかくのと……ちがいでない」→「ちいさな画面にかくのと、おおきな画面にかくのとが、芸術の程度ではなく種類のちがいであるのと、同様である。」

二元九 12—13 「ふつうの農夫は……枢密顧問官」→「粗野な農夫は一般に、自分のことがらについて、哲学者」

二元九 16—17 「あなたは……のしるしである。」→「まちがった慎慮であり、それは狡猾とよばれる。」

二三〇 1—5 「ラテン人が……とよばれる。」→「もうひとつ別の種類の、狡猾のようなものがあって、弄策とよばれる。それは、危険や困惑をわずかのあいださけるために、もっとわるいものにとびこむことであり、この語は、借りかえからきたようにおもわれ、それはひとつの借金からのがれるために、もうひとつの借金をすることを意味する。」

二三〇 11 「教育」→「教育と習慣」

二三〇 11—15 「なぜならば……ちがうのである。」欠。

二三〇 16 「名誉」→「位階 dignitas」

二三〇 17 「第一のものすなわち力への意欲」→「力」

二三一 1 「名誉」→「位階」

二三一 2—4 「これらのもののうちの……ありえないのである。」→「人がこれらのものを重視しないとすれば、かれは善良な人間ではありうるが、すぐれた知力をもっているとはみなされない。」

一三一　8―9　「なにごとに対しても……であり」→「おおくを同時にのぞむのは移り気であり」

一三一　13―14　「それらに対してくわえられた害」→「傷害」

一三一　16　「および自負心」欠。

一三二　1　「憤怒および」欠。

一三二　3　「嫉妬をともなう」→「とくに嫉妬をともなえば」

一三二　3―6　「その人自身の……憤怒となるのである。」→「同様に、自分の知恵について、学識について、容姿について、および類似のことについてのおおきな評価、またとくに、霊感についてのまちがったおもいこみは、狂乱にむかう。」

一三二　9　「あれこれの特殊なものごと」→「ほかの人びとが恐怖しないものごと」

一三二　11―12　「しかし……ことができよう。」欠。

一三三　12　「そのような霊感」→「神の霊感」

一三三　13―16　「ベドラム病院で……必要はないとおもう。」→「狂人院で誰かが、自分は神であるとかキリストであるとか、いうとすれば、かれがなぜそこにとじこめられているかが、わからないことがあろうか。」改行せずに続く。

一三三　17―一三四　1　「霊感をうけたという……からはじまる。」→「ある人びとは自分たちの私的な霊をたかく評価して、神の霊感をうけたと信じるが、それはしばしば、神学において一般にうけいれられている誤謬の、偶然の発見から生じる。」

一三四 6 「あまりにおおくあらわれた」→「節度がなく途方もない」

一三四 6 「ぶどう酒の」→「ぶどう酒ののみすぎの」

一三四 9―10 「かれらのそれぞれを支配する」→「それぞれの」

一三四 10―11 「というのは……だからである。」欠。

一三五 2―5 「まえの種類の……とよび」→「したがって、一方の人びとが狂人とよぶものを、他方は、エネルグメニとよんだ。」

一三五 5―7 「そして今日……ともよばれている。」→「さらに今日イタリア人は、パッツィおよびスピリターティとよぶ。」

一三五 10―11 「かれらは……しなかった。」→「悲劇の俳優たちが誦するのをかれらがきいた、抑揚格の詩のほかは、なにもいうことができなかった。」

一三六 1―2 「そのものがたりが……なおしたのである。」→「それがおこなわれると、その狂気はなくなった。」

一三六 2 「しばしば」→「もっともしばしば」

一三六 4―5 「おおくを……ほどであった。」→「実在性を帰属させて、それらを気体の動物とみなし、そうよんだ。」

一三六 6 「ユダヤ人」→「ユダヤ人のおおく

一三六　7—8　「ある人は……他の人は」→「かれらのうちのある人びとは、同時に」
一三六　10　「おおくの」欠。
一三六　12—13　「いくらか」→「いっそう」
一三六　13　「なぜならば」欠。
一三六　14—16　「あったからであり……からである。」→「あった。モーシェの法の道徳のなかにも儀礼のなかにも、熱狂へむかわせるものはない。」
一三六　17—一三七　2　「神の霊……のことである。」→「そこでは、神の実体は神の霊によって理解されない。なぜなら、それは分割できないからである。神の霊によって聖書がしばしば意味するのは、神に献身する人間の霊である。」
一三七　5—6　「通常」→「聖書では通常」
一三七　6—7　「他の諸精神も……そうよばれる。」→「他の場所では、ある徳性または悪徳が、異常で目だっているならば、霊とよばれる。」
一三七　8　「声」欠。
一三八　3—5　「かれがベルゼブブを……ということであった。」→「かれが魔物《ダエモン》すなわちベルゼブブをもち、それによって他の魔物たちをおいだしたといった。」
一三八　9—10　「やりかたで」→「やりかたで、ほかの人びととひじょうにちがって」
一三八　13—14　「そこにおいて……したのであった。」→「おそらくパリサイ派は、霊についての意見において、サドカイ派と対立すればするほど、狂人を魔物つきとよんだのであった。」

一三八 16—一三九 4 「それについて……論争にゆだねた。」→「私はこたえる。ことばの形式からとりだされた議論は、堅固ではない。すなわち、聖書が大地について、それが不動であるかのように、いかにたびたび語ろうとも、それにもかかわらず今日では、ほとんどすべての哲学者が、動いていることが見えるものとも明白なしるしがあると、考えているではないか。聖書が、予言者たちと使徒たちによって書かれたのは、哲学(それを神は、自然理性の行使のために、人びとの思索と論争にゆだねた)ではなく、敬虔と永遠の救済への道とを、おしえるためである。」

一三九 5—7 「悪鬼からでるのか……書かれたのである。」→「悪鬼からでるのかは、敬虔と救済になにも関係しない。」

一三九 7—10 「われわれの……いいかたなのである。」→「キリストがしたように(そして呪術師がいつわって、そうすると自慢するように)、ことばだけで病気をなおす人びとに、固有のいいかたは、出ていけとかそれに類似した命令である。」

一三九 12—14 「そして……必要はない。」→「その章句のほかには、聖書のどこにも、おなじことを意味するものはない。『はじめにことばがあった』とは、ことばが永遠であることを意味する。『はじめに神が天と地を創造した』とは、天と地が永遠に存在したことを意味しない。」

一四〇 2—3 「私は聖書の……みないのである。」→「聖書においては、ことばがつねに厳密におなじ意味でうけとられないし、また、それらによって、魔物つきが、狂人、錯乱者、あるいはその他の精神病者でなかったと、必然的に主張することはできない。」

一四〇　9―11　「そして……おこりやすい。」→「この種の狂気は、理解しえないことがらについて、あえて書いたりはなしたりする人びとに、ほとんど固有のものであり、それをするのはスコラ学者と哲学者だけである。」

一四〇　13―一四一　4　「かれらの語が……翻訳である。」→「困難なことがらについて、スコラ学者と哲学者がいうことを、われわれに知らせるには、スアレスの『神の協力と運動と援助』の第一篇第六章の表題のことばを、われわれに対してだれかに翻訳させるといい。しかし、そのことばは、以下のとおりである。『第一原因は〔一四一・2―3の引用文〕。』」

一四一　7　「可腐敗性」欠。

一四一　8　「祝福された救世主」→「救世主であるイェス・キリスト」

一四一　9　「これらの……にとりつく」→「これらの偶有性をも」

一四一　10―11　「というのは……意味するからである。」→かっこがついて、前文にふくまれる。

一四一　13―14　「かれらの……ひかえているときは」→「おなじ狂人たちが、現世的な欲望に支配された諸思考を、明白に表現するときは」

第九章

一四六　1　「知識のさまざまな主題」→「諸科学の分類」

一四六 2―一四七 1 「もうひとつは……分割することができる。」→「それは証拠に固有の認識であり、その記録が歴史である。それは、自然史と社会史にわかれ、それらはいずれも、われわれの意志的行為に、かかわりがない。もうひとつは、諸帰結にかんするもので、科学とよばれるが、それの記録は、哲学とふつうによばれる。諸科学の対象は、諸物体であり、諸物体が種類によってわけられるのと同様に、諸科学も種類にわけられる。すなわち、おおく普遍性のおおきいものがすくないものに先行すると、おなじようにしてである。いいかえれば、特殊にとって普遍が不可欠であり、それと同様に、特殊についての科学にとって、普遍についての科学が不可欠なのであって、後者の光によらなければ、前者を見ることができないほどである。

科学の対象のなかでもっとも一般的なのは、物体であって、そのふたつの偶有性は、大きさと運動である。したがって哲学はまず、その対象について、運動がどうか、大きさがどうかをたずねる。哲学のこの部分は、ふつう、第一哲学とよばれる。

さらに、限定された大きさは、量ともいわれ、形または数によって限定される。したがって、形によって限定される物体は、幾何学といわれる哲学部門の対象である。しかし、物体のうちで数によって限定される部分の科学は、算術といわれる。

だが、運動は、みえるものであったり、あるいは、物体のもっともちいさい部分においては、みえないものであったりする。

それゆえ、みえる運動の科学は、機械と建築の秘密とみなされる。物体内の部分のみえない運動で、われわれの感覚に効果を与えるものは、性質とよばれ、それは、物理学あるいは自然哲学の対象である。それは、人間が感覚をもっているかぎりの、特殊諸科学にわかれる。そのひとつは光学、もうひとつは音学 Musica である。

つぎに、宇宙の諸物体が、その諸部分(たとえば、天体および地表)について、考察されるならば、天体の運動についての観察から、天文学(といわれる科学)がうまれる。

そして、宇宙の一定の部分は永久的ではなく、大きな諸物体のあいだに、あらわれたりきえたりするので、それらについての観察が、気象学という科学をうみだす。

さらに、鉱物であれ、植物であれ、動物であれ、大地の諸部分の観察は、それだけの数の個別諸科学をうみだす。

さいごに、人間とその諸能力の観察は、倫理、論理、修辞の科学、そしてついには政治科学すなわち社会哲学 philosophia civilis をうみだす。

しかし、その諸対象のそれぞれの細分割は、他のかぞえきれない科学をうみだすことができ、それらをかぞえることは、容易でも必要でもない。」

一四八―一四九 表、欠。

第十章

一五〇 1 「値うち」「ふさわしさ」欠。

一五〇 3 「現在もっている道具」→「もっているすべての手段の総体」

一五〇 3 「本源的」→「うまれつき」

一五〇 5 「異常な」欠。

一五〇 10 「運動」→「下降」

一五〇 11 「人びとの力の合成」→「人びとの合一によるもの」

一五〇 12 「自然的または社会的な一人格」→「ひとつの人格、すなわち人間のような自然的人格あるいは都市のような人為的な人格」

一五〇 12—13 「その人格は……使用しうるか」→「全体の力はかれの意志に依存する。」

一五〇 13—14 「あるいは……使用しうる。」→「そのつぎの力は、合一されない多数者の意志にもとづくものであって、党派あるいは党派連合の力のようなものである。」

一五〇 15 「召使」→「おおくの召使」

一五〇 15 「友人」→「おおくの友人」

一五〇 15—一五一 1 「なぜなら……からである。」欠。

一五一 4 「餌食として」欠。

一五一 7 「自分の国を愛する」→「よい市民であり愛国者である」

一五二 5 「女性や」欠。

一五二 7—9 「科学は……のだからである。」→「科学は力である。しかしちいさな力である。なぜなら、卓越した科学はまれであり、したがって少数の人びとにしか、また少数のものごとについてしか、あらわれないからである。」

一五二　9　「かなりの程度」欠。

一五二　12—14　「そして……みなされるのである。」欠。

一五二　15—17　「ある人の価値……依存するものである。」→「位階 Dignitas は、しばしば、人間の価値または価格をあらわす。すなわちその人の力の使用に対してだれかが支払いたいという額である。したがって、それがおおきいかちいさいかは、他人の評価による。」

一五三　4　「買手」→「買手の判断」

一五三　4—6　「(たいていの……こえないのである。」→「自分をどんなに高く評価しようとも、他人によって評価される以上の価値はないのである。」

一五三　7　「たがいにつけあう価値」→「だれかに対する評価」

一五三　9—10　「しかし……べきものである。」欠。

一五三　11—14　「ある人の公共的な……理解される。」→「位階がたいていのばあいに意味するのは、人間によってではなく都市(国家)によって、だれかに与えられたたかい評価であって、かれに対して、支配や官職や公共業務、あるいは名誉の名称か称号を、与えるばあいである。」

一五三　15—17　「どんな種類の……おおきいのである。」→「援助をもとめるのは、名誉を与えることである。なぜなら、力をみとめるのだからである。」

一五四　1—3　「たすける力も……することである。」↓「役にもたちえず、じゃまにもなりえないものに、われわれは服従しないからである。」改行せずに続く。
一五四　4—5　「購買し、力をみとめる」↓「かれの力をみとめることであり、いわば保護を買う」
一五四　6—7　「にすぎず、ちいさな……からである。」↓「に似ているからである。それは、与えるものが、受けるものについて、後者がちいさなものごとについてさえ、必要としていると判断していることを、あらわすのである。」
一五四　9—10　「無視するのは……ことである。」欠。
一五四　11　「どんな……道や」↓「欲求されているどんなことにおいても」
一五四　12　「尊大に……ことである。」欠。
一五四　14　「愛することも……評価する」↓「両者において、力をみとめる」
一五四　14—16　「軽視したり……だからである。」欠。
一五五　4　「立腹させることへの恐怖の」↓「不快にさせたくないという」
一五五　5　「だらしなく」欠。
一五五　7—9　「相手に対して……することである。」欠。
一五五　14—16　「それをするものは……することである。」↓「他の人びとによって名誉とされていることを、確認するのだからである。」
一五六　3—4　「相手の敵を……することである。」欠。

一五六　5—6　「かれの判断を……にすることである。」→「かれに名誉を与えることである。それはうたがいもなく、かれの判断を是認することなのだ。」

一五六　7—9　「困難な行為に……にすることである。」→「計画をたてるさいに、あるいは困難なことがらにおいて、だれか他人の尽力をえることは、かれの知恵や力をみとめることであるから、名誉を与えることである。」

一五六　10—11　「名誉を与える……おなじである。」→「これらの名誉のしるしは、都市のなかでもそとでも、自然的である。」

一五六　14—15　「主権者は……ようなものに」→「都市は、名誉のしるしを設定すれば、市民に称号、職務、業務のどんなものでも与えることに」

一五六　17—一五七　1　改行せずに続く。「王の馬の……先導として」→「ひとりの王侯によって」

一五七　2　「街から街へ」→「町のなかを」

一五七　3—6　「それでも……不名誉であった。」→「反対に、都市が侮辱するために、するようにと命じることは、侮辱なのである。たとえば、おなじペルシャ王が、すぐれた功績への報酬として、王の衣裳をつけることをもとめたものに、かれの要求をみとめ、その衣裳をかれは王の道化としてきるのだと、つけくわえたばあいのようにである。」

一五七　7　「主権者」→「都市において最高権力をもつもの」

一五七　8　「職務」→「公共的代行職」

一五七　9―11　「人びとは……与えるの」→「そういうかざりをもつ人びとは、名誉があるのであって、それは公共の支持のしるしをそれだけもっていることなのだから」
一五七　11　「コモン‐ウェルス」→「公共」
一五七　12　「力の証拠としるしであるような」→「もし力の証拠となるならば」
一五七　14―16　「そして……なことである。」欠。
一五七　17―一五八　1　「支配と勝利は……なことである。」欠。
一五八　2―3　「不運と損失は、不名誉な」→「反対に逆境は、軽蔑される」
一五八　3　「力」→「力のしるし」
一五八　3―4　「貧困は不名誉なことである。」欠。
一五八　5　「小心……なことである。」欠。
一五八　6　「適時の」→「適時の(すなわち早すぎもおそすぎもしない)」
一五八　7―10　「そして……小心である。」欠。
一五八　12―13　「誤謬……なものである。」欠。
一五八　15　「没頭は、力のしるし」→「それはものごとを処理する力」
一五八　17―一五九　1　「すなわち……確実さ」→「まえのおもおもしさは、いい商品の重荷によっておそくなった、舟のおそさに似ているが、あとのおもおもしさは、てんぷくをふせぐために底荷だけをつんだ、舟の動きに似ている。」

一五九　2—4　「職務……なことである。」→「行為、なにかの長所 bonum のために、おおくの人にしられるのは、名誉なことであり、それは、そのためにかれがしられることになった、力のしるしなのだからである。」

一五九　6—7　「反対に……である。」欠。

一五九　9—10　「なぜなら……なことである。」欠。

一五九　11　「貪欲」→「熱望 cupiditates」

一五九　11—12　「力のしるしとして……野心は」→「かれがそれらを取得できるようにみえるから、名誉なことである。反対につまらぬものごとへの意欲は」

一五九　13—14　「（それが……ものではない。」→（　）をとって、「名誉ある行為については、どうでもいいことである。」

一五九　16　「強奪や窃盗」→「姦通や殺人」

一六〇　5　「人びとのあいだでも」欠。

一六〇　6—7　「ないと考えられ……考えられていた。」→「なく、とくにギリシャ人のあいだでは、名誉あり合法的な営業であった。」

一六〇　8　「世界のこの部分」→「地上のこのわれわれの部分」

一六〇　8　「私的決闘」→「諸個人間の個別的な戦闘」

一六〇　9—10　「それを拒否する……であるだろう。」→「戦闘をいどむものが低くみられ、挑戦に応じないものが名誉あるものとみられうるような、法律が考えられるまでは、そうであるだろう。しかし、それについて私には、実現するようにはみえない。」

一六〇 10—13 「決闘は……おいこまれるのである。」→「すぐたたかえることは、つねに剛毅のしるしであり、剛毅は、人間の自然状態においては、唯一ではなくても最大の徳性なのであり、たたかいを拒否することを徳性たらしめるのは、法律であって、自然は法律よりつよいのだからである。」

一六〇 14 「なにか卓越した」欠。

一六一 6 「ローマ人は……を伝えた」→「ローマの家族は、子孫に伝えられるしるしをもっていた」

一六一 7—8 「の民族のあいだでは……ことがなかった。」→「には、そういうものはない。」

一六一 16 「かぶとの……目に見える」→「かぶとに、なにか目に見える」

一六一 17 「そして……かれらの子ども」→「そういう武器のかざりあるいはしるしは、かれらの息子」

一六二 1—2 「老主人……つけくわえて」→「家族の長(すなわちゲルマン語でいうHeralt)が設定した、ある区別のしるしをつけて」

一六二 3—4 「楯を……職務とされた。」→「楯またはしるしを設定するという、家族の長のこの職務は、別の人にゆだねられ、いまではかれは紋章官 Heraldum とよばれる。」

一六二 4 「有力な古い名門」→「現在、世界のこの部分では、最大最古の貴族」

一六二 4—5 「その大部分は」欠。

一六二 5 「勇気と強奪」→「掠奪と剛奪」

一六二　5「剣帯や……柵」→「攻撃用武器」

一六二　6—7「名誉では」→「値うちが」

一六二　9「注意ぶかい読者によって、当時の」欠。

一六二　12—13「コモン‐ウェルスの……価値」→「都市で最高の権力をもつものによって、どれだけ評価されているか」

一六二　14「職務と指揮」→「公共的代行者」

一六二　15—16「ラテン語の……であって」→「ローマの軍隊を指揮するものであり、伯爵は、公爵に同伴する人びとであって」

一六二　16—17「場所を統治し防衛」→「場所を、帰国した公爵にかわって、統治し監視」

一六二　17「侯爵は、辺境伯であり」→「辺境伯は」

一六三　3—4「王や王侯が……すぐれた人」→「その仕事を王が戦争業務においてもっともよく利用した、すぐれた人または大人物」

一六三　4「兵士」→「ラテン語の兵士」

一六三　6—7「したがって……エスパーニャ語では)」→「そこからキケローのラテン語ではBeronesとなり、のちにはガリア語でBarones、エスパーニャ語で」

一六三　7—9「しかし……見いだすであろう。」→「このことおよび他のおおくのことが、ヨハンネス・セルドゥンによって、名誉の称号についての本に書かれたなかに、見いだされる。」

一六三　9―13　「これらの名誉の……案出されたのである。」→「イギリス共和国において in Regno Angliae Reipublicae ある人びとが行使する権力は、具合のわるいものになった。また、それらの称号の所有者たちの権力は消滅するかうばわれるかして、称号はついに、市民諸階層を区別するためにのみ、金持や大きな功績のあった人びとに与えられることになった。」

一六三　14―17　「ふさわしさ……といわれる。」欠。

一六四　1―9　「すなわち……であろう。」→「値うち Dignitas は、しばしば、適合性として理解される。それで、最高指揮官あるいは為政者の値うちがあるというのは、最高指揮またはその政務をおこなうのに必要な諸資質を、もっともよくそなえていることである。同様に、財産の値うちがあるとは、それをよく使用することを知っていることである。〔改行〕各人はひとしく、かれがあたいすることについて、値うちがあるといわれる。しかし、あたいするということは、けっして値うちとはよばれない。すなわち、それらはつぎのように区別される。あたいすることは、約束にもとづく権利を前提するが、値うちは、なんの権利も前提しないからである。」

第十一章

一六八　1　「さまざまな態度」→「風習の多様性」

一六八　3―5　「人が相手に……おこないの上品さ」→「たべたり、着たり、あいさつしたりするやりかたや、その他の、子どもに教えられるような、小道徳」

一六八 5—6 「人類が……の性質である。」→「それによって平和が維持され、都市が確保される、人類の性質である。」ここで改行。

一六八 7 「考慮すべき」→「知るべき」

一六八 7—8 「道徳哲学者たちの書物のなかで」→「倫理学者たちによって」

一六八 9 「存在しない」→「生活のなかに場所をもたない」

一六八 9—10 「造影力が停止」→「記憶が消滅」

一六八 10—11 「ある対象から……意欲の」→「ある意欲から他の意欲への」

一六八 13 「かれの未来の意欲の道を永遠に」→「その享受を未来について」

一六八 13—15 「すべての人の……一部は」→「意志による行為は、善を獲得することだけにではなく、それを永久に確実にすることにも、むけられる。しかし、すべての行為がおなじ道をすすむのではなく、それは」

一六九 2 「各人がもっている知識または意見」→「さまざまな人がもっている意見」

一六九 3—5 「一般的性向として……意欲をあげる。」→「性癖 mos が、永久にたえまなく、つぎからつぎへと全生涯をつうじて力をもとめることである。」

一六九 5—6 「かならずしも……よろこびを」→「人がつねに、いっそう大きいあるいは強いものを」

一六九 7 「よく生きるための力」→「力とよく生きるための」

一六九 11—13 「他の王たちに……意欲である。」→「同様に、それが成功すると、名声あるいはあたらしい快楽への、あたらしい意欲が生じる。」

一六九 14 「他の力についての競争」↓「なにかの力への意欲」

一六九 15 「になりがちである。」↓「人をむかわせる。」

一六九 15—16 「競争者の……だからである。」↓「競争者を殺したり、うちまかしたり、なんとかして排除したりすることが、他の競争者が、意欲されたものごとを手にいれる道である。」改行。

一七〇 1—2 「生者の栄光を……のだから」↓「あの人びと〔生者〕からうばうように、これ〔死者〕に正当以上を与えるの」

一七〇 5 「と労働」欠。

一七〇 6—7 「反対に……満足していない」↓「窮乏しているとともに勇敢な人びと、あるいは勇敢で自分に満足していない」

一七〇 7 「軍隊の指揮」↓「軍事的名誉」

一七〇 8—10 「戦争の諸原因を……ないからである。」↓「戦争と騒乱をかきたて、その諸原因を継続させようという気持になる。これなしには、軍事的栄光はないからである。」

一七〇 13 「されたいという意欲をふくむ」↓「なしには可能ではない」

一七〇 16 「われわれが軽視している」↓「反対の」

一七一 9 「絶望的な」↓「解放されえない」

一七一 12 「むくいることができない」↓「解放されえない」

一七二　15—16「よろこんで……名誉であって」→「同様に感謝してうけとることは、つねに、恩恵を与えるものをうけるものとするのであって」

一七三　1—4「なぜなら……だからである。」→「すなわちそれは、相互的な善の債務であり、したがってそこから、恩恵においてどちらが相手にまさるかという、すべてのなかでもっとも有益もっとも高貴なあらそいが生じ、そこにおいて、勝利者はその勝利をよろこび、敗者はそれをみとめることで仕かえしをする。」

一七三　9「抑圧」→「他人による損害」

一七三　12「動乱や」欠。

一七三　15「戦闘の近くにいるので、」→「いつでも戦える準備ができているようなものなので、いつでも」

一七三　16「ひきだしうる」→「容易にひきだしうる」

一七三　17—一七四　3「自分たちが……からである。」→「根拠にもとづかず、他人の能力を自分のものと仮想しただけの、うぬぼれは、見せかけにむかわせるが、行動にはむかわせない。なぜなら、かれらがほんとうの危険に出あうと、自分たちのむなしさが暴露されることしか、期待しないからである。」

一七四　4—9「自分たちの……ないのである。」→「他人のへつらい、あるいは、たしかにうまくいきはしたが、偶然にそうなった先行の行為を、基礎とするうぬぼれは、人びとを行動にかりたてるが、危険にであうと見すてる。すなわち、かれらは、青くなり、ふるえ、にげるのであって、生命はとりかえすことができず、それよりも名誉を、うそをつくことによってでも、なんとかしてつくろうことを期待するのである。」

一三 11―12 「会議や為政者職において公共的」→「公共的業務」
一三 15―16 「そのけっか……好機」→「それは、たいてい、行為の時期」
一三 16 「行為のときが近づくまで」→「処理するものごとの必要性がゆるすかぎり」
一四 1 「一方と他方との……のしるし」→「たしかに、どちらをするかが、どうでもいいということ」
一四 1―2 「そのばあいに……小心なのである。」→「些細なことを秤量して、大事の機会を見のがすのである。」
一四 3 「まずしい人びと」→「私人」
一四 7 「その雄弁を……しようという」→「信頼できる友人をえたい」
一四 9 「それらを有する人に対して、帰依し」欠。
一四 12 「科学の欠如すなわち」欠。
一五 1―2 「自分たちが……気持にするのである。」→「他人の権威にもとづいて、真理も誤謬も、また意味のない語を、受容させる。」
一五 3 「誤謬も無意味も、語についての」→「語の誤謬も矛盾も」
一五 4―8 「おなじことから……いるのである。」欠。
一五 13―14 「おそらくは……なるのである。」→「語をよく理解しない人びとは、おそらくただひとりの煽動から生じたものであっても一群の人びとのおおくの行為を、しばしば、民衆のひとつの行為とうけとる。」

一七五 16「先例を……気持にする。」→「過去の実例とに、自分たちの行為の規則として、したがわせる。」

一七五 16―一七六 2「処罰するのが……正義と考える」→「不正義とは、処罰されるのが慣習であるものにほかならず、これまでつねに処罰されないものが正義なのだ」

一七六 6「それが自分たちに役だつに応じて」→「そうしたいとおもうたびに」

一七六 7―8「自己の利益が……に対立させる」→「理性が自分たちの便宜に反するたびに、理性に反対する」

一七六 10―11「人びとは」→「わずかの人びとしか」

一七六 12―16「とうぜん……うたがわない。」→「『二直角にひとしい』というエウクレイデスの定義が、支配者に反するならば、うたがいもなくながいあいだそれは、論争されないとしても、抑圧されたであろう。」

一七七 2「後者が……すべてなの」→「ほかの諸原因をなにも知覚しないの」

一七七 5―6「正当化される……従事した」→「犯罪におちこんだ」

一七七 7「最高権威」→「自分たちが属する最高権威」

一七七 8―9「自然的諸原因についての……おちいらせる。」→「物理的原因についての無知は、しばしば、不可能なことを信じるほどの軽信をうむ。」

一七七 11「人びと」→「大部分の人びと」

一七七 12「うそをつくようにしむける。」→「きわめてしばしば、信じやすい人を、うそつきにする。」

一七七 16―17「それらについての……ようにする」→「過去のものごとの原因についての知識は、通常、現在のものごとに光をなげかける」

一七八　5　「存在し、それは人びとが神とよぶものである」→「存在する」

一七八　8　「神の本性に……なにも」→「神の本性の観念を心に」

一七八　13―16　「この世の目に……ないのである。」→「人は、目にみえるものごとの秩序をながめることによって、神とよばれる、それらのある原因が存在することを、確信する。しかしながら、そこから、心のなかに、なにも影像や幻影をもつことはできない。」

一七九　1―9　「自分たちにおおくの……種子なのである。」→「自分たちに悪または善をなしうるなにかの力が、存在するかどうかについての、無知から生じる恐怖をもち、かれらはこの恐怖によって、さまざまな見えない力を想定したり空想したりしがちになる。そして、かれらは、それぞれ自分たちの霊をおそれ、逆境においてはそれらにいのり、順境においてはそれらをほめたたえ、こうしてそれらを神にするのである。」

一七九　11　「それに栄養と衣裳と形態を与えて、法に」→「育成され、法という形態を与えられ、未来のものごとの原因についてのさまざまな意見が発明された。それらの意見によって、他の人びとをもっともよく自分に奉仕させることができると、かれらはおもったのである。」

第十二章

一八一　3―4　「他の生きた……卓越した度合」→「人間に固有ななにかの性質(あるいはとにかく、それのある度合)」

〔八一〕8—9「さがすことに……である。」→「できるだけ探求する。」

〔八一〕10「はじまりのあるなにかのものごと」→「あるものごとのはじまり」

〔八一〕13—〔八二〕6「獣は……想定するのである。」→「非理性的動物の至福は、かれらがその精神の鈍重さによって、諸帰結と諸依存の順序を観察しないために、感覚的快楽の享受にあるのだが、人間は、ある原因がある結果を生むことを観察し、あるものごとが先行し、あるものごとが後続することを、記憶する。かれが真の諸原因を知らないときでも、かれ自身の想像か、自分より賢明だとおもう他人の示唆によって、原因を想定する。」

〔八二〕14—17「未来への……ないのである。」→「あまりにもとおくを見る人間の心は、死、貧困、災厄への恐怖によって、あるいはねむっていないときにはたえ間なくつきさす苦痛によって、さいなまれる。」

〔八三〕3—4「見えるものが……帰すべき」→「また、人びとは、ほかにかれらの運命の原因を見ないので、帰着させうる」

〔八三〕5—6「神がみは……創造された」→「最初の神がみは、恐怖によってつくられた」

〔八三〕8—10「きたるべき時に……うるであろう。」→「未来についての心配からよりも、自然的諸物体の諸原因、諸能力、諸作用の探求から、容易に生じえた。」

〔八三〕10—11「近くの……諸原因の追求」→「近い原因を理性推理し、その原因のもっとも近い原因を理性推理して、つぎつぎと諸原因の序列」

一八三　11―13　「つぎのことに……ということであり」→「(古代の哲学者のなかの、もっとも良識あるものがしたように)、つぎのことを発見するであろう。唯一の最初の起動者すなわちすべてのものごとの唯一にして永遠の原因が、存在するということであり」

一八三　15―16　「諸原因」→「自然的諸原因」

一八三　16―17　「それによって」→「それによって、ほとんど」

一八四　1―2　「このように……諸動因の」→「神の」

一八四　4―13　「人間の魂は……できないのだからである」→「かれらは、人間精神の実体は、夢または鏡のなかに現出する人間あるいはほかの物体と似ていると、考えた。そして、その現出が幻影《ファンタスマ》にほかならないことを知らないで、かれらはそれを、実在するが稀薄な実体だと信じ、そのために霊とよんだ。ようするに霊とは、ひじょうに稀薄な物体であり、そのようなものが異邦人のみえない動因、まさしくかれらの神がみおよびかれらの悪魔であったが、それらは幻影のようなやりかたであらわれたり消えたりするのがつねであったので、霊および実体よりも幽霊および亡霊とよぶことが、このまれたのである。それにもかかわらず、それらは、物体とみなされた。しかし、おなじものが、霊であり、非物体的であるとは、理解できない。霊は場所と形態すなわちその限界と大きさによって、とにかく決定される。したがってそれは、どんなに稀薄で感じられないとしても、物体なのである」

一八四　14―15　「かれの本性」→「(聖書の権威に反して)かれの本性」

一八五　1　「それは」→「それはおそらく」

一八五 6　「直接の」→「二次的な」

一八五 8—10　「過去のある……まったくみない」→「過去にあるものごとが他のものごとに先行あるいは後続した順序を観察し想起するよりほかに推測できず、したがって、先行事象と後続事象とのあいだに、なんの結合もみない」

一八五 13—16　「たとえば……ようなことである。」→「それはアテナイ人が、フォルミオンによってレパントスで、ラケダイモンに対してうまくやったので、かれの死後にもうひとりのフォルミオンをえらぶようなものであり、同様に、ローマ人が、アフリカでハンニバルに対して、スキピオによって成功したので、おなじアフリカでカエサルに対する司令官として、もうひとりのスキピオをえらぶようなものであって、ともに成功しなかった。」

一八五 16　「運命を」→「運命を（二つか三つの類似の事件のあとで）」

一八五 16—一八六 2　「よしあし……なのである。」→「運不運のせいにする。他の人びとは、かれらが呪文とよぶ一定のことばがかたられたせいにするのであって、かれらはそれらが、パンを人間に変え、なんでもをなんでもに、変えうるような力をもつと信じるのである。」

一八六 4　「人びと」→「目上の人びと」

一八六 5　「尊敬」→「名誉と尊敬」

一八六 5—7　「身体をひくくする……がそうである。」→「へりくだり、礼儀ただしいよびかけと態度、およびこの種のほかのことが、そうである。」

一八六 7—10 「それ以上は……まかせている。」→「すなわち、流血のいけにえは、自然の命令ではなく、はじめは、いけにえをささげる人びとを保持するために、都市によって設定されたものである。誓いもまた、自然的崇拝に屈するようにはみえない。なぜなら、それは社会状態のそとには、場所をもたないからである。理性は、私がのべた自然的崇拝のほかの儀礼を、示唆しない。それをこえたすべてを、理性はそれぞれの都市の法にゆだねている。」

一八六 11—16 「最後に……なのである。」→「最後に、これらのみえない動因が、人びとに、過去と未来、逆境と逆境を示唆するやりかたを、自然はなにもかたっていない。したがって、過去によって未来を推測して、何度かある結果に先行したものと、類似した事実を、類似の結果が後続することの予兆とみなすのである。」

一八六 17 「意見」→「恐怖」

一八七 2—4 「個々の人の……きたのである。」→「人びとの想像、判断、情念、意図はさまざまなので、ある都市では法によって承認されたものが、他の都市では嘲笑されるというほどの、さまざまな儀礼を生んだのである。」

一八七 6—7 「それらを……秩序づけた人びと」→「かれら自身の想像にしたがって諸宗教の創始者たちとなる人びと」

一八七 8—9 「かれらに……ふさわしいもの」→「かれらの信徒たちを、かれらに対していっそう従順」

一八七 9—15 「したがって……導入されたのである。」→「まえの人びとの宗教は政治の一部であり、あとの人びとの政治は宗教の一部なのであって、神の国にうけいれられる人びとがしたがう戒律をふくむ。まえの人びとの宗教は異邦人の立法者たちによって設立された諸宗教であり、あとの人びとの宗教は、われわれに天の諸法をおしえたアブラハム、モーシェ、およびイェス・キリストによって設立された宗教である。」

一八七 16—一八八 2 「宗教のうちで……なのである。」→「見えない動因の名称についていえば、異邦人たちによってなにか神または悪魔としての名称をもたないものはなく、なにものでも、どこでも、なにかの霊によって、活気づけられ、住みこまれ、とりつかれたと、されないものはなかった。」

一八八 4 「天……大地」→改行しないで「天、地、大洋、諸遊星、火」

一八八 6 「魔物とよばれる霊」→「魔物」

一八八 6 「男女」→「大小」

一八八 7 「牧神や妖精で」→「牧神や妖精でみたした」

一八八 7 「海を人魚やその他の妖精で」欠。

一八八 7—11 「すべての川と……みたした」→「すべての川と泉は、名前をもった魔物をもち、それぞれの家はその家神を、それぞれの人はかれの守護神をもった。かれらは地獄を魔物でみたし、ほとんどすべての場所を、ラルヴァエ、レムレース、死者たちの影でみたした」

一八八 11 「夜、昼」→「昼、夜」

一八八 12 「徳性」→「勝利、徳性」

一八八 12「たんなる偶有性と性質」→「偶有性」

一八八 13—15「人びとは……祈ったのである。」→「かれらがそれらをおそれたり、あるいはのぞんだりするときは、まるでかれらの頭上に、神がみがおおいかぶさっているかのように、神がみによびかけたのである。」

一八九 4—6「無知という……したがること」→「無知と、したがって自分たちの運命を結果となんの関係もない諸原因のせいにする生まれながらの習慣という、宗教の根拠」

一八九 8「巧妙と技巧」→「生得の才能 ingenium」

一八九 12—一九〇 1「異邦人立法者たちが……聖化した」→「創始者たちは、画像と彫像、および鋳像の崇拝をつけくわえた。それは民衆すなわち無知な大衆を、それらの神がみが、それらの像のなかに住んでいると信じ、土地、神殿、収入、司祭を献納するように、するためであった。これらはすべて、神聖なものとされ、いいかえれば、司祭の利益だけになるものとさだめられた。それらの像にささげられた洞穴、木、森、山、島全体のばあいがそうである」

一九〇 2—3「人間や獣の……情欲」→「肉体的な情念と能力のすべての種類を帰属させた。すなわち性、ことば、情欲」

一九〇 4—5「バッコス……すぎないもの」→「ヘラクレスとバッコスのような雑種」

一九〇 6—9「さらには怒り……そうなのである。」→「さらに、かれらは、姦通、詐欺、盗みという神がみ、および力からうまれて、名誉よりも人間の法を侵犯するようにみえる、すべての悪徳によってけがされた神がみを、つくりだした。」

一九〇　10―13　「自然的には……をつけくわえ」→「自然的には過去の経験のほかにはなく、超自然的には神の啓示のほかにはないが、そういう予言に、異教徒の諸宗教の創始者たちは、つくり話を発明し、神がみとの対話を詐称して、かぞえきれない種類の占いをつけくわえた」

一九〇　14　「アンモン」欠。

一九〇　15―16　「あいまいな……それに帰する」→「相反する諸事象に適合する」

一九〇　17―一九一　1　「硫黄洞が……蒸気によって」→「予言者の精神が蒸気によって混乱させられた(それは洞窟ではふしぎではない)ために」

一九一　2―4　「かれらの予言に……いくつかの本が」→「それについては、ローマの都市によって予言書とされたものがいくつか(そういう名称で現存するものは、後世の発明品らしいが)」

一九一　6―7　「とよび……と考えられた。」→「とよんだ。これらすべては、神占とよぶことができる。」

一九一　7　「人びとのうまれたときの」欠。

一九一　8　「星占いと……みなされた。」→「星占いであった。」

一九一　10―11　「それは……にほかならない。」→「降霊術とよばれた。」

一九一　11―12　「偶然に」欠。

一九一　14　「鳥のさえずり」欠。

一九一　15―16　「顔の相貌の……見いだされる」→「顔と手の筋による」

一九一 16―一九二 7 「見いだされるというのは……ひきずりこまれるのである。」→「なんでも異常な偶発事件によって、未来が予言されるといった。無知を巧妙に操作することを知った人が、のぞむところに他人をつれていくのは、それほど容易なのである。」

一九二 8―9 「民衆を……立法者」→「民衆を従順にしておくことを目ざした都市の創設者たちと、諸国民の最初の立法者」

一九三 2―3 「儀式……なだめられうる」→「さだめられた諸儀礼を正確に完遂することによって神がみの好意がえられ、それらをおこたると神がみを不機嫌にする」

一九三 4―5 「かれらに対する……まちがったりしたこと」→「崇拝をおこたり、あるいはなにかの儀礼をぬかしたりしたこと」

一九三 8 「かれらの大演説のなかで」欠。

一九三 14―16 「かれらの統治者たちに……たのしまされているので」→「かれらは祭礼の日々の遊戯と行列によってたのしまされていたので、かれらの支配者に反抗するように煽動されることが、それだけすくなかった。」

一九三 16―17 「国家に対して……しておくには」→「都市をこまらせないようにするには、祭礼と」

一九三 17―一九四 1 「その当時知られていた」欠。

一九四 3―5 「どんな宗教も……考えたのだ。」→「ローマの諸民族のどんな宗教も、ユダヤ人のものをのぞいて、禁止されていたことを、読まない。ユダヤ人は、(ずっとまえから神の王国のもとにあったから)現世の王に服従するのは非合法だと、信じていたのだ。」

一九四 11 「市民法」→「市民法のすべて」

一九四 13 「特別の……ありうる。」→「どこかの民族の、特別のやりかたでの王であることを、どうして禁止されようか。そこにはなんの矛盾もない。」

一九四 15―16 「神はかれの……王なのである。」欠。

一九五 2 「宗教」→「諸宗教」

一九五 3 「神性とみえない」→「神性すなわち」

一九五 5―6 「あたらしい諸宗教が……させられるであろう。」→「(もし育成者たちが適切にあらわれるならば)どうしてそこからあたらしい諸宗教が芽ばえないことがあろうか。」

一九五 8 「幸福をもたらす」→「献身的 benevolum にする」

一九五 10―12 「宗教の統治を……できなくなれば」→「教主たちの賢明さ、献身、神聖さがうたがわれたり、啓示のしるしがすべて欠如していたりすれば」

一九五 15―16 「宗教を……つけくわえる人」→「教師たち」

一九五 17―一九六 1 「なぜなら……証拠だからである。」→「すなわち、すべての人は、矛盾がなにかをしらないほど無学な人でさえ、矛盾するものごとの一方が虚偽であることを知っているのだ。」

一九六 1―5 「それは……ないのである。」→「こうしてどちらをも信じたいと欲することは、無知のしるしであり、その教義のすべてをうたがわせる。自然理性をこえて真実なものはありうるが、理性に反して真実なものはない。」

一九六 8 「しるしに見える」→「しめす」

一九六 9 「瀆神 Prophanesse」→「偽善 Hypocrisis」

一九六 10 「ころばせる」→「ころばせ、よろめかせる」

一九六 11 「それよりちいさなあやまちについて」欠。

一九六 14—16 「愛情がある……見えるかする」→「献身的だという評判を除去するものは、人がその信徒のではなく、自分自身の利益をもとめるばあい、すなわち、ひとたび信じられれば、自分だけあるいは主として自分が、力または富をえるのに役だつことを、信じるように説教する」

一九七 3—8 「人びとが……することはできない。」→「神の啓示の唯一の証拠は、奇蹟がはたらくことであるから、もしだれかが、みとめられた宗教の信仰箇条につけくわえて、奇蹟なしに、あたらしい箇条をもちこむことをもとめるならば、かれは、都市の法と慣習が生みだす信用、あるいは奇蹟にほとんど近い神聖さが生みだす信用しか、うけとらないであろう。」

一九七 9—10 「内面的にかれらの心から同意するまえに」欠。

一九七 10 「(それは奇蹟である)」欠。

一九七 13—17 「第一に……すくいだされたばかりの」→「イスラエルの民衆をみちびいてエジプトからつれだしたモーシェが四十日しか不在でなかったときに、その民衆は反乱をおこして、すこしまえにかれらを隷属からすくいだした真の神をすて、黄金の子牛をつくり」

一九八　1　「ヨシュア」欠。

一九八　5―10　「神が他の人民に……ほどであった。」→「神の王国を拒否して、諸国民にならって王をもつことをもとめた。こうして、指導者の神聖さがうしなわれるとともに、民衆の信仰もうしなわれた。」改行せずに続く。

一九八　11―一九九　5　「キリストの……なったのである。」→「福音がはじめて説かれるにあたって、ローマ帝国のなかですべての神託が死滅したとすれば、また、キリスト教徒の数が毎日おどろくほど増加したとすれば、それは大部分、高僧たちの貪欲と不潔と、かれらが発明した予言に、帰しうる。その予言をかれらは、王侯たちの愛顧をえるため、あるいは、予言しないとおもわれないように、あいまいなものにしたのである。そして、ローマの教会の巨大な力がついにイングランドおよび他のいくつかの国で、くつがえされたのは、あまりおおきなちがいのない理由によるのであった。牧師の神聖さがなくなって、民衆の信仰がなくなったのである。〔改行〕おなじ教会のなかで、アリストテレースの哲学が宗教に導入されると、スコラ学者たちは、相互に両立しえないで矛盾する無数の教義をくみあわせて、聖職者たちの無知だけでなく、かれらの邪悪さをもしめした。そのことが、民衆が、あるいはイングランドでのように王侯たちが自発的に、あるいはフランスでのように王侯たちが禁止する力がないために、束縛を脱却した第二の原因であった。」

一九九　8―9　「かれらは……紛争もなく」→「どんな王侯でも、イングランドにおいてのように容易に、戦争なしにかれの権力を」

一九九 10 「信じられること」→「信じられ、そのために戴冠にあたってそういう儀式があるということ」
一九九 12 「ローマからの権威」→「ローマ法王庁」
一九九 13—14 「ローマの……判決されるならば」→「異端者であれば」
一九九 14 「忠誠と義務」→「政治的服従」
一九九 14—16 「王(フランクの……どの国においても」→「王(すなわちガリア王キルペリクス)が王国をうばわれうるし」
一九九 17 「国王の司法権」→「政治的管轄権」
一九九 17—二〇〇 5 「あるいはまた……十分なのである。」→「贖宥、私的ミサ、その他おおくの、民衆の救済には必要でないことが、なんのためであるか、そして、もし政治権力と慣習によってささえられないならば、それらが、もっともいきいきとした信仰でさえも、どれほど消滅させうるかが、わからない人はいないのである。」

第十三章

二〇七 1 「人類の至福と悲惨に関するかれらの自然状態」→「現世の至福に関する人類の自然状態」
二〇七 3—4 「肉体において……みられるにしても」→「ある人びとが他の人びとよりも、力や知慧ですぐれていても」
二〇七 5—6 「かれと同様には……主張できる」→「のぞみえない利益を自分に期待する」

二〇七　6―9　「すなわち……もつのである。」→「肉体的な力にかんしては、たくらみによって、あるいは共通の危険にさらされている人びととの結託によって、もっとも強いものを殺すことができないほど無力な人間はみつからない。」

二〇七　10―14　「そして……有するにすぎない）」→改行せず「しかし精神の諸能力については（語による諸技倆すなわち諸科学の普遍的法則をのぞいてであり、この普遍的法則は、少数のものがもっとも少数のことがらにおいて、所有している。なぜならそれらの法則は、生得のものでも、精励の必要なしに慎慮によって獲得されるものでもないから）」

二〇七　15―二〇八　1　「経験にほかならず……ひとしく与える」→「すべて経験からくるものであり、ひとしく専念するすべての人間に自然によって、ひとしい時間にひとしく与えられる」

二〇八　2―3　「信じがたく……うぬぼれ」→「うたがわしくおもわせるのは、正当以上に自分を評価する人びとの意見」

二〇八　6―8　「おおくの人が……信じたがらない」→「だれか他人が自分より雄弁であったり学問があったりすることを、だれでもみとめるのだが、それにもかかわらず、だれかが自分より慎慮においてまさっていることは、容認しない」

二〇八　9―11　「このことはむしろ……だからである。」→「われわれの現在の議論にかんして、平等の最善のしるしは、各人が自分のもっているものに満足していることなのである。」

二〇八　12　「目的を達成」→「のぞむものを獲得」

二〇八 15—16 「(それは……である)」→「(それはかれら自身の保存である)」
二〇八 17 「こうして……侵入者」→「したがって、隣人を侵略しようとおもうもの」
二〇九 2—3 「かれを追いだし」欠。
二〇九 3—5 「うばいとることが……さらされるのである。」→「うばいとり、そしてかれらもまた、もっとつよい人びとから、おなじ目にあわされるのである。」
二〇九 6 「この」→「これほどおおきな」
二〇九 10—11 「自分たちの……ことをよろこぶ」→「勇気と虚栄のために全世界を征服したがる」
二〇九 13—14 「その帰結として……なのだから」→「したがって、力による支配の獲得は、各人の保存に必要なこととして」
二〇九 16—17 「よろこばない……感じる)。」→「よろこばず、反対に、本性《ナトゥーラ》によって不快感をもつ。」
二一〇 1—2 「軽視または過小評価」→「無関心」
二一〇 4—5 「かれを軽視する……からである。」→「当然、他の人びとは、他人からは、自分についてもっとたかい評価をもぎとり、見物人からは復讐の実例によってそうする」
二一〇 7 「第一は……である。」→「競争、防衛、ほこりである。」改行せずに続く。
二一〇 8—12 「第一は……使用する。」→「第一は支配を、第二は安全保証を、第三は名声を目ざす。第一は利益のために、第二は救済のために、第三はつまらぬことのために、まさしく一語、一笑、意見、および自己、家族、友人、祖国、職業、名称についての過小評価のすべてのしるしのために、たたかわせる。」

二〇 14 「人びとが……生活している」→「強制権力がない」

二一 1—5 「というのは……平和である。」→「すなわち、ひと降りのにわか雨だけでは雨季とよばないのとおなじく、ひとつの戦闘は、戦争とよぶのに十分ではない。戦争のそとのなにもない時間は、平和なのである。」

二一 6—7 「各人が各人の……同一のことが」→「万人の万人に対する戦争に bello omnium contra omnes 自然に附随することはなんでも、必然的に」

二一 9—10 「勤労の果実が確実ではないからであって、」→「果実がないからである。」

二一 10 「航海も……使用も」→「航海も」

二一 12 「文字もなく」欠。

二一 14 「つらく」欠。

二一 16—二三 1 「したがって……欲するであろう。」→「それにもかかわらず、そのことは、情念の本性から証明され、さらに経験にも一致するのである。」

二三 1—12 「それではかれに……罪ではない。」→「それでは、つぎのことを考えてみよう。あなたが旅にでるとき、どうしてあなたは仲間をもとめるのか、どうしてあなたは武器をたずさえるのか。あなたがねむるとき、どうしてあなたは門をしめ、金庫にかぎをかけるのか。しかもそれは、あらゆる暴力に復讐すると期待される、法と武装した役人がいても、そうなのだ。そして、あなたは、同胞市民、隣人、家族について、どういう意見をもっているか。あなたは、あなたの警戒によって、私とおなじく、人類を非難しているのではないだろうか。しかし、われわれのうちのどちらも、自然を非難しているのではない。人間の諸情念は罪ではなく、」

二三　12—14　「人びとが……つくられえないのである。」↓「それらをおこなう人びとが、それらを禁止するなにかの力に気づかないうちは、罪ではない。なぜなら、提案されていない法を知ることはできないからだ。提案されても、立法者の同意がえられないうちは、罪ではない。しかし、昼間は見知らぬ人にほえ、夜はすべての人にほえる犬も知っていることを、教養人に示そうとするのは、なんのためであろうか。」

二三　15—二三　5　「このような……ことができよう。」↓「しかし、万人の万人に対する戦争は、けっして存在しなかった(とだれかがいう)。だが、カインは、弟のアベルを嫉妬によって殺したのではないか。かれをこらしめうる共通の権力がそのとき存在したならば、そういう大罪をおかさなかったのに。いまおくの場所で、人はそのように生きているのではないか。アメリカ人は、かれらの情欲の類似性だけによって和合がたもたれている諸小家族のなかで家父長的な法に服従させられているときをのぞいて、そのようにくらしている。人びとの生活が、なにか共通の権力に服従させられていなければ、どのようなものであるかは、内乱のなかでの生活を考えれば、理解できる。」

二三　7—8　「かれらの……うちにあり」↓「つねに相互に敵である。すなわちかれらは、たえず相互にうたがい」

二三　9　「銃砲」欠。

二三 10―11 「かれらは……のであるから」↓「かれらの臣民の救済は、ほかには可能でないのだから」
二三 11 「個々の人びとの自由」↓「諸私人の完全な自由」
二三 14 「不正ではありえない」↓「不正義とよばれるべきではない」
二三 15―16 「共通の……不正はない。」欠。
二四 1 「かれの感覚や情念と同様に」欠。
二四 2 「それらは……性質である。」↓「それらの性質は、人間であるかぎりの人間のではなく、市民であるかぎりの人間の、ものである。」
二四 5―7 「人がたんなる……理性にある。」↓「人間のまったくの自然状態については、これだけのべれば十分であり、しかし、一部は理性により、一部は情念によって、そこから解放されうるのである。」
二四 9 「快適な」↓「主として暴力による死への恐怖であり、快適な」
二四 10―11 「人びとは……みちびかれうる。」欠。
二四 11 「これらの……ものであって」↓「これらの法は自然法であって」

第十四章

二六 1 「第一と第二の」↓「はじめの二つの」
二六 2 「著作者たちが……とよぶ」欠。
二六 5 「したがって」↓「(したがって)」

二六 5 「かれ自身の判断力と理性において」欠。
二六 8 「理解される。」→「私は理解する。」
二六 8—10 「この障碍は……ことはできない。」欠。
二六 12—14 「かれの生命に……回避するのを」→「かれにとって有害になるとおもわれることをおこなうのを」
二七 2—3 「それらのうちの……拘束する」→「おこなうかおこなわないかを義務づける」
二七 7—8 「かれが利用しうる……なりえない」→「かれの敵たちに対してかれの生命を維持するために、かれが利用しえない」
二七 8—9 「そういう状態に……もつのである。」→「人間の自然状態においては、すべての人はすべてのものについて、権利をもつのであって、人間の身体さえも、例外ではない。」
二七 10—12 「各人の……ありえない。」→「人がその権利を保持するかぎり、各人は、力のかぎりでしか、安全保証をもちえない。」
二七 14 「かれは……かつ利用」→「かれはどこからでもたすけをもとめ、それを利用」
二七 15 「かつ基本的な」欠。
二七 17 「すべての手段」→「すべての手段、すべてのやりかた」
二八 2 「人びとに平和への努力を命じるこの基本的」→「第一の」
二八 3 「必要だとおもうかぎり」→「準備されていればつねに」

二八　5　「他の人びとに……かれ自身に」→「他の人びとが」

二八　7　「戦争状態」→「持続的な戦争」

二八　8　「かれとおなじように」欠。

二八　9　「すてるべき理由がない。」→「すてるようにと義務づけられない。」

二八　9—11　「なぜなら……だからである。」→「そうでなければ、そういう人間は、平和をもとめるどころか、他人の貪欲に身をさらすのであって、それは自然が要求しないことである。」

二八　17　「まえにもっていなかった」→「自然によってまえにもっていなかった、あたらしい」

二九　2—3　「他人自身の本源的」→「かれがまえからもっていた」

二九　4—5　「他人の権利の……減少すること」→「人が他人の権利の譲渡をうけたときに、かれに帰するのは、譲渡者だけから生じる障碍が、おさえられるということ」

二九　8　「それについての……顧慮しない」→「だれにも帰属させないで、すべての人になげだす」

二九　9　「または人びと」欠。

二九　10—16　「そして……のだからである。」→「しかし、どちらのばあいでも、そのものを使用する権利をもつ人を、妨害してはならない。なぜなら、そうすることは、かれ自身がしたことを、無効にすることだからである。もし、不正義が侵害 injuria ともよばれるならば、それは、人が(まえに権利をすてて)権利なしに妨害することによる。」

二九　16　「世間での」→「人間の」

二九 17 「侵害または」欠。

二九 17 「スコラ学者たちの討論」→「スコラ学派 in Scholis」

三〇 2—3 「世間では……および侵害」→「人が意志をもって、おこなうことを承諾しながら、おこなわないことを、不正義」

三〇 4 「その権利をうけとる人」→「この人」

三〇 6 「または表示」欠。

三〇 9—11 「証文はその力を……恐怖によって」→「証文はその力を、それの本性によってではなく、約束をやぶることへの非難に対する恐怖によって」

三〇 13—14 「それと交換に……いずれかである。」→「それと交換に、その権利が譲渡された人から、ある権利またはその他の利益を、うけとるためだと、理解される。」

三〇 15 「それは意志による……かれ自身」→「はじめにその権利を譲渡したものは、意志をもってしたのであり、意志の目的はつねに、意志するもの」

三〇 16—17 「だれも……譲渡したとか」→「ことばによっても、他のしるしによっても、譲渡または放棄されえないものごとがあり、なぜなら、なにかの利益を目ざして、それがなされたと」

三一 1—9 「第一に人は……確保することに」→「第一に、意図された死について、第二に傷害および投獄について、おなじことがいわれる。すなわち、人は、暴力に対して自己を防衛する権利を、保持せざるをえないのである。なぜなら、防衛するものは、その暴力がどこに到達するかを、しらないからである。

第三に、権利のこの放棄あるいはこの譲渡の目的は、生命と生命に必要なものとの、保存に」――この文章のはじめの部分は、みだれているが、以上のように理解していいとおもう。(*Primò, de morte intentata……) Idem de Vulneribus & Incarceratione dicendum est Secundò, Ius contra vim se defendendi necessariò retinetur; ――かっこ、アスタリスク、点線については、説明がない。

三 10「意図する」→「理解される」

三 10―13「かれがそうする……すぎないのである。」→「かれがそうするつもりであったとしても、それは意志によってではなく(無知によって)そのことばとそのしるしの力を、理解しないのだと、考えるべきである。」

三 14 改行しない。

三 15「あるものに対する」欠。

三 15「そのもの自体の……ひきわたし」→「そのものの譲渡またはひきわたし」

三 16―三 1「すなわち……かもしれない。」→「購買や販売のばあいにそうであるように、ものは貨幣または商品とひきかえに、権利とともにひきわたされ、あるいは、ものがひきわたされるまえに、権利がひきわたされることもある。」

三 2―7「かれの側では……あるいは誠実」→「ものをひきわたし、すなわち、他方よりさきに履行することもありうる。そのばあいには、かれは相手に信用を与える、あるいは相手を信頼する、といわれる。

この人の約束は契約」

三三 9—13 「相互的でなく……ことをあらわす。」→「相互的であり〔否定詞脱落〕、契約者の一方がその権利あるいはものを、相手から友情または便宜をうけることを希望して、あるいは他人の評判をつくりだすために、あるいは慈善として、ひきわたすばあいは、ひきわたしは、寄附および恩恵と名づけられる。」

三三 14—三三 2 「契約のしるしは……約束とよばれる。」→「契約の表現されたしるしは、ことばである。それは、現在または過去にかんするものでなければならない。すなわち、私は与える、私は与えた、私はゆるす、私はゆるした、のようにである。もしそれが、将来にかんするもの(私は与えるだろう、私はゆるすだろう、のように)であれば、権利を譲渡するという約束をふくむとしても、そのときにはまだ、なにも譲渡しない。」

三三 3 「しるし」→「契約のしるし」

三三 8—三四 4 「ものであり……しないのである。」→「ものであるならば、寄贈の十分なしるしではない。すなわち、私は明日与えようということばは、まだ与えていないことをしめし、したがって権利は譲渡されたのではなく、保持されているのだからである。しかし、それが、私は与えるとか、それを明日もつようにいま与えたとかいうように、現在または過去にかんするものであるならば、そのばあいには、明日の権利はたしかに譲渡されるのであり、意志のしるしがほかになにもなくても、ことばによってそうなのである。『私はこれが明日あなたのものになることを欲する』と『私はそれを明日あなたに与えるであろう』とのあいだには、おおきなちがいがある。すなわち、前者の『私は欲する』は現在の確実な意志を示し、後者は、未来の、したがって不確実な、したがって存在しない意志を示す。なぜなら、だれも自分の明日の意志の主人ではないからである。したがって、前者においては、権利は、現在に属するものと理解される。」しかし、後者には私は欲する volo ということばは、ふくまれていない。

二三四　4―9「しかし……はしらせなかった」↓改行「競争において、終点にさいしょに到着したものに対して、競技主催者は賞を、未来のことばで約束するが、無償贈与であるにもかかわらず、賞は当然かれに帰属するのであり、なぜならもし、そうなることを欲しなければ、主催者はかれらを競争にまねかなかった」

二三四　11―17「ことばが現在……義務的なのである。」↓「未来のことばによっても、権利の譲渡が相互的であればまちがいなく、そうである。すなわち信約するものは、かれの信約の原因であった利益をいまうけとったということによって、かれの権利の移譲に同意したと、理解されるからである。そうでなければ、かれが信約した相手は、実行しなかったであろう。交換、売買、およびその他の契約において、信約は契約とおなじ力をもつ。」

二三五　1―二三六 10「契約のばあいに……ということである。」↓「契約において、さきに履行するものは、相手の履行を、債務とする。同様に、競争において、あるいは貨幣をなげて先につかんだものに与えるばあいでさえ、賞金は、勝利者あるいは先につかんだものの、権利に属する。すなわち、競争自体が、権利の譲渡を宣告するのである。」

二三六　11―二三七 4「当事者のいずれもが……ひきわたすのである。」↓「しかし、もし契約において、契約当事者の双方が、即座の履行ではなく、将来のある特定の日の履行を義務づけられるとすれば、そういう契約は、まったくの自然状態すなわち戦争においては、なんであれ不履行のうたがいが生じるならば、無効である。都市においては、そうではない。すなわち、まえのばあいには、はじめに履行するものにとっては、相手の履行が確実ではないが、都市においては、強制があるから、それが確実である。したがって、強制する共通の力がないところでは、はじめに履行するものは、かれとかれのものとをまもるという自然権に反して、かれ自身をうらぎって敵にひきわたすのである。」

二三七　5―8　「しかしながら……義務づけられるのである。」欠。

二三七　10―11　「なにか……その他の」欠。

二三七　12　「阻止することとして容認される」→「阻止す」

二三七　14―15　「それを……あるかぎりで」→「そのなかにあるかぎりのものの使用を同時に」

二三七　15―16　「牧草その他……だと理解され、」→「同時に草と、土地に生じたりそのうえにたてられたりするすべてのものを、売却する。」

二三八　1―2　「裁判の運営のための為政者たち」→「為政者たちおよび公共的代行者たち」

二三八　3―6　「理性のない……信約はない。」→「意志をあらわしうることばをもたない、獣との信約は、不可能である。」

二三八　7―9　「神と信約を……はなしかけるものの」→「神との信約は、神がはなしかけ、あるいは神を代表するものの」

二三八　9―10　「なぜなら……からである。」→「そうでなければ、神がたしかに信約をしたかどうかは、わからない。」

三八 12―13 「そういう誓いを……法なのである。」→「それは不正だからである。反対に、自然法が命令するならば、それはむだであって、なぜなら、義務づけるのは、誓いではなくて自然法なのだからである。」

三八 15―三九 1 「(なぜなら……いるのである。」→「なぜなら、意志の行為である熟慮は、つねに未来に関するもの、そして、その信約をする人がなしうると推定したことに関するものと、考えられるからである。」

三九 5 「いつわらない」欠。

三九 5―6 「だれも……義務づけられえない」欠。

三九 8 「義務づけ」→「信約全体」

三九 12 「義務的」→「有効」

三九 12―13 「または役務」欠。

三九 13 「それに」→「実行するように」

三九 14 「便益をえて……役務をえる」→「生命についての権利を譲渡し、他方が貨幣についての権利を譲渡する」

三〇 2 「恐怖」→「免除」

三〇 4 「責務を解除するまで」→「禁止しないかぎり」

三〇 7 「私は合法的にやぶりえない」→「履行しないのは非合法な」

三〇 9―11 「自分の権利を……無内容な」→「与えられた権利は、明日はない」

二三〇 12 「力によって」欠。

二三〇 13 「つねに」欠。

二三〇 14 「死」↓「死のくわだて」

二三〇 14―15 「どんな権利を……唯一の目的」↓「すべてのものに対してもつ自然権を放棄する理由」

二三〇 15 「譲渡または」欠。

二三〇 16―17 「したがって……しない。」欠。

二三一 1 「してもいい」↓「してもまったくいい」

二三一 3 「抵抗しない……現在の」↓「確実な」

二三一 3―4 「抵抗における死の危険」↓「抵抗による危険」

二三一 4―6 「このことは……容認されて」↓「有罪判決をうけたものを牢獄あるいは死へ、武装してつれていくすべての人は、それを知って」

二三一 9 「各人が裁判官である」↓「判決がなにもない」

二三一 11 「恩人」↓「その他の親戚」

二三一 12 改行しない。

二三一 14―15 「そして……拘束されない。」欠。

二三一 16―17 「真実を……べきものだ」↓「拷問は探索にしか役だたない」

二三二 1―2 「拷問されるものを……べきではない。」↓「拷問されるものを楽にすることを目ざしていて、拷問するものへの教示を目ざしていない。」

三三 6―8 「それを強化するには……誇りかである。」→「それに役だつのは、ふたつのことしかない。それはまさに、信約の破棄からくる損害への恐怖か、(無能のしるしである)欺瞞を軽蔑することである。」

三三 8―10 「あまりにまれに……とくにそうである。」→「きわめてまれで、計算にいれるべきでない寛大さによる。」

三三 11 「あてにされるべき……対象が」→「考慮される恐怖は、二種類だけで」

三三 12 「霊の力……させるであろう」→「力と」

三三 14 「宗教であり」→「宗教によるのであり」

三三 15―16 「後者は……もってはいない。」→「第二の恐怖は、都市とともにうまれ、しかし(都市のそとでは)人びとをその信約の履行に強制するには、十分ではない。」(*extra Civitatem)となっているが、アスタリスクとかっこをつけた理由はわからない。ホッブズによる原稿訂正の一例とも考えられる。

三三 2―4 「協定された……なにもありえない。」→「人間のさまざまな欲情に抗して信約を確保しうるものは、人びとが神とよび、さまざまな儀礼で崇拝する、見えない力への、恐怖のほかにはない。」

三三 4―6 「政治権力に……すべてである。」→「信約を強固にするために、両当事者にとって必要とおもわれたのは、かれらがおそれていた神によって、信約をまもることをちかうことであった。」

三三 7―8 「履行しなければ……神にもとめること」→「約束を履行しなければ、神に対して、復讐をよびかけること」

三三二　9　「ころす」→「いけにえにする」

三三二　12　「誠実」→「誓約」

三三二　14—16　「もの以外の……存在しない。」→「宗教にしたがった誓いでない形式の誓いは、たしかではない。また、誓う人の神によるのでない誓いは、誓いではないということも、あきらかである。」

三三三　16　「ある時代には人びとは」→「ある異教徒たちは」

三三三　17　「恐怖やへつらいから」欠。

三三四　2—4　「不必要なのに……不敬虔な慣習」→「要求されないのに、自発的にたびたび誓うのは、ほんらい誓いとよばれることではなく、神の名の乱用であって、それはあらゆることを過度のはげしさをもって主張するという、悪習から生じたの」

三三四　6—8　「神のまえでは……拘束しない」→「宣誓がなくても自然法の力によって拘束するのであり、非合法であれば、宣誓があってさえ、拘束しえない」

第十五章

三三六　2—3　「保留されて……第三者に譲渡」→「人びとのあいだの平和をさまたげる権利を放棄」

三三六　4　「むすばれた」欠。

三三六　4—6　「いうのであって……あるのである。」→「いうのである。これがなければ、すべてのものに対する権利を放棄することは意味がなく、すべての人のすべての人に対する戦争は、持続する。」

二三六　7　「この自然法の……と起源」→「この法のなかに正義の本性」

二三六　9　「各人は……対する権利」→「すべての人はすべてのもの」

二三六　9―10　「どんな行為も……ありえない。」→「なにも不正ではない。」

二三六　10　「しかし……不正である。」欠。

二三六　10―11　「それで……ほかならない。」→「そこから、不正義の定義があきらかになる。不正義とは信約の不履行であり、あるいは（おなじことだが）与えられるという信頼の破棄である。」

二三六　15―二三七　1　「そこには……ありえない。」→「信約の不履行は、不正義ではない。」

二三七　1―2　「人びとが……ないのである。」→「すべてのものに対するすべての人の権利が持続しているならば、おこなわれない。」

二三七　2―7　「正と不正という……なにもないのである。」→「正と不正という名称は、信約の破棄を処罰することができ、各人に対して信約によってえられた財産を保証することができるような、政治権力よりまえには、使用されない。」

二三七　9―13　「自分のものが……不正ではない。」→「かれのものがないところ、すなわち所有がないところには、不正義は存在せず、都市がないところには、所有はない。」

二三七　13　「本性」→「本質 essentia」

二三七　13　「有効な」欠。

二三七　14―15　「人びとに……とともにのみ」→「都市の設立とともに」

二三七 15 「はじまるのであって……はじまるのである。」→「はじまる。したがって、都市〔国家〕とものの所有と正義とは、同時にうまれるのである。」

二三七 16—17 「心のなかで……口にだしても」→「正義は存在しないと」

二三七 17—二三八 4 「そのばあい……反しない」→「各人はかれ自身だけの保存に気をくばる。したがって、自分の利益になるとおもわれることだけをおこなうのは、すなわち、信約をむすんでもむすばなくても、意のままにそれらをまもってもまもらなくても、合理的なのだ」

二三八 4—9 「かれはそのさいに……たずねるのである。」→「信約を実行するのが合法的で、それをまもることが正義とよばれる、破棄が不正義とよばれるということを、かれは否定しない。しかし、かれは（神へのおそれをとりさったので）、不正義がただしい理性と両立しうると、いうのである。」

二三八 10—13 「獲得される。しかし……べきではない。」→「獲得される（とかれはいう）。しかし、もし人がそれを不正な暴力によって獲得しうるならば、そのような暴力によって獲得しないことは、ただしい理性に反しないであろうか。なぜならそれは、あなたになんの害悪ももたらさず、最高善をもたらすのだからである。そしてもし、それが理性に反しないならば、どうして正義に反するだろうか。」

二三八 13—15 「以上のような……ゆるしてきたのである。」→「このような推理から生じたのは、たとえば、ある人びとにとって、成功した邪悪さが、能力と評価されることであり、誠実さは、すくなくとも支配するためであるならば、破棄されることである。」

二三八 16 「息子のユピテルによって廃位」→「ヨウェによって天から追放」

二三八 17—二三九 3 「それは……無効になるであろう。」→「われわれの法律家たちのうちのある人びともまた、王位継承者が、もし反逆者であっても、王が死ぬならば、かれが継承せざるをえないと、考えていた。」

二三九 3—6 「これらの例から……よんでもいいが」→「そのような犯罪が、どんな名称でよばれようと」

二三九 8 「理性に反するものではありえない。」→「理性に反しない(とかれはいった)。」

二三九 10—11 「約束する……保証がないところ」→「強制権力が存在しない、人間の自然状態」

二三九 12—14 「当事者の一方が……という問題がある。」→「強制権力が存在し、相手が約束を履行してしまったばあいには、問題は、〔当方が〕回避することが理性に、したがってかれ自身の利益に、一致するかどうかということである。」

二三九 14—15 「そして私は……反しないという。」→「私は、たしかに理性に反し、慎慮を欠くという。」

二三九 16—二四〇 2 「第一に……するのではない。」→「すなわち、第一に、都市のなかで、もし人があることをおこない、そのことが(予見と理性が知りうるかぎりで)かれ自身の破滅にむかっているとして、それにもかかわらずなにか予想外のことがおこって、幸福な結果をもたらすとしよう。その行為はそれでもやはり、慎慮を欠くものであって、なぜなら、そういうことは予想されなかったからである。」

二四〇 2—二四一 1 「第二に……がまんするのである。」→「しかし、各人が各人の敵であるような自然状態においては、だれも同盟者の援助なしには、確実に生きることができない。だが、信約の不履行が理性にかなうと考える人を、だれが(人が自己防衛のために相互の信約によって加入する)社会に(無知からでなければ)うけいれるであろうか。あるいは、受容してしまったばあいに、まもるであろうか。したがって、かれが拒否されて破滅するか、人びとの無知のために拒否されないか、いずれにしても、そのことはただしい理性に反するのである。」改行しない。

二四一 2—4「なんらかの……まもることである。」→「もちろん、天の王国もまた不正義によって獲得されるという想定は、ばかげている。それは正義によってのみ、獲得できるのである。」

二四一 5—8「そして……理性に反する。」→「さらに、人が王国を反乱によって獲得すると想定しても、その獲得自体がただしい理性に反する。ひとつにはそのようなことの成果は、はじめからすこしも確実でないからであり、もうひとつには、そのような実例は他の人びとに、まさにおなじ大胆さを、かれにむけることをおしえるからである。」

二四一 8—10「正義すなわち……これはひとつの」→「信約の遵守は、理性の規則すなわち」

二四一 11「これより先にすすんで」欠。

二四一 11「地上での人間の」→「現在の」

二四一 12「死後の永遠の」→「永遠の生命の」

二四一 13「役だつかもしれない」→「ときどき役だつ」

二四一 13「合理的で」欠。

二四一 14—15「かれら自身の……反乱したりする」→「自分の王を、宗教戦争という口実で、追及し廃位し殺害する」

二四一 15「値うちのある仕事」→「敬虔な行為」

二四一　16―二四二　3　「自然的知識は……よばれえないのである。」→「科学 Scientia は存在せず、超自然的にそれについて知っているとか、あるいは超自然的にそれを知った他の人びとからうけとったとか、主張する人びとへの信頼があるだけで、こうしてつぎからつぎへさかのぼるのであって、こうしてそのような人びとの判断にしたがえば、信約の破棄は自然法のではなく、超自然法の破棄なのである。だが、われわれは、聖書のほかには、超自然法をもたない。そしてそれは、王への服従を維持し信約を遵守することを、いたるところで命じている。」

二四二　5―7　「遵守が……もうけるのである。」→「遵守については同意するが、異端者たちに対しては、例外とするのである。」

二四二　7　「理性に反する。」→「不公正 iniquum である。」

二四三　8―9　「むすばれたわれわれの……十分であった」→「信約破棄の十分な理由であるとすれば、信約をしない十分な理由でもあった」

二四三　12―二四三　9　「態度の理性に……意味されているのである。」→「態度や考えかた morem vel habitum が有徳か不徳かをあらわす。こうして、各人にかれが権利をもっているものを与えようという恒常的な意志をもつ人は、ただしいのであり、かれの諸行為がときどき不正であったとしても、かれが正義を愛していて、自分が不正をおこなったことを責めるならば、また、それが内心でおこなわれたとしても、おこなったことを後悔するならば、また、もしなにか損害がひきおこされても、できるかぎり補償するならば、そうなのである。これに反して、不正な人は、正義を無視する人であって、かれが恐怖またはほかの不利な理由で、だれにも害を与えないとしても、そうなのである。真の正義をつくり、つねにそれに固有の色あいを与えるものは、いかに詐欺や不誠実をおこなわざるをえなくなっても、それを人に軽蔑させる度量である。〔改行せずに〕正しい行為は、人に(正しいではなく)罪がないという名称を与え、反対に不正なすなわち有害な行為は、不正なではなく有罪なという名称を与える。」

二四三 13—14 「態度の不正義とは……なのである。」→「人間の不正義とは、侵害しようという気持をもっていることであって、侵害がおこなわれるまえでも、しようという意志だけで、その人は不正義にされる。」

二四三 15 「個別的な」欠。

二四三 16—二四四 3 「ひとりの人が……ありえなかったのである。」→「侵害がある人におよびながら、その侵害から生じる損害は、別の人によってなされるということが、たびたびある。たとえば、主人がある人に借金があって、召使に返済を命じ、召使がそれを実行しないというばあいがそうであって、主人に対する侵害は召使がしたことだとはいえ、債権者に対する侵害は主人がしたのであり、なぜなら、債権者と信約をむすんだのは、主人であって召使ではないからである。」債権者に対して、契約違反という侵害をするのは主人であり、債務不履行によって現実に損害を与えるのは召使だ、という意味であろう。

二四四 4—6 「コモン-ウェルスにおいても……コモン-ウェルスの人格」→「社会状態においては in statu civili 私人たちはそれぞれの負債をゆるすことができるが、強奪をゆるすことはできない。なぜなら、それは公共に対する負債のようなものであり、したがって都市」

二四四 7—14 「ある人に対して……ないのである。」→「同意している人に対してなされることは、侵害ではない。すなわち、そのことがなされないという信約がなければ、それは侵害ではありえない。信約があっても、義務づける側の意志によって、信約相手の義務が解除されているのである。」

二四四 17 「契約される」→「交換される」

二四四 17 「価値」→「価格 pretium」以下おなじ。

二四五 2 「あるいは……与えること」欠。

二四五 3 「契約される」欠。

二四五 4 「かれらが与えるのに満足する」→「買手と売手が同意する」

二四五 5―7 「(一方の側での……むくいられる」→「(契約において最初に履行するものが、他方の側の履行にあたいするといいうるばあいをのぞけば)権利にではなく恩恵による」

二四五 8 「それがいつも説明されている」→「私が説明する」

二四五 9―10 「賃貸借……の履行」→「相互的な贈与と受容、賃貸借、交換、およびその他の契約行為についての、信約の保持」

二四五 11―16 「いいかえれば……自然法なのである。」→「もしかれが(かれら〔仲裁をうけるもの〕がかれを信頼するのだから)信頼にこたえるならば、かれは両当事者にそれぞれに属するものを与えるのであって、その正義は、公正にほかならない。」

二四六 1 「すなわち先行の無償贈与」欠。

二四六 3 「善意」→「善行」

二四六　4—5　「贈与は意志によるもので」欠。
二四六　6—7　「仁慈や信用の……もないであろう。」→「仁慈ははじまらないであろうし、相互の信頼と援助、敵との和解の、理由はないであろう。」
二四六　7—10　「そうすれば……おなじ関係をもつ。」→「したがって人びとは戦争の状態にとどまるのである。それは、平和をもとめることを命じた第一の自然法に反する。」
二四六　11—12　「従順であって……努力すること』」→『各人は自己を他の人びとに順応させること』
二四六　17　「なりえないために、建築をさまたげる石」→「なりえない石」
二四七　2　「他の人びとには……と努め」→「隣人に必要なものをあらそい」
二四七　3—4　「社会にとって……だからである。」→「社会から拒否される。」
二四七　5　「保存の」→「保存とその」
二四七　7—10　「したがって……よばれる。」→「第一の自然法に反することをおこなうのである。」
二四七　13　「平和を」→「平和を、それをもとめる人びとに」
二四七　14　「将来について保証を与える」→「悔いあらためる」
二四七　15　「平和を嫌悪する」→「平和と無縁の精神の」
二四七　16—17　「(それは……ことである)」欠。
二四八　2　「他の人びとの指導」→「見物人に用心させるための忠告」
二四八　3　「もとづいて」→「もとづいて、すぎさったことを」

二四八　4—8　「実例……ふつうに」→「復讐は、将来の利益を目ざさないならば、エピカイレカキア〔悪意〕であり、それは、他人がうけている害悪からひきだされる、むなしく無益なかちほこりである。したがってそれは、理性に反し、また、むなしく余計なものについてあらそうことを禁じている自然法に反する。この法のじゅうりんは」

二四八　10—11　「たいていの……あるから」欠。

二四八　12—13　「この法の……とよばれる。」→「この法が禁止するのは、傲慢である。」

二四八　14—16　「どちらが……不平等性」→「人びとのあいだでの序列についての問題は、自然状態においては存在しない。そういう区別」

二四八　17　「かれの学説の基礎」→「そこでの原理」

二四九　1—3　「より賢明だ……意味して)」→「支配するのにふさわしく、たしかに賢明な人びと(すなわち、かれのような哲学者たち)であって、他の人びとは奉仕するにふさわしい(まちがいなく、身体強健だが知能が粗雑な人びと)」

二四九　4　「主人と召使」→「支配と隷属」

二四九　7　「いないし」→「いないのではないか。」

二四九　7—9　「また……ないからである。」→「同様に、賢明だとおもっている人びとが強健な人びとと、力ずくであらそうばあいに、勝利をえることは、まれであるどころか皆無である。」

二四九　12　「ないから、」→「ない。したがって」

二四九 12—13 「そして……をおく。」→「そして第九の自然法は、『すべての人びとはかれらのあいだで、自然によって平等である』ということである。」

二四九 14 「戒律」→「法」

二四九 15 「もうひとつの」→「第十の」

二四九 17—二五〇 9 「平和をもとめる……ものへの欲求である。」→「人は、かれの生命を維持するために、自然権のうちの一定のものを放棄するとともに、かれ自身の身体への配慮のための、一定の権利、すなわち火、水、空気およびその他の、それなしには人が生きることができないようなものを、享受する権利を保持しなければならないのだが、もしだれかが、他の人びとがもつことをかれが容認するよりも、おおくの権利を自分が保持することをもとめるならば、かれは先行の法に反するのである。いまのべている法のじゅうりんを、ギリシャ人はプレオネクシア、ラテン人はアロガンティアとよぶ。」

二五〇 10—14 「また、もし……原因なのである。」→「もし、権利についての論争において、判決が、信頼された仲裁者にゆだねられるならば、それは、『両当事者に対して平等であること』という第十一の自然法である。そうでなければ、論争を終結させることはできない。したがって、争論において平等でないものは、それだけ仲裁と正義を除去するのであって、そのけっか、平和をも除去し、そのことは第一の自然法に反する。」

二五〇 15—17 「この法の……とよばれる。」欠。

二五一 1 「もうひとつ」→「第十二」

二五一　2―3「できるならば……もつ人びとの」→「共同で使用すること、そして、できるならば、量がゆるせば制限なしに、そうでなければ使用者の」

二五一　4「そうしなければ……公正に反する」→「そうでなければ、分配は平等でありえない」

二五一　6「そのばあいには、公正を規定する」→「そういうものについては、第十三の」

二五一　7「をもとめる。」→「とさだめた。」

二五一　7―9「なぜなら……からである。」欠。改行しない。

二五一　11「競争者」→「当事者」

二五一　12―13「(ギリシャ人は……意味する)」欠。

二五一　15―16「若干の……されるべきである。」→「あるいはさいしょの生誕者に取得される。それが第十四の自然法である。」

二五一　17―二五二　2「『平和を……だからである。」→「第十五の自然法は、『平和の仲介者たちは、往復について完全に自由であること』である。すなわち、目的として平和の探求を命じる法は、手段としてその仲介者たちの保護を命じるのである。」

二五二　3―10「そして……属するのである。」→「しかし、自然法を遵守する人びとのあいだでも、つぎのような問題が生じうる。第一は、事実(行為)があるかどうか、第二は、(事実があるとすれば)それが正しいか不正かであって、その第一は事実についての論争、第二は権利についての論争とよばれる。争論の当事者たちが、第三者の判決にしたがうことについて相互に一致しないならば、戦争は継続する。他方、この第三者は、仲裁者とよばれる。こうして、第十六の自然法は、『仲裁者の判決にしたがうこと』である。」

二五二 11―15 「自分の便益の……存続するのである。」→「すべての行為において、自分の利益を目ざすのがふつうであるから、『だれも自分自身の訴訟事件において、仲裁者たりえない。』これが第十七の自然法である。」

二五二 17―二五三 4 「どんな訴訟事件に……存続するのだ。」→「『どんな訴訟事件においても、一方の勝利から、利益、名誉、快楽が生じてくるのがあきらかな人は、だれでも、その事件の仲裁者としてうけいれられるべきではない。』人間の本性によって、そのような仲裁は、腐敗させられる。これが第十八の自然法である。」

二五三 5―8 「そして……ゆだねられるからである。」→「第十九の自然法は、『事実の問題については、証言にしたがって判決すべきだ』ということである。争論の一方を他方より信頼することは、平等に反し、したがって、第十一の自然法に反する。」

二五三 9―13 「人間の保存の……適当でもない。」→「人間を平和に保存するのに役だつ、自然法である。そのほかに、個々人の破滅にいたる、あらゆる種類の不節制がある。しかし、それらは、個人の本性にかかわることであり、現在の理論体系には属しないことでもあるので、除去される。」

二五三 15―二五四 8 「注意されえないように……ないであろう。」→「理解されないと、人はいうかもしれない。かれらの大部分は、食物や快楽をえるのにいそがしいからである。それにもかかわらず、もっともにぶい精神にさえも、言訳の余地なく、聖書はそれらを、つぎのひとつのみじかくまったく明瞭な文章に要約した。『人びとがあなたに対してするようにと、あなたがのぞむすべてのことを、かれらに対しておこなえ。』そして哲学者たちは、『あなたに対して人がおこなうのを、あなたがのぞまないことを、他人に対しておこなうな。』自然法の全体を理解する方法は、つぎのようにすることしかないのであって、すなわち、われわれが他の人びとの諸行為を、自分たちのそれと比較するために秤にのせるとき、われわれ自身の情念が重さをつけくわえないように、かれらのものを反対の皿にうつすということである。」

二五四 10—二五五 1 「それらは……もとめるのである。」→「それらを侵犯することは、本来の犯罪ではなく悪徳とよばれる。しかしそれらはつねに、外面の法廷においては拘束しない。というのは、他の人びとがそれらを無視しているのに、それらを遵守することは、かれらの餌になることであって、すべての自然法の基本、すなわち自然の保存に、反するからである。しかし、他の人びとがそれらを遵守するという保証があるのに、それらを遵守しないのは、平和をもとめず戦争をもとめることである。」

二五五 4—5 「目的は法に……なのだからである。」→「意志は法に反している。すなわち、内面の法廷においては、精神 animus だけが、とがめられるのである。」

二五五 6—8 「自然法は……ありえないからである。」欠。

二五五 9—12 「意欲と……法にかなうものは」→「意欲することだけ、ただし、恒常的で真剣な意欲を、義務づけるのだから、遵守するのは容易である。努力だけで十分なのだ。それらを遵守しようとできるだけ努力する人は、それらを遵守するのであり、」

二五五 13—14 「そして……道徳哲学である。」↓「諸自然法の真実で唯一の科学が、倫理学 ethica である。」
二五五 14 「なぜなら、道徳哲学は」↓「しかし倫理学は」
二五五 15 「ほかならないからである。」↓「ほかならない。」
二五五 15—16 「善と悪は……ちがっている。」↓「だが善と悪は、おなじことがらがちがう人びとによって、人びとの好悪、習慣、学説がちがうのに応じて、ちがってよばれるのである。」
二五五 17—二五六 4 「そして……とよぶのだ。」↓「そしておなじものごとが、おなじ人によって、かれの意志の変化に応じて、ときには善、ときには悪とよばれるのだ。」改行。
二五六 5—6 「私的な欲求が……にあり、」↓「私人たちが善悪の尺度をつくっているかぎり、人びとは万人対万人の戦争状態にある。」
二五六 6—9 「そのけっか……ことに同意する。」↓「したがって、すべての人は、平和が善であることをみとめ、それをもとめる。したがってかれらは、平和のために必要な手段が善であることを、否定できない。ところで、それらの手段は、正義、報恩、謙虚、公正、およびその他の自然法である。したがって、道徳的善は、徳性であり、その反対は、悪、すなわち悪徳なのである。」
二五六 10 「真実の道徳哲学」↓「倫理学」
二五六 10 「道徳哲学の」↓「倫理学の」
二五六 12 「平和で……としてであること」↓「なぜであるか」
二五六 13 「それらを……とするのである。」↓「諸徳性のなかに、諸情念、その中庸しかみなかったのである。」

二五六　14—15　「大胆さの……よさをつくる」→「剛毅が大胆さの原因ではなくて程度であるかのようであり、気前のよさが、贈物の原因ではなくて程度である」

二五六　17　「と防衛」「諸結論または」欠。

二五七　1　「権利によって……支配するものの、ことば」→「支配者の声であって、服従させておくすべての人びとが、まさにかれの声であることを知るようなやりかたで、はなされたり書かれたりしたもの」

二五七　2—4　「しかし……適切である。」欠。

第十六章

二六〇　1　「および人格化されたもの」欠。

二六〇　2—8　「『かれのことばまたは……人格である。』」→「『自分のあるいは他人の名前で、ことをおこなう人』である。もし、自分のであれば、本来のあるいは自然の人格《ペルソナ》であり、他人のであれば、人格は、その名前でうごいているその人の、代表である。」改行しない。

二六〇　9—10　「人格という語は……顔をあらわし、」→「ギリシャ人は人格をプロソーポンとよび、それは人間の自然の顔をあらわす。」

二六〇　10—12　「ラテン語のペルソナが……おなじである。」→「しかしラテン語では、人格はもっともしばしば、人為的な顔と解され、演劇でつかわれていた面ともよばれる。」

二六〇　12—二六一　2　「そして、それは……とかいわれる。」→「しかし、それは劇場から、面なしにではあるが、法廷にうつされ、劇場における人格がそうであったように、法廷でも役者〔行為者〕をあらわした。それは、他人の人格をにない、あるいは代表するといわれえたのであり、だれであってもその人の名前で(面はないけれども)その人の役割を演じたのである。」

二六一 2―4 「(キケローが……もちいているのだ。)」→「キケローがアッティクスに対して、私はひとりで三つの人格をもつ、私と裁判官と敵の人格であるといったとき、人格ということばを、この意味でもちいているのだ。」

二六一 4―6 「そしてそれは……よばれる。」→「したがって、代理人、代官、副王、および他人のことがらを管理するすべての人は、それらの他人の代表的人格なのである。」

二六一 10―11 「所有者とよばれ……キューリオス」→「ドミヌス」

二六一 13―15 「したがって……理解される。」欠。

二六一 16 「このことから……行為者が」→「したがって、もし行為者が、かれに与えられた」

二六二 1―4 「そして、それだから……その範囲内において」→「したがって、第十四、十五章で信約の性質についていわれたすべてのことは、代表的諸人格によってかれらに与えられた権威に応じて、なされる信約についても」

二六二 7―8 「しないし……そうである。」→「しないからである。」改行しない。

二六二 9 「本人の命令」→「他人の権威」

二六二 10―11 「もしかれが……いるならば」欠。

二六二　12　「かれのものではないのであって」↓「行為者のではなく本人の行為なのである。」

二六二　12―13　「反対に……自然法に反する」↓「なぜなら、もしそれをしなければ、それをするという信約をした行為者は法を破棄する」

二六二　16―17　「すなわち……対応保証」↓「権威づけのない信約」

二六二　17―二六三　2　「そのように……有効である。」↓「人が、行為者のことばのほかの保証を、信約するときに期待できない信約をしたならば、その信約は、行為者に対して効力をもつ。なぜなら、かれが本人になったのだからである。」

二六三　3―5　「信約が……義務づけるのである。」↓「本人が、虚偽であれば行為者が、義務づけられる。」

二六三　6　「擬制によって……ほとんどない。」↓「人格《ペルソナ》をもちえないものは、ほとんどない。すなわち、人格とは、その本性から、なにか知的なものであるが、人がその人格をになうもの〔人格化されるもの〕は、かならずしもそうではない。」

二六三　7　「無生物は……されうる。」↓「無生物の人格は、教区長《レクトール》、管理人《クラトール》などによって、になわれうる。」

二六三　8―12　「できないし……ことができない。」↓「できないが、無生物の人格をになう教区長や管理人は、それらについて支配権《ドミニウム》をもつ人びとの権威によって、行為することができる。したがって、そのような人格は、社会状態のそとでは存在しない。」

二六三　13―二六四　2　「同様に……ないからである。」↓「子どもや精神が健全でないものは、後見人によって人格をになわれうるが、それは子どもの精神が無能であるかぎりであり、都市の同意がなければ、かれは本人ではない。後見人と管理人は、市民法によってしか、権威づけられえない。」
二六四　3―5　「偶像すなわち……保有した。」→「偶像すなわち、異教徒の神がみがそうであったような、まったくの空想の産物は、人格を設定されてきた。その人格は、それらの偶像によって聖別された、動産と不動産と権利を保有した。」
二六四　6　「本人」→「けっして本人」
二六四　7―8　「そして……なかったのである。」欠。
二六四　9　「真実の神は、人格化されうる。」→「たしかに真実の神は、人格化されうるし、されてきた。」
二六四　9―二六五　1　「たとえば……生じてきたのである。」→「かれが世界を創造したのは、かれ自身の人格においてであった。人類の贖罪においては、イェス・キリストが、神の人格をになった。えらばれた人びとの聖化においては、おなじ神の人格を、聖霊がになった。そのことは、公式教理問答において、おしえられている。まさしく、『私ならびに全宇宙を創造した父なる神、私ならびに全人類の罪をつぐなった子なる神、私ならびに神の選民すべてを聖化した聖霊を信仰せよ』ということである。」
二六五　2―4　「人間の群衆は……おこなわれる。」→「多数の人間は、かれらが、個々人から権威をえたひとりによって代表されるとき、ひとつの人格とされる。」
二六五　6　「そして……になるのであり」欠。
二六五　8―10　「そして……理解される。」→「しかし、群衆は本性上、なにかひとつのものではなく、多数であるから、ひとりではなく多数の、しかも個々の、本人たちが、行為者すなわちかれらを代表する人格がいったりしたりするすべてについて、存在する。」

二六五 11「代表者」→「行為者」

二六五 13―15「そうではなくて……ひきうけない。」→「しかし、かれに与えられた権威が限定されていれば、与えられた委任にふくまれている行為についてしか、各人は本人ではない。」

二六五 17「代表が」→「代表すなわち人格《ペルソナ》が、ひとりの人ではなく」

二六五 17「かれらすべて」→「人格」

二六六 2―3「そこでは……意見なのである。」→「否定意見の、反対をうけない超過分が、その人格の、したがって全体の意見なのである。そうでなければ、その人格は(自然に反して)唖のままである。」

二六六 4―5「そして……しばしば唖であり」→「もし代表する人格が偶数からなっていて、とくに少数であれば、きわめてしばしば(否定と肯定が相互に消去しあって)、人格は唖にされ、したがって、役にたたず」

二六六 7―10「有罪とするか……真実ではない。」→「同数にわかれた意見は、かれらが有罪とできない事件について、告訴されたものを赦免するが、反対に、赦免しないことは有罪とするということではない。」

二六六 13―二六七 1「あるいは……からである。」→「もし、数が奇数(三つまたはそれ以上で、ひとりの意見が、残余の反対意見を否定するのに十分であるならば、おおくのもっとも重要なことがらにおける意見と欲求の多様性のために、その数は人格ではない。それは、唖であり、行為することができない。」

二六七 3「他人の行為を……する人と」欠。

二六七 3—5 「第二は……それをすることを」→「もうひとつは、条件的なものであって、信約の実行を、それをむすんだ人が一定のときまでに履行しないならば、ひきうける」

解説

1

トマス・ホッブズ Thomas Hobbes, 1588-1679 は、ブリストル近郊のマームズベリに、国教会牧師の子として生まれた。そのころ、スペインの無敵艦隊《アルマダ》が、イギリス侵略の機会をねらっているといううわさがあり、イングランド南部海岸の住民を恐怖におとしいれていた。ホッブズの母もその一人で、かれを恐怖による早産で生んだのである。かれは自分がこの意味で、恐怖との双生児であったと、自伝でのべている。

かれが生まれた四月五日には、スペイン艦隊はまだリスボアを出港してもいなかったが、アルマダ来襲のうわさは、すでに前年末に、沿岸都市の住民の避難さわぎをおこしたし、海岸から一〇〇キロ近くはなれているマームズベリでさえ、ホッブズの母の早産をひきおこしたのである。それにはもうひとつの理由があって、レギオモンタヌス(ヨーハン・ミュラー)の予言によれば、マリアの処女出産から一五八八年目に世界の大混乱がおこることになっていた。またメランヒトンは、一五一八年にルターが法王に反逆してから七〇年目に、アンティ・クリストがたおれ、最後の審判が迫ると、考えていた。

こうした物情騒然というときにホッブズは生まれ、その九一年の生涯(とくにその前半)は、けっして平穏ではなかった。最大の事件は、いうまでもなくイギリス革命(一六四〇―六〇年)であり、その革命のまっただなかに、『リヴァイアサン』が出版されたのである(一六五一年)。ホッブズはそのときすでに六三歳だったのだが、それまでにかれは、どのような道をあゆんできたのだろうか。

ホッブズの父親、同名トマスは、オーブリによれば、無学で短気ないなか牧師で、教会の入口で同僚をなぐったために、姿をくらました、ということになっているが、一五八七年四月に四〇歳でオクスフォードのブレイズノーズ・カレジに入学した、グロスターシャ出身のトマス・ホッブズが、父のホッブズらしい。かれが卒業したという記録はないけれども、無学でなかったことはたしかである。さらにその父ジョン・ホッブズも、一五二〇―二五年にオクスフォードのニュー・カレジにまなんで、二九年にティルズヘッド(ウィルトシャ)の牧師になったという人物だから、無学ではなかった。

しかし、同僚とのけんかは、オーブリの伝えるとおりで、父ホッブズは、一六〇四年二月二二日にマームズベリから姿をけしてしまった。残された子どもたちは、伯父フランシスの世話になり、トマスは一六〇三年から八年まで、オクスフォードのモードリン・ホール(一六〇二年にモードリン・カレジから分離した、現在のハートフォード・カレジ)で学ぶことができた。フランシス・ホッブズは裕福な手袋製造業者で、市参事会員でもあった。トマスの二歳年長の兄、エドマンドは、フランシスの業務をつぐことになる。

そのころのオクスフォードは、いうまでもなくスコラ哲学の支配下にあり、たとえば天文・地理学ではプリニウスが権威とされてコペルニクスは完全に無視されていた。他方、学生生活の退廃は、一六〇七年に絶頂に達したと、ロバートスンはのべている。したがって、ホッブズの学生生活が、幸福であったとはおもわれないが、幸運は卒業のときにやってきた。イングランド有数の裕福な名門、キャヴェンディシュ家の、初代ハードウィック男爵ウィリアム(のちの初代デヴォンシャ伯爵)が、長男ウィリアムの家庭教師をもとめて、モードリン・ホールの主任、ウィルキンスンに相談した。キャヴェンディシュがなぜウィルキンスンにたずねたのか、ウィルキンスンがなぜホッブズを推薦したのか、どちらも理由はわからないが、このことによってホッブズは、ほぼ生涯にわたって(フランス亡命期と二つのみじかい中断を除いて)、キャヴェンディシュ家と関係をもちつづけ、生活を保証されたのである。

一六一〇年に、ホッブズとウィリアム・キャヴェンディシュは、大陸旅行に出発した。かれらは、この年の五月にアンリ四世がフランソワ・ラヴェヤックに暗殺されたとき、フランスに滞在していたかもしれない。いずれにしてもこの事件は、一六〇五年の、ガイ・フォークスの火薬陰謀事件とともに、狂信的カソリック教徒の行動を、ホッブズに印象づけたにちがいない。

帰国後まもなく、ホッブズは、フランシス・ベイコンの秘書のひとりとなり、庭園を散歩するベイコンに同伴して、口述筆記をおこない、あるいはかれのエッセイのいくつか(「王国および領邦の真の偉大さについて」をふくむ)を、ラテン語に翻訳した。その時期はあきらかではないが、ベイコンの死が一六二六年であるから、一六二〇年前後と考えていいだろう。ホッブズ自身の最初の著作は、ダービーシャの丘陵についての詩 De Mirabilibus Pecci で、一六二六—二八年に書かれた。

この時期にホッブズはウィリアム・キャヴェンディシュ(二代目デヴォンシャ伯爵)とともに、ヴァージニア会社およびソマー諸島会社に参加していて、会社の運営をめぐる論争からであろうか、キャヴェンディシュとウォリック伯爵が決闘の約束をするという事件にぶつかった。国内では禁止されているからオランダで、ということになったが、国王(ジェイムズ一世)がそれをきいてキャヴェンディシュの身がらを拘束させたので、計画は実現しなかった。『リヴァイアサン』第十章(本訳書一六〇ページ)でホッブズが、私的決闘にふれたとき、この事件を想起していなかったであろうか。

2

政治思想家としてのホッブズの最初の著作は、トゥキディデスの『ペロポネソス戦史』の翻訳であった。これは一六二八年三月一八日の『ロンドン書籍商組合登録簿』にのっていて、このことは国王の出版許可を意味するが、じっさいの出版は翌年であった。このギャップは、デヴォンシャ伯の死亡(一六二八年六月二〇日)によって生じたものと、推測される。ホッブスの翻訳は、最初のイギリス訳というわけではなかったが、好評をえて、一六三四年、四八年に版をかさねた。

ホッブズ自身は自伝のなかで、「いかにデモクラシーがおろかであるか、ひとりの人が合議体より、どれほど賢明であるか」を、トゥキディデスにおしえられたとのべたが、それがトゥキディデスの意図であったかどうか、また、ホッブズが八四歳のとき(一六七二年)に書いた自伝が、一六二九年のかれの思想を正確に伝えているかどうか、いずれも問題であるとしても、ホッブズが、トゥキディデスの意図をこえて、翻訳のかたちで政治的発言をしたのだという解釈は、可能である。外交・財政問題をめぐる国王と議会の対立は、一六二八―二九年にはひとつの頂点に達し、二八年に不本意ながら「権利の請願」を承認したチャールズ一世は、二九年三月には議会を解散して、八名の有力議員を投獄した。いわゆるロード＝ストラフォード体制のはじまりである。こうした状況が、ホッブズの政治的発言を誘発したということは、十分に考えられる。

ホッブズの弟子であり保護者でもあった二代目デヴォンシャ伯の死は、一時的にではあるが、ホッブズを失業状態においた。故人が残した負債がおおすぎて、デヴォンシャ家がホッブズに支払うことができなくなったことと、故人の妻、クリスティアンがホッブズをこのまなかったことが、理由としてあげられている。それでもホッブズは、一六二九年にあたらしい家庭教師の就職口をみつけるまでは、ロンドンのデヴォンシャ邸にとどまっていた。

あたらしい弟子は、ノッティンガムシャの名門クリフトン家のジャーヴェズであって、ホッブズはかれとともに、一六三〇年にフランス各地とジュネーヴを旅した。かれらはヴェネツィア訪問を考えていたのだが、フランスとスペインのマントヴァ継承戦争がそれをゆるさなかった。そのためであろうか、ふたりは年内に帰国し、一六三〇年一一月二日には、ホッブズはふたたび、デヴォンシャ家のハードウィク邸にもどっていた。

まもなくジャーヴェズがその乱行のために父から絶縁されて、ホッブズとクリフトン家のつながりはきれてしまうが、この短期間の大陸旅行は、ホッブズに重大な衝撃を与えたらしい。それは、オーブリが伝える幾何学との出会いであって、「ある紳士の書斎」でホッブズは、エウクレイデスの『幾何学要綱』の定理四七のページがひらかれているのを見て、「こんなことは絶対にありえない」とさけんだが、熟読して納得し、「幾何学と恋におちた」というのである。オーブリは、時と所を特定しないで、そのときホッブズは「四十歳であった」とのべている。正確に四十歳ならば、一六二八年であって、ホッブズがデヴォンシャ伯の死によって、同家(チャツワースの本邸)をはなれたときであり、チャツワースの図書室でこの事件がおこったとは考えにくい。したがって、一六三〇年にジュネーヴに約ひと月滞在したときに、牧師ピエール・プレヴォPierre Prévot, 1549–1639 の書斎でのことではないかといわれているのである。いずれにせよ、このあたりから、ホッブズは、幾何学にもとづいた政治学の構築を、意図するようになったという。じじつ、マラン・メルセンヌは、一六四六年に、サミュエル・ソルピエールへの手紙で、ホッブズの『市民について』をエウクレイデスの『幾何学要綱』とくらべている。

3

一六三〇年から、一六四〇年のフランス亡命まで、ホッブズは、二代目フォークランド子爵ルシアス・ケアリ Lucius Cary, 1610?–43 のサークルに属していた。このグループは、主としてオクスフォード出身者からなり、ケアリの邸宅の地名をとってグレイト・テュウ・サークルとよばれた。このグループのメンバーのなかで、クラランダン伯エドワード・ハイド Edward Hyde, 1609–74 や法学者ジョン・セルドゥン John Seldon, 1584–1654 は、ホッブズとの関係を無視できない。すなわち、ハイドは、オクスフォードの後輩、後期ステュアート王朝の高官であっただけでなく、『内乱史』と『ホッブズ氏の「リヴァイアサン」と題する著書における、教会と国家にとって危険有害な誤謬についての、簡潔な見解と調査』の著者であったし、セルドゥンについては、『リヴァイアサン』のなかに言及がある。セルドゥンが死の床にあって牧師をよんだとき、たまたまホッブズがきていて、「男らしく書いてきたあなたが、いま女のように死にたいのか」といったため、セルドゥンは牧師を部屋にいれなかったという、エピソードがのこっている。

ホッブズは、もうひとつ、ウェルベック・サークルにも参加していた。これはのちのニューカスル侯、ウィリアム・キャヴェンディシュ William Cavendish, 1593–1676(ホッブズが教えた二代目デヴォンシャ伯のいとこ)のウェルベック邸にあつまった人びとで、ベン・ジョンスン、ジョン・ドライデン、ウィリアム・ダヴナントなどの文人をふくみ、ホッブズにとって特に重要だったのは、ウィリアムの兄、チャールズ・キャヴェンディシュ Charles Cavendish, 1591-1654 であった。ホッブズが光学のような自然科学的主題に関心をもったのは、チャールズとその友人たちの影響によるものであろう。チャールズは、かれ自身が数学者であっただけでなく、イングランドおよび大陸の自然科学者のパトロンであったから、ホッブズをメルサンヌやガセンディに紹介したのも、かれであっただろう。一六三四―三六(または三七)年の三度目の大陸旅行のときに、ホッブズがガリレオ・ガリレイに会ったことについても、キャヴェンディシュ兄弟の示唆と援助が考えられる。ウィリアムもまた、ガリレオ・ガリレイの仕事に関心をもち、ホッブズにガリレイの『対話』の入手を依頼したほどであった。

キャヴェンディシュ家の三人(二代目デヴォンシャ伯、ニューカスル侯、チャールズ・キャヴェンディシュ)のうち、デヴォンシャ伯はすでになく、ホッブズは三代目(William Cavendish, 1617-84)の家庭教師として厚遇されてはいたが、二十歳の弟子とのあいだには、知的交流といえるようなものはなかった(それどころか、ホッブズは、母と子の財産あらそいにまきこまれた)。したがって、このころのホッブズがニューカスルへの手紙で、くりかえして、ウェルベックに移りたいとのべていることは、無理もないだろう。ホッブズがのちに『法学要綱』(一六四〇年)と『自由と必然について』(一六四六年)をニューカスルに献じ、内乱にさいして国王を支持したために困窮したニューカスルに、約九十ポンドを貸したことは、ふたりのあいだの親密な関係をあらわしている。一六三六年七月二九日づけの手紙で、ホッブズは、宮廷に敵がいることをなげいたニューカスルに対して、つぎのように書いた。「あなたが世間で、あなたにふさわしいあつかいをうけていないことを知って、お気の毒におもいます。しかし、海にのりだす人はあらゆる天候にたえる決意をもたなければならないのです。といっても、私自身は陸上にとどまりたいのですが」。

ニューカスルの妻、マーガレット Margaret, née Lucas, ca. 1625–73 も、当時の女性にはめずらしく自己主張をもち、夫の伝記を書くほどの文才をもっていた。ホッブズのマーガレットへの影響はあきらかではないが、彼女が夫の見解として伝えるもののなかに、ホッブズとの類似がみられる。たとえば、「祈りをもっと多く、説教をもっと少なくすべきだ。なぜなら、多くの説教は分派をそだてあげるが、多くの祈りは献身を生むからだ」。ニューカスルが皇太子(のちのチャールズ二世)に献じた指導書や、かれのための教育方針についても、おなじことが指摘される。

こうした親近さにもかかわらず、一六四〇年にはじまる内乱は二人をひきさき、そしてグレイト・テュウとウェルベックのふたつのサークルの人びとをまきこむ。ホッブズはすぐあとでのべるような事情で、一六四〇年に亡命し、ニューカスルは、最初は私兵をひきいて、ついで国王軍の司令官として参戦して敗北し、亡命して一六六〇年まで帰国しない。フォークランド、シドニイ・ゴドルフィン、チャールズ・キャヴェンディシュ(二代目デヴォンシャ伯の次男)は戦死し、チリングワースは、捕虜として獄死する。

4

ホッブズの亡命は、手稿のまま回覧された『法学要綱』(一六四〇年――「人間本性」と「政治体について」からなる)が、国王支持とみられたことによる。手稿は回覧されただけでなく、それからすくなくとも六通の写本がつくられた。ホッブズはこの論文によって身辺に危険がせまったと感じて、亡命したのだといっているが、じっさいにそれほどの危険があったかどうかは、うたがわしい。その年の三月に三週間開催された短期議会が、王権擁護論者として知られるセント・デヴィドの主教マナリング Roger Manwaring, 1590–1653 の、上院における投票権を剝奪したことが、ホッブズに衝撃を与えたかもしれない。しかし、「逃亡したすべてのもののなかで最初」だという、ホッブズの発言は、革命のあとで、国王への忠誠の証拠としてなされたものであるから、その意味でも文字どおりにうけとるわけにはいかない。あるいは、十歳年長の友人ウィリアム・ハーヴィ(『血液循環論』の著者)がそうしたように、非戦闘員として従軍することを、もとめられるのをおそれたのであろうか。

長期議会は、一六四〇年一一月三日に開会された。ホッブズは、数千ポンドの財産をのこして、そのごまもなくフランスにわたったらしく、一六五一年末までの一一年を、亡命者としてくらすことになる。このあいだにかれは、共通の友人メルセンヌをつうじて、デカルトと知りあったし、また『哲学要綱第三部、市民について』(一六四二年)の出版によって、大陸での評価を確立していった。『市民について』は、ラテン語で、著者名はイニシャル(T・H)だけで、小部数が印刷されただけであったが、フランス人の医者(ただしすでに廃業)サミュエル・ソルビエール Samuel Sorbière, 1610?–70 は、これを高く評価して、アムステルダムで一六四七年に三つのラテン語版、四九年に二つのフランス訳の出版に成功した。この本は、一六五四年六月一六日のローマ法王庁禁書目録にあげられたにもかかわらず、パリとアムステルダムで版をかさねたのである。

メルセンヌはまた、ピエール・ガセンディ Pierre Gassendi, 1592–1655 をホッブズに紹介した。デカルトが『市民について』を危険な書物と非難し、さらにはホッブズの感覚論が剽窃であるとして絶交するにいたったのとちがって、ガセンディとホッブズは、オーブリによれば、「完全な友好関係にあった loved each other entirely」。ガセンディには、政治学の著作はないが、神学と自然哲学において、ホッブズをひきつけるものがあったようである。

ところが、ホッブズは、ソルビエールがタイトル・ページにかれを「皇太子の主任教師」として紹介したことに不安を感じた。ホッブズのソルビエールへの手紙(一六四七年三月二二日)によれば、このことは、大衆のあいだでの皇太子の人気をそこなうように、敵に利用されるであろうし、著者のイギリスへの帰国を不可能にするであろう、というのである。皇太子は、イギリス国内を転戦したのち、ハイドとともに一六四六年にオランダを経由してフランスに亡命してきた。サン・ジェルマンにおけるかれの宮廷は、王妃ヘンリエッタ・マリアのカソリック・グループの支配下にあり、ホッブズはそこでは無神論者とみられがちであったから、かれが宮廷内で皇太子の立場が不利になることをおそれたのは、理解できないわけではない。もっとも、ホッブズは、亡命者のなかで孤立していたわけではなく、王妃の秘書ケネルム・ディグビ Kenelm Digby, 1603–65 は、ふるくからの友人だったし、両キャヴェンディシュ家の人びとも、亡命してきていた。のちの共和国軍医総監で経済学者、ウィリアム・ペティ William Petty, 1623–87 は、オランダでの医学の研修をおえ、一六四五年一一月に、アムステルダムの数学教授J・ベルからホッブズにあてた紹介状をもって、パリにきた。ふたりはウェサリウスの『人体の構造について』(一五四三年)を読んだという。

ホッブズは、イギリスからの亡命者たちの情報を、よく収集していたといわれるから、形勢が国王に不利になっていくことを、知りえたであろう。チャールズ一世は、スコットランド軍に投降し、イングランド議会軍にひきわたされて、一六四九年一月三〇日に死刑に処せられた。『リヴァイアサン』は、それから二年あまりのうちに、ロンドンで出版され、その一六五一年の末には、ホッブズ自身が帰国したのである。デヴォンシャ伯は、すでに数年まえに、所領の没収を回避するために帰国し、議会に服従していたから、ホッブズの帰国も、それにさそわれるところがあったであろう。しかし、ハイドはのちにホッブズはクロムウェルへの帰国みやげに、『リヴァイアサン』を出版したのだと、非難した。

では、『リヴァイアサン』は誰のために書かれたのか。ホッブズは、革命と反革命のどちらの側にたっていたのか。

5

すでにふれたように、ホッブズの思想が攻撃をうけたのは、ふたつの点においてであった。すなわち、一六四〇年の亡命のときには、主権の絶対性を主張したこと、そして皇太子の亡命宮廷においては、無神論者とみなされたことであった。後者との関連で第三に、唯物論者、リベルタンという評判をあげておいていいだろう。ガセンディとの親交は、この第二、第三の点にかかわる。

国家主権が、国王にあるのか議会にあるのかということは、イギリス革命の主要な争点のひとつであった(もちろん、宗教＝教会問題もそうであったが、無神論や懐疑論が直接に争点となったわけではない)。ホッブズはのちに、自分は王権の絶対性を主張したのだと書いているが、これは革命後の弁明であって、トゥキディデス翻訳の意図についての説明と同様に、そのままうけいれることはできない。それぞれの著作を書いたとき、翻訳したときの、かれの意図は、かならずしもあとからの弁明とおなじではなかっただろう。

そこで、それぞれの著作や発言の真意を、その歴史的文脈からあきらかにすべきだという、思想史方法論のひとつの立場が成立する。ところが、歴史的文脈をことごとくほりおこし確認することは、不可能であるし、そのさまざまなファクターの関係や比重まで確定するとなれば、逆に研究者の主観がはいりこみやすい。それならばむしろ、研究者の現在の問題関心から過去の思想を解釈するほうが、思想の歴史的評価とよぶにふさわしいのではないか。ホッブズ研究史上、ウォリンダー対スキナー(ケンブリジの歴史学対オクスフォードの哲学)の論争といわれるものの、基本的な対立点は、こういうことであろう。ふたつの方法論は、真向から対立しているようにみえるが、いずれもその思想家の「真意」(著作にあっての真の意図と、その著作の現代における真の意味)を強調する点で、奇妙に一致する。かならずしも一方が客観的で他方が主観的であるとは、いえない。双方に欠落しているのは、誤解をふくめた解釈史への顧慮であって、ホッブズの思想がさまざまにうけとられてきたことこそ、その真実の姿なのではないか。念のためにいっておくが、歴史上のさまざまな解釈をよせあつめればいいというのではない。解釈史＝研究史を、有機的な統一性をもった思想史としてとらえることによって、原典の意味を把握すべきだというのである。この意味で、テニエスの先駆的なホッブズ研究は、なお生命をもっているし、またたとえばA・A・ロゴウが、『トマス・ホッブズ』(一九八六年)の副題を「反動に奉仕する急進主義者《ラディカル》」と規定したことも、同様な意味をもちうる。「革命に奉仕する反動家」といえるかもしれない。

『リヴァイアサン』におけるホッブズの出発点は、心身の能力において平等な諸個人が自然権としてもつ生存権＝自己保存権である。能力が平等で、しかも生存権は譲渡不可能であるために、自然状態として戦争状態が発生する。生きるための殺しあいという矛盾から脱却する道として、理性は、社会契約による主権の設定をおしえる。この矛盾は、ホッブズが生きるための生活資料の生産に気づかなかったためにおこったのであり、ロックも初期においては同様であったが、逆にそのために、ホッブズのばあいには、生産概念を導入した『統治論』のロックよりも、主権と人権との対決がきびしくなる。すなわち、一方では、人権＝自己保存権の絶対性のために、それを保証するために設定される主権が、人権に対して絶対性をもつという逆説が生じ（明治政府は『リヴァイアサン』を『主権論』として翻訳出版した）、他方では、それにもかかわらず、いかなる理由によってであれ、主権が臣民の人権（生命と身体）をきずつけるならば、その当人は服従義務を解除されて、抵抗または逃亡する権利（生存権）をもつということになる。主権と人権との対決において、ホッブズが抵抗権を文字どおりにみとめたとはいえないにしても、自然権の絶対性をつらぬくことによって、事実上、抵抗を当然としたのである。こうして、国家は民衆の自己保存の手段であるという、ラディカルな結論が導出される。

もうひとつの重要な問題は宗教であって、ホッブズは、『法学要綱』から『市民について』を経て、『リヴァイアサン』へと、ひとつの著作のなかで次第におおくの紙数を宗教にあてるようになった。かれは、一方ではローマ・カソリックの、宗教を利用した現世的世界支配の野心を批判し、他方では狂信的ピュアリタンの、良心＝信仰の自由にもとづく国家解体を非難して、宗教は主権の統制下におかれるべきだとするのだが、しばしば誤解されるように、国家教会が個人の内面まで支配することを考えていたのではない。内面の支配という点では、カソリックもピュアリタンも、かれにとっては同一であった。かれは、一方では国家の宗教統制を個人の外面的行為に限定し、他方では宗教＝信仰の実質を、できるだけ争論の余地のない、単純な核心（イェスは救世主である）にまとめることによって、宗教を政治からきりはなすのである。したがって、宗教の国家統制は、宗教問題としては無内容無意味になり、これは、自然状態において各人の利害に一致した善悪が、市民社会＝国家においては主権者の決定に依存するようになるのと、おなじことに帰着する。これは当時のさまざまな宗教的分派のなかでは、宗派の区別をとわずリベラルな知識人の考えかたであっただろう。ガセンディやグロチウス、それにホッブズがイギリスで参加していたサークルの人びとは、そのなかにふくまれる。

6

ホッブズによれば、旧来の主権者が臣民を保護する能力をうしなったとき、臣民が自分を保護してくれるあたらしい主権者に服従することは、自然権としての自己保存権の帰結であるから、かれの帰国は当然の行動であった。しかし、一六六〇年にステュアート王朝が復活すると、ホッブズの立場は微妙になる。ホッブズは迫害されたわけではないし、チャールズ二世の宮廷から排除されたわけでもなかったが、かれの著作の出版状況を、一六五一―六〇年と一六六〇―七九年で比較すると、王政のもとで、かれは沈黙を強いられたようにおもわれる。前の時期には、『リヴァイアサン』初版をはじめとして『人間本性』が一六五〇―五二年に五版、『市民について』のイギリス訳初版、『物体について』、『人間について』、『自由と必然について』、『修辞学』があわせて八版、全部で一五件であったが、あとの時期には、トゥキディデスの翻訳の第二版とホメロスの翻訳、初期の詩のほかには、『ホッブズ氏についての考察』(一六六二年)という弁明書しかない。『リヴァイアサン』の再版は許可されず、そのために値があがり、ふたつの偽版がでるほどであったし、リヴァイアサンに対応する題名をもったイギリス革命論『ビヒモス』(一六七九年)の四つの版は、著者の許可も政府の許可もえない海賊版であった。

ホッブズの沈黙は、攻撃の沈黙を意味しない。一七世紀でもっとも重要な『リヴァイアサン』批判とされるものは、旧友ハイドによる前掲の遺著であった。ハイドは、革命にさいしてはさいごまで国王側にあり、後期ステュアート王政の指導者であったにもかかわらず、チャールズ二世と不和になり、宮廷退去の命令をうけて、一六六七年からルーアンで死ぬまで、二度目の亡命生活を余儀なくされた。かれのホッブズ批判は、『反乱・内乱史』とともに、亡命地で書きあげられたのだが、すでに一六五九年にかれは、友人バリックへの手紙で、つぎのように書いていた。「ホッブズ氏は私の旧友ですが、それでも私は、かれが国王、教会、諸法、国民に与えた害を、ゆるすことができません。そして、たしかに、宗教、知恵、誠実のすべてを、既存の諸法への盲従に解消してしまって政治学書を書いた人の、政治学について、いうべきことは十分にあります。その本は、ヨーロッパのどの国どの州の法律によっても、不信仰で反逆的なものとして、断罪されるべきだと、私はあえていいます。したがって、その根本がくつがえされないのは、たえがたいことです。」

　このときハイドは、国教会の側からのホッブズ批判を期待していたらしいが、デリーの主教ブラムホール John Bramhall, 1594–1663 の『リヴァイアサンの捕獲』は、まさにその年に出版される。ブラムホールは、フランス亡命中に、ニューカスル公邸でホッブズと知りあい、自由意志について論争した。ニューカスルのすすめにしたがって、ふたりは自分の意見を論文にすることになったが、ホッブズの論文が、デイヴィーズというイギリス人によって(ホッブズの許可なしに)出版された。ブラムホールは、ホッブズが自分の見解(ブラムホール批判)だけを公表したことと、デイヴィーズが序文に、ホッブズは「数ページで牧師たちの厖大な著作よりもおおくの仕事をする」と書いたことに、腹をたてたのだ。ブラムホールの著書は、当時それほど問題にならなかったようだが、ホッブズが国教会から疑惑の目でみられていたことは、たしかである。

　攻撃の第三波は、ソールズベリ主教ウォード Seth Ward, 1617–89 とオクスフォードの幾何学教授ウォリス John Wallis, 1616–1703 からきた。ウォードも一六四九―六一年には、オクスフォードの天文学教授であったから、かれらのホッブズ批判は、数学上の問題だけではなく、ホッブズの大学批判(内乱の源泉)にもかかわっていた。「知的三〇年戦争」といわれるこの論争は、大学批判への反論と宗教上のホッブズ批判(ウォリスも牧師であった)のほかは、ホッブズの数学および哲学上の独創性をつきくずすことにむけられていた。批判者の側には王立学会のメンバーがあり、ボイル Robert Boyle, 1627–91 も、そのひとりであって、ホッブズとのあいだには、真空論争が(一六六一―六二、一六七四年)続いた。ホッブズは真空の存在を否定したのである。このような論争の結果、ホッブズは王立学会への加入をみとめられなかった。

ホッブズはフランス亡命時代から、中風になやまされていたが、晩年には病状が悪化した。それにもかかわらず、前述の数学論争や翻訳のほかに、ふたつの重要な政治的著作を書いた。ひとつはイギリス革命の原因をあつかった『ビヒモス』であり、もうひとつは『哲学者とイングランド普通法学者との対話』であって、前者は、一六六六—六八年ごろ書かれ、後者は、一六七〇年代なかば以降のものと、推定されている。

一六七五年から、かれはデヴォンシャ侯のハードウィクまたはチャツワース邸でくらしていたから、生活は快適であったが、大学(とくに母校オクスフォード)や教会との関係は、まったく改善されなかった。たとえば、クライスト・チャーチの学寮長《ディーン》フェル John Fell, 1625–86 は、ウッド Anthony Wood, 1632–95 の『オクスフォード大学史』の、ホッブズに好意的な記述を全部削除させたし、かれの死後一六八三年には学内で、『市民について』と『リヴァイアサン』が、人民主権と自己保存を正当化したという理由で、焼きすてられたのである。ローマ法王庁やオランダ宗教会議は、ずっとまえから、禁書目録にホッブズの著書をのせていた。

ホッブズに対する好意的な評価は、世紀末の理神論者たちにはじまり、デーヴィド・ヒュームは自分の最初の著書に、ホッブズのそれと同一の題(『人間本性』一七三九—四〇年)をつけることによって、継承の意志を表明する。

参考文献

日本のホッブズ研究書としては、つぎのものがある。

太田可夫『イギリス社会哲学の成立』一九四八年、弘文堂(改訂増補版、一九七一年、社会思想社)
水田　洋『近代人の形成』一九五四年、東京大学出版会
福田歓一『近代政治原理成立史序説』一九七一年、岩波書店
岸畑　豊『ホッブズ哲学の諸問題』一九七四年、創文社
藤原保信『近代政治哲学の形成』一九七四年、早稲田大学出版部
田中　浩『ホッブズ研究序説』一九八二年、御茶の水書房
安藤高行『近代イギリス憲法史研究』一九八三年、御茶の水書房
田中浩(編)『トマス・ホッブズ研究』一九八四年、御茶の水書房
高野清弘『トマス・ホッブズの政治思想』一九九〇年、御茶の水書房
高橋真司『ホッブズ哲学と近代日本』一九九一年、未来社

国際的なホッブズ研究書誌としては、つぎのものがある。

Charles H. Hinnant, *Thomas Hobbes, a reference guide*, Boston, 1980.
William Sacksteder, *Hobbes studies (1879–1979): a bibliography*, Bowling Green, Ohio, 1982.

＊

訳者がはじめて『リヴァイアサン』を読んだのは、一九四〇年、東京商科大学の高島善哉先生のゼミナールにおいてであった。そのとき使用したエヴリマン文庫本によって、翻訳をはじめたのは、一九四五年一〇月、セレベス島マカッサル（現スラウェシ島ウジュンパンダン）の終戦連絡所に、通訳として勤務していたときであり、第一分冊は、日本評論社の世界古典文庫62として、一九四九年三月に出版された。しかし出版社の倒産によって、第二分冊はゲラ刷のままでおわり、第一分冊の改訳版が、丸山真男、内田義彦両氏の紹介により、一九五四年二月に岩波文庫で出版された。第二分冊も、一九六四年四月に、ラテン語版との簡単な対照をふくめて出版されたが、第三・四部の売行きには出版社も訳者も悲観的だったので、出版社の方針によって、第二分冊に抄訳をつけることで、翻訳はうちきられた。そのあいだに、田中浩・水田洋共訳による『リヴァイアサン』が一九六六年に河出書房の「世界大思想9」として、出版された。これは全訳ではあったが、どうしたことか脱落がおおかった。中央公論社の「世界の名著23」の永井道雄・宗片邦義訳（一九七一年）は抄訳であるし、水田訳の誤訳を継承したところもある。

第三、第四分冊が、岩波文庫で、ラテン語版との対照をふくめて、一九八二、八五年に出版されるようになったのには、一方では読者の要望があり、他方ではトゥリコーのフランス訳と国原吉之助氏のご協力によって、ラテン語版との対照が、訳者の非力をもってしても、可能となったという事情がある。

第三、第四分冊にひきつづいて、おなじ方針で第一、第二分冊を改訳することは、とうぜんの義務であったが、ついに一〇年が経過して、その間直接には岩波書店および理想社印刷所に、多大の負担をしいることになってしまった。

本文の翻訳にあたっては、はじめからおわりまで、西川正身先生に指導していただいた。この本だけでなく、まがりなりにも翻訳というものができるようになったのは、ひとえに先生のおかげであるが、西川先生、高島先生、ホッブズ研究の先駆者である太田可夫先生、また早くから岩波文庫での出版について心配して下さった杉本栄一先生にも、完成した訳書を見ていただくことができないのである。

そのほか、完成にこぎつけるまでには、おおくの方のご協力をえた。旧第二分冊については、松平千秋・磯野富士子両氏、第三・四分冊については、加藤喜代志・安藤隆穂両氏、そしてこの第一分冊については、ラテン語版との対照部分の訳注を全部点検していただいた西村賀子氏の、お名前をあげることによってとくに謝意を表したいとおもう。

一九九一年一二月一五日　　　　水　田　　洋

読書子に寄す

——岩波文庫発刊に際して——

岩波茂雄

真理は万人によって求められることを自ら欲し、芸術は万人によって愛されることを自ら望む。かつては民を愚昧ならしめるために学芸が最も狭き堂宇に閉鎖されたことがあった。今や知識と美とを特権階級の独占より奪い返すことはつねに進取的なる民衆の切実なる要求である。岩波文庫はこの要求に応じそれに励まされて生まれた。それは生命ある不朽の書を少数者の書斎と研究室とより解放して街頭にくまなく立たしめ民衆に伍せしめるであろう。近時大量生産予約出版の流行を見る。その広告宣伝の狂態はしばらくおくも、後代にのこすと誇称する全集がその編集に万全の用意をなしたるか。千古の典籍の翻訳企図に敬虔の態度を欠かざりしか。さらに分売を許さず読者を繫縛して数十冊を強うるがごとき、はたしてその揚言する学芸解放のゆえんなりや。吾人は天下の名士の声に和してこれを推挙するに躊躇するものである。このときにあたって、岩波書店は自己の責務のいよいよ重大なるを思い、従来の方針の徹底を期するため、すでに十数年以前より志して来た計画を慎重審議この際断然実行することにした。吾人は範をかのレクラム文庫にとり、古今東西にわたって文芸・哲学・社会科学・自然科学等種類のいかんを問わず、いやしくも万人の必読すべき真に古典的価値ある書をきわめて簡易なる形式において逐次刊行し、あらゆる人間に須要なる生活向上の資料、生活批判の原理を提供せんと欲する。この文庫は予約出版の方法を排したるがゆえに、読者は自己の欲する時に自己の欲する書物を各個に自由に選択することができる。携帯に便にして価格の低きを最主とするがゆえに、外観を顧みざるも内容に至っては厳選最も力を尽くし、従来の岩波出版物の特色をますます発揮せしめようとする。この計画たるや世間の一時の投機的なるものと異なり、永遠の事業として吾人は微力を傾倒し、あらゆる犠牲を忍んで今後永久に継続発展せしめ、もって文庫の使命を遺憾なく果たさしめることを期する。芸術を愛し知識を求むる士の自ら進んでこの挙に参加し、希望と忠言とを寄せられることは吾人の熱望するところである。その性質上経済的には最も困難多きこの事業にあえて当たらんとする吾人の志を諒として、その達成のため世の読書子とのうるわしき共同を期待する。

昭和二年七月

リヴァイアサン (一) 〔全4冊〕
ホッブズ著

1954年2月5日 第1刷発行
1992年2月17日 第28刷改訳発行
2023年6月5日 第50刷発行

訳 者 水田《みずた》 洋《ひろし》

発行者 坂本政謙

発行所 株式会社 岩波書店
〒101-8002 東京都千代田区一ツ橋 2-5-5

案内 03-5210-4000 営業部 03-5210-4111
文庫編集部 03-5210-4051
https://www.iwanami.co.jp/

印刷・理想社 カバー・精興社 製本・中永製本

ISBN 978-4-00-340041-8 Printed in Japan

索　引

I　事項索引
II　人名索引
III　引照聖書諸篇索引

この索引は，第1分冊の，本文と訳注に対するものであって，訳者の解説，および目次は対象としない．

I　事　項　索　引

〜はくりかえしを，〔　〕は関連項(たとえば，おなじ原語の別の訳語)を示す．

項目の選定のしかたは，他の分冊とおなじではなく，たとえば，第3・4分冊では，「神」があまりに頻出するので，全部省いたが，この第1分冊では収録されているし，「意欲」や「感覚」などは，第1部特有の項目として採用した．

おなじ原語で複数の訳語が使用されているばあい，かならずしもすべてを収録しなかったし，逆に，多少訳語や原語がちがっていても，まとめて収録したものもある．原語としては，原則として英語をあげ，必要に応じてラテン語をあげた．

ア　行

異教徒，〜的，〜の　heathen　57, 159, 183, 189, 233, 238, 264, 323, 344, 362.
イギリス革命　34, 41, 66, 167.
為政者　magistrates　37, 135, 200, 340.
異端者　heretique　199, 242, 328, 349.
異邦人　gentiles　54, 136, 183, 187, 189, 190, 192, 194, 198, 318, 321.
意欲　desire　39, 47, 59, 60, 62, 70, 98, 99, 102-106, 110, 112-114, 117, 131, 132, 168-170, 212, 357.
運動　motion　37, 41, 44, 45, 47, 48, 52, 58, 64, 68, 78, 97, 98, 99, 101, 102, 108, 114, 125, 131, 138, 282, 284, 300.
影像　image〔造影〕　45, 48, 49, 52, 55, 58, 65, 161, 184, 189, 272, 273, 316.

カ 行

価格 price 60, 152, 153.
科学 sciene 40, 75, 76, 91-94, 118, 130, 146, 148, 152, 158, 165, 174, 207, 255, 277, 280-282, 289, 299-302, 329, 349, 358.
学芸 arts〔技芸, 技術〕 70, 85, 207, 211.
神 god 31, 37, 38, 41, 54, 55, 57, 63, 65, 75, 82, 96, 121, 122, 132-134, 136, 137, 139, 143, 150, 158, 159, 165, 178, 179, 183-185, 187-190, 192-195, 197, 198, 225, 226, 228, 233-235, 238, 264, 269, 276, 291, 295, 297, 298, 316, 317, 322-324, 326, 340, 343, 344, 346, 362.
ガリア Gallia 35, 162, 163, 166, 309.
感覚, ～ある sense, sensible 43-46, 48-51, 54, 55, 58, 64-66, 76, 77, 91, 97, 101, 102, 105, 106, 114, 118, 124, 130, 146, 149, 168, 171, 214, 272, 317.
共通感覚 common sense 55, 57.
慣習 custome〔習慣〕 130, 155, 161, 163, 166, 175, 176, 197, 200, 234, 287, 326, 328.
記憶 memory 49.
幾何学, ～者 geometry, geometrician 75, 84, 89, 91, 92, 149, 176, 280, 300.
技芸 arts〔学芸, 技術〕 150, 152, 169, 170.
技術 arts 37, 271, 274.
奇蹟 miracle 57, 197, 326.
義務 duty 38, 85, 148.
教会 church 121, 198-200, 270, 290, 327.
～的 ecclesiastique 29, 120, 270.
共感 compassion 109.
恐怖 feare 39, 60, 70, 81, 106, 109, 110, 112, 114, 132, 154, 155, 172, 179, 182, 183, 187, 191, 211, 213, 214, 227, 229, 230, 232, 233, 237, 238, 243, 247, 288, 316, 317, 336, 343.
ギリシャ, ～人 Greece, Greeks 48, 66, 77, 80, 82, 83, 95, 114, 135, 136, 160-162, 200-204, 250, 251, 257, 260, 272, 283, 307, 359.
キリスト教, ～的, ～徒 Christian 35, 38, 45, 54, 57, 83, 120, 121, 167, 198, 199, 290, 327.
勤勉 industry〔勤労〕 91.
勤労 industry〔勤勉〕 64, 211, 213, 214.
群衆 multitude 106, 132, 133, 138, 175, 195, 253, 265, 266, 362.
経験 experience 50.
計算 account 74, 77, 78, 83, 91, 211, 343.
reckoning 72-75, 79, 85-87, 89, 90, 95.
啓示 revelation 121, 190, 194-196, 228, 235, 323, 325, 326.

契約 contract 42, 68, 143, 149, 164, 221-225, 245, 338, 339, 351.
ゲルマン German 160-163, 308.
権威, ～づけ authority, authorize 32, 38, 76, 94, 121, 122, 156, 174, 182, 193, 199, 213, 261-267, 271, 314, 315, 318, 360-363.
嫌悪 aversion 98-100, 103, 109-113.
権利 right 38, 83, 148, 164, 175, 216-230, 234, 236, 237, 244, 247, 249-252, 257, 261, 263, 270, 271, 277, 310, 334-339, 341, 345, 349, 351, 354, 355.
権力 power〔力〕 32, 38, 39, 65, 209, 210, 213, 214, 227, 237, 239, 270, 271, 308-310, 327, 331, 347.
　共通の～ common power〔共通の力〕 210, 213, 226, 332.
公共, ～の, ～体, ～的 publique 95, 106, 128, 152, 153, 177, 212, 276, 285, 293, 303, 305, 306, 314, 328, 350.
公正 equity 38, 159, 175, 245, 251, 252, 256, 271, 351, 358.
国家 state 29, 35, 37, 41, 64, 193, 194, 201, 214, 264.
コモン－ウェルス 31, 34, 35, 37, 38, 41, 46, 68, 94, 100, 114, 146, 148, 150, 152, 153, 156, 157, 160, 162, 163, 187, 192, 193, 230, 236, 237, 244.

サ 行

財産 riches 38, 104, 105, 130, 131, 150, 151, 158-160, 164, 169, 196, 215.
裁判官 judge 62, 86, 100, 153, 164, 198, 227, 231, 250, 252, 253, 261, 267, 360.
自愛心 self-love 254.
私人 private man〔私的〕 32, 85, 244, 333, 358.
自然, ～的 nature, naturall〔うまれつきの→力〕 37, 38, 54, 57, 62, 71, 76, 79, 86, 98, 105, 124, 136, 137, 146, 148, 150, 156, 177-179, 182-184, 187, 189, 190, 194, 197, 207, 210, 211, 213, 214, 216, 217, 219, 229, 248-250, 252, 254, 260, 262, 291, 308, 317, 320, 323, 329, 331, 335, 357, 359, 363.
　自然権, 自然の権利 naturall right, right of nature 216, 217, 249, 340, 342, 354.
　自然人 naturall man 37.
　自然〔の〕状態 condition of nature, naturall condition 226, 227, 229, 231, 232, 237, 248, 256, 328, 333, 334, 340, 347, 353.
　自然の知力 naturall wit 124.
　自然〔の〕法 214, 216-218, 228, 236, 241, 242, 245-256, 262, 333, 341, 344, 349, 352-358.
　自然理性 naturall reason 121, 139, 196, 298, 325.

私的 private〔私人〕 95, 162, 175, 196, 199, 200, 256, 289, 295, 328.
市民 citizen 212, 270, 274, 302, 305, 310, 331, 333.
市民, ～的 civill〔社会, 政治的〕 292.
～社会 civill society 31, 34, 187, 232, 233, 253, 269.
～政府 civill government 194, 263, 264.
～的国家 civill states 29.
～的服従 civill obedience 55.
～法 civill law, lawes civill 194, 230, 248, 325, 362.
社会 society〔社会, 市民～〕 41, 68, 86, 172, 211, 214, 240, 246, 247, 255, 276, 347, 352.
～状態 civill state, state civill 227, 231, 263, 320, 350, 361.
～的名誉 civill honour 157.
～哲学 civill philosophy 148, 301.
社交 society 105.
自由 liberty 31, 88, 110, 116, 172, 209, 213, 216-218, 229, 279, 333.
～な free 88.
習慣 custome〔慣習〕 56, 108, 255, 294, 322, 358.
～的 habituall 132.
宗教 religion 54, 106, 116, 147, 178, 179, 181, 182, 186, 187, 189, 190, 192, 194-200, 232, 274, 320-327, 343, 344, 348.
～改革 Reformation 200.
主権 soveraignty 37, 38, 215, 241.
～者 soveraign 38, 148, 156, 157, 165, 213, 227.
～者権力 soveraign power 162.
情念 passion 39, 59, 61, 70, 81, 86, 103, 105-108, 112-114, 125, 130, 131, 133-135, 139, 149, 169, 175, 187, 190, 211, 212, 214, 226, 232, 243, 254, 287, 288, 320, 322, 331, 333, 357, 358.
所有, ～権 propriety 214, 215, 236, 237, 261, 263, 345.
信仰 faith 54, 90, 120, 121, 122, 144, 145, 195, 197, 198, 200, 290, 291, 326-328, 362.
belief 192, 193, 196, 197, 242.
～箇条 credo 120, 290, 326.
臣民 subject 88, 139, 148, 156, 163, 187, 199, 212, 213, 279, 333.
信約 covenant 38, 194, 222, 224, 226-246, 261-263, 267, 339-343, 345-349, 351, 360, 361, 364.
慎慮, ～ある prudence, prudent 62-64, 67, 88, 91, 93-95, 129, 151, 152, 207, 294, 329, 347.
推理 ratio, reason〔理性推理〕 77, 84-87, 89, 91-93, 95, 112, 113, 130, 134, 146, 239.
スコラ学, ～学者, ～学派 ～哲学, ～哲学者 Schooles, Schoolemen, Scholer, philosophy-schooles 46, 47, 55, 66, 69, 79, 83, 91, 95,

96, 98, 111, 114, 140, 199, 219, 225, 237, 272, 278, 299, 327, 336.
正義　justice　81, 149, 175, 176, 198, 213, 236-238, 241-245, 256, 315, 345, 346, 348, 349, 351, 358.
政治，～学　politiques　85, 94, 148, 187, 320.
～科学　scientia politica　301.
～権力　civill power　32, 233, 237, 239, 270, 328, 345.
～国家　civill state　210.
～的武力　civill sword　195.
聖書〔Ⅲ　引照聖書諸篇索引〕 Scripture　32, 41, 68, 69, 121, 137-140, 204, 276, 297, 298, 318, 349, 357.
聖職者　divine　120. clergy　199. ecclesiasticus　327.
善　good〔利益〕100-102, 104, 113-115, 117, 136, 138, 150, 152, 181-183, 238, 248, 255, 256, 284, 288, 311, 313, 316, 358.
戦争，戦時，和戦　warre　59, 64, 151, 153, 161-163, 169, 170, 193, 199, 209-213, 217, 218, 229, 230, 233, 236, 237, 240, 246, 250, 252-256, 266, 269, 312, 327, 331, 340, 344, 348, 352, 355, 357.
造影，～力　image, imagination 48-52, 55, 56, 59, 61, 65, 72, 76, 81, 97, 105-107, 109, 125, 137, 168, 171, 179, 272, 275.
騒乱，～的　sedition, seditious 38, 170, 172, 312.

タ　行

大学　university　46.
大衆　vulgar　208, 278, 322.
力　power〔権力，政治権力〕 38, 106, 107, 130, 131, 150-152, 154, 155-159, 163, 169, 170, 172, 179, 183, 184, 186, 187, 190, 195, 209, 211, 216, 226, 227, 230, 233, 238, 240, 302, 303, 305-307, 311, 316, 326-328, 330, 332, 340, 344.
生まれつきの～　naturall power 150.
共通の～　common power　170, 340.
哲学，～者　philosophy, philosopher　45, 66, 69, 79, 89, 139, 140, 146, 148, 183, 198, 202, 249, 278, 298-300, 318, 357.
統治，～する，～者　government, govern, governor　71, 129, 151, 163, 173, 177, 179, 193, 195, 213, 217, 227, 228, 235, 249, 250, 263, 266, 309, 324.
道徳，～的　morall　136, 168, 256, 297.
～哲学，～哲学者　morall philosophy, morall philosopher 168, 255, 256.
同胞感情　fellow-feeling　109.
徳，～性　vertue　31, 80, 81, 120, 124, 126, 136, 137, 141, 142, 155, 162, 174, 188, 213, 243, 256, 269, 285, 291, 292, 297, 308, 358.

富 wealth 38, 109, 159, 164.

ナ 行

内乱 civill warre 33, 35, 38, 59, 64, 213, 332.

ハ 行

反乱 rebellion 241, 348.
平等, 〜な equallitie, equall 165, 207, 208, 227, 237, 248-251, 329, 353-356.
平和, 〜な peace, peaceable 68, 153, 163, 168, 187, 188, 192, 193, 211, 213, 214, 217, 218, 233, 236, 240, 246, 247, 249-256, 269, 311, 331, 335, 344, 352, 354-358.
法, 〜律 law 38, 72, 85, 102, 136, 155, 169, 175, 179, 187, 190, 192-194, 197, 212, 213, 216-218, 228, 229, 231, 246, 248-252, 255-257, 277, 285, 297, 307, 316, 320, 322, 326, 331-333, 344, 347, 354, 355, 357.
法王 pope 199, 205, 328.
法則 rule 73, 92-94, 207, 241, 282, 329.
 一般〜 generall rule 216, 217.
法律家 lawyer 85, 176, 347.

マ 行

民衆 people 189, 192, 193, 198, 199, 314, 322, 324, 327, 328.
 〜的 popular 162.

ヤ 行

ユダヤ, 〜人 Jews 57, 136-138, 144, 194, 203, 296, 324.
予言, 〜者 prophecy, prophet 63, 121, 136, 138, 143, 190, 191, 291, 298, 323, 327.
欲求 appetite 81, 98-100, 102, 103, 106, 107, 109-113, 117, 255, 287, 304.

ラ 行

利益 good 109, 154, 178, 220, 221, 238. interest 176. profit 176, 200, 253.
理性, 〜的 reason, reasonable 37, 38, 54, 72, 77, 83, 92, 106, 111, 176, 186, 214, 216, 217, 237-242, 248, 249, 256, 263, 271, 315, 320, 325, 333, 346-348, 353.
理性推理 ratiocination 82, 83, 89, 280, 317.
良心 conscience 52, 119, 254, 289.
ローマ, 〜人 Rome, Romans 32, 34, 57, 59, 66, 83, 136, 161, 162, 164, 166, 167, 175, 180, 191-194, 198, 199, 203, 308, 309, 319, 323, 324, 327, 328.
労働 labour 73, 87, 170, 209.

II 人名索引（神名をふくむ）

ア 行

カ 行

マ　行

ヤ　行

ラ　行

Ⅲ　引照聖書諸篇索引

本文・訳注において，引用または言及された聖書各篇を，つぎの順序で示す．なお，たんに「聖書」として言及されているばあいについては，事項索引を参照されたい．

1. 各篇題名の慣用訳による五十音順配列．
2. かっこ内に旧約・新約・外典の区別．
3. この訳書で使用した題名(これがないものは，他の分冊でも引照されていないことを示す)．
4. 章・節を示さない参照のあるページ数．
5. 章・節を示した引用または参照を，(章数・節数)引用ページ数の順序で示す．本文に明示がなく，訳注で章・節をあげたばあいについては，双方のページ数を示す．
6. 本文の誤記・誤植を訳注で訂正したばあいも，双方のページ数を示す．